영어에 네이티브의 색을 입히는

첫 글자반복 표현

지은이 Hosang Lee
펴낸이 정규도
펴낸곳 (주)다락원

초판 1쇄 발행 2024년 8월 5일

편집 허윤영, 김민주, 김은혜, 유나래
디자인 유혜영
일러스트 최성원

다락원 경기도 파주시 문발로 211
내용문의: (02)736-2031 (내선 520)
구입문의: (02)736-2031 (내선 250~252)
Fax: (02)732-2037
출판등록 1977년 9월 16일 제406-2008-000007호

ISBN 978-89-277-0181-1 13740

http://www.darakwon.co.kr

다락원 홈페이지를 방문하시면 상세한 출판 정보와 함께 동영상 강좌, MP3자료 등 다양한 어학 정보를
얻으실 수 있습니다.

영어에 네이티브의 색을 입히는

첫 글자 반복
표현

HOSANG LEE

DARAKWON

이 책을 편집해 준 허윤영에게 감사드립니다.

머리말을 자세히 읽고 수정해 준 Jamie Thorpe에게 감사드립니다.

수년 간 변함없는 지원과 격려를 보내 준 Joon Lee에게 감사드립니다.

머리말을 높은 식견으로 수정해 준 Alisa Simonds에게 감사드립니다.

수년간 수많은 질문과 제안에 답해 주신 최주혁에게 감사드립니다.

It was in a Monday evening class when I asked my students what they had done over the weekend. One student talked about a new pizza parlor in her neighborhood that was "delicious but expensive." I saw an opportunity to teach her that something pricey costed "a pretty penny." Another student mentioned that he had been under a lot of stress, which was why he "let loose"—clearly a newly acquired expression he wanted to work into a conversation. I commended him on his effort and noticed silently that both expressions were alliterations.

That offhanded observation got me thinking about how many more expressions involved alliteration. So over the next several weeks, I kept a list of alliterations on my phone, jotting them down every time I encountered one in a novel, news article, movie, or in a conversation with my friends. What began as a steady stream soon turned into a flood, at which time an idea for a book presented itself. And in the process, the scope expanded into other forms of wordplay, such as, rhymes, portmanteaus, and exaggerations. But as the number of entries grew, so too did the infeasibility of containing the countless entries in one volume. The only way to fit them all would have been to cheat the reader out of the details necessary for a full explanation. Since that was out of the question, what was initially conceived as a single, compact paperback regarding the role of wordplay in the English language has been divided into three volumes, beginning with alliteration.

Alliteration—the repetition of the initial letter or sounds of adjacent words—being an important piece of the larger puzzle of wordplay is the reason why this subject is the first installment in a series of books dealing with the play on words. Its history goes back thousands of years. In 46 BCE, Julius Caesar used alliteration to describe his victory in modern-day Türkiye with three terse words inscribed on one of the show-pieces in his military parade: *Veni, vidi, vici* (I came, I saw, I conquered).[1] Governments and corporations in the present day also employ this literary device. It is no coincidence that in Joe Biden's "Build Back Better Framework," the "B" is ever-present; nor is it by chance that Coca-Cola, DoorDash, Dunkin' Donuts, Krispy Kreme, and PayPal all have the first letters of their names repeating themselves. Simply put, the power of alliteration lies in its ability to make phrases and names memorable.[2]

But for those not in the business of coining phrases or naming things, why should alliteration matter? It matters because alliteration adds creativity and personality to one's speech, thus more closely resembling the speech patterns of native speakers. As mastering the language is the ambition of many students, understanding alliteration acts as a key stepping stone on the path to that worthy goal. Even if she is not yet approaching native level, the pervasiveness of alliterative expressions in the English language demands that they be committed to memory from early on.

It is no understatement to claim that alliteration is omnipresent. Yet there has not been a book on the topic for a Korean audience. I believe the dearth is, paradoxically, due to its frequent use. Despite the crucial role of making a string of words indelible in the mind, or perhaps because it is so effective a technique, it often goes unnoticed even by native speakers. It is the very fundamental presence of alliteration in the language that allows it to hide in plain sight.

Now available for the first time on the Korean market is a compilation of nearly three hundred alliterative expressions—chosen not only because they contain alliteration but also because they are part and parcel of the lexicon of English speakers. Amidst the numerous entries, I explain other expressions related to the matter at hand, as I often do with my students, to give the reader more bang for her buck. For example, the entry on "busybody" includes a sidenote on "homebody"—despite lacking alliteration—because they are similar enough in wording, though not in definition. Unfortunately, the constraints of a physical book inhibit the inclusion of all the extra materials, which is why the publisher is offering a separate PDF file on their website of all the contents that were removed from the original manuscript. Downloading and studying it is highly advised.

With all their charm and charisma, alliterative expressions are more than just a tool for reaching a higher level of fluency. They are a way of interpreting the society that has produced them. The inextricable connection between language and culture can be seen by examining the genesis of these expressions and the development into their modern-day usage. They prove to be fertile ground for insights into Western civilization in general and American culture in particular, once the cultural, historical, and etymological contexts are appreciated. Hence, throughout this book, real-life examples and true stories in relation to the entries serve to expose the reader to the bigger picture.

In the wide world of wordplay, alliteration's towering presence and role command our attention. While the sheer number of entries attests to its unavoidable nature, the essential function of creating language that is fun and memorable is all the more reason to study its contents. If this task is made more enjoyable by the stories and examples that provide these expressions context, then my goals will have been met. The joy of discovering patterns in language and the pleasure of exploring the links between speech and thought have followed me in the writing of this book. And may it be for you as well in its reading.

1 Suetonius. (1913). *The Lives of the Twelve Caesars* (J. C. Rolfe, Trans.). Penelope. https://penelope.uchicago.edu/Thayer/E/Roman/Texts/Suetonius/12Caesars/Julius*.html (Original work published 121 CE)

2 Bude, T. (2023, July 20). *What is alliteration? || definition & examples. College of Liberal Arts.* https://liberalarts.oregonstate.edu/wlf/what-alliteration

월요일 저녁 수업 시간에 있었던 일이다. 학생들한테 주말에 뭘 했는지 물어봤을 때 한 학생이 집 근처에 새로 생긴 "delicious but expensive" 피자 가게에 대해 말했다. 나는 그때가 '비싸다'라는 것은 영어로 "a pretty penny"만큼 돈이 든다는 표현을 알려 줄 수 있는 기회라고 봤다. 다른 학생은 최근에 스트레스를 많이 받아서 주말에 "let loose"했다고 말했다. 그가 새로 습득한 표현을 대화에 활용하고 싶었던 것이 분명했던 터라, 나는 그의 노력을 칭찬하다가 "a pretty penny"와 "let loose"가 둘 다 '두운 표현'이라는 것을 알아차렸다.

　그 즉석의 관찰을 통해 이런 생각을 하게 되었다. '두운으로 된 표현이 얼마나 더 있을까?' 그래서 그 후 몇 주 동안, 나는 책이나 뉴스 기사, 영화, 친구들과의 대화 중에 두운 표현을 접할 때마다 그것들을 핸드폰에 메모했다. 처음에는 시냇물의 졸졸거림 정도였던 것이 곧 홍수처럼 늘었고, 이런 표현들을 엮은 책을 내도 괜찮겠다는 생각이 들었다. 이 과정에서 라임, 혼성어, 과장 같은 다양한 워드플레이 형태까지 표현의 범위가 확장되지만, 표제어 개수가 늘어감에 따라 이 표현들을 한 권에 담을 수 없다는 게 명백해졌다. 모든 표현을 한 권에 다 넣기 위해서는 일부 세부 정보를 빼는 수밖에 없었다. 그것은 고려 대상이 아니었기에, 원래 영어의 워드플레이가 하는 역할을 설명하는 작은 책으로 구상했던 것을 세 권으로 나누게 되었고, 그

첫 권이 '두운 표현'에 관한 것이다.

두운은 '인접한 단어들의 첫 글자 또는 첫소리가 반복되는 것'을 말한다. 영어에서 두운은 워드플레이의 크고 중요한 퍼즐 조각이기 때문에 이 주제가 시리즈의 첫 순서에 위치하게 되었다. 두운의 역사는 수천 년 전으로 거슬러 올라간다. 기원전 46년, 율리우스 카이사르는 현재의 튀르키예에서의 승리를 기념하는 행진 때 공개한 전시물 중 하나에 간단하게 세 단어를 적었다. "왔노라, 보았노라, 이겼노라(Veni, vidi, vici)." 이것이 두운이다. 현대 사회의 정부와 기업들도 이 문학적 장치를 적용한다. 조 바이든 행정부의 주요 경제 정책인 "Build Back Better Framework"에서 B가 계속 나오는 것이나 코카콜라, 도어대시, 던킨도너츠, 크리스피 크림, 페이팔이라는 이름에서 첫 글자가 반복되는 것은 우연이 아니다. 간단히 말해, 두운은 문구나 이름을 기억하기 쉽게 하는 힘이 있다.

그러나 문구를 만들거나 이름을 짓는 일을 하지 않는 사람들에게 두운이 왜 중요할까? 그것은 두운이 말에 독창성과 개성을 더하여 영어 원어민들과 유사한 스피치 패턴을 구사할 수 있게 해 주기 때문이다. 영어를 마스터하는 것이 많은 학습자의 야망이므로, 두운에 대해 이해하는 것은 그 훌륭한 목표에 다다르기 위한 핵심적인 디딤돌의 역할을 한다. 아직 영어 원어민의 수준에 이르지 못했더라도, 영어에는 두운 표현이 넘치기 때문에 일찍부터 암기할 필요가 있다.

영어에 두운 표현이 만연하다는 것은 과언이 아니지만, 한국에는 아직까지 이 주제에 대한 책이 나오지 않았다. 이 결핍은 역설적이게도, 두운 표현이 너무 자주 쓰이기 때문인 것 같다. 일련의 단어들을 오래 기억에 남게 하는 중요한 역할을 함에도 불구하고, 어쩌면 너무 효과적인 기법인 탓에 영어 원어민조차 이를 깨닫지 못하고 넘어가곤 한다. 두운은 영어의 기본적인 요소여서 보통은 눈에 잘 띄지 않는다.

한국 시장에 처음 선보이는 이 책에는 300여 개의 표현이 들어 있다. 단순히 두운이기 때문만이 아니라, 영어 원어민들이 자주 쓰는 어휘의 일부이기 때문에 선정된 표현들이다. 그리고 내가 수업 중에 내 학생들에게 종종 제시하듯이, 많은 표제어에 연관되는 다른 표현들을 제공하고 설명함으로써 더 높은 학습 효과를 꾀하고 있다. 예를 들어, "busybody"라는 표제어에는 "homebody"라는 연관 표현이 제시된다. 이 단어는 두운이 아니고 busybody와는 뜻도 다르지만, 워딩에서 유사점을 찾을 수 있기 때문이다. 안타깝게도, 물리적 제한이 있는 책에 부가적인 자료를 다 담을 수 없기에, 원고에서 삭제된 내용들은 '추가 학습 노트'라는 이름의 별도 pdf 파일에 옮겨져 다락원 웹사이트(www.darakwon.co.kr)에서 제공된다. 이 파일을 다운로드하여 공부하시길 적극 추천한다.

넓은 워드플레이의 세계에서 두운의 탁월한 존재감과 역할은 우리의 주목을 끌기에 충분하다. 많은 수의 표제어만 봐도 우리가 두운 표현을 피할 수 없다는 것이 증명되지만, 재미있고 기억에 남는 언어를 만든다는 두운의 핵심적인 기능이야말로 두운을 공부하는 더 큰 이유가 된다. 두운 표현들에 맥락을 제공하는 이야기와 예문을 통해 두운 표현 공부가 더 즐거워졌다면 저자의 목표는 달성된 것일 테다. 이 책을 집필하는 동안, 영어의 패턴을 발견하는 기쁨과 더불어 말과 생각의 관계를 탐구하는 희열이 나를 따라다녔다. 이 책을 읽는 여러분도 같은 즐거움을 느낄 수 있기를 바란다.

Contents

차례

L.

M.

N.

O.

P.

R.

S.

COPYCAT

fast fashion

period piece

Lady Luck

sights and sounds

read the room

slow and steady wins the race

where there's a will, there's a way

rat race

slowly but surely

STAR-STRUCK

(as) blind as a bat

앞을 보지 못하는, 전혀 보이지 않는

MP3 001

'시력이 너무 안 좋은' 것을 (as) blind as a bat라고 한다. 이는 '박쥐bat가 눈이 멀었다고blind' 믿었던 시절에 생긴 표현이다. 사람들은 박쥐의 종잡을 수 없는 불규칙적인 비행 패턴 때문에 박쥐가 아예 앞을 못 본다고 오해했다. 과학의 발달로 그게 사실이 아님이 밝혀졌지만, 이 표현의 의미는 여전히 유지되고 있다. 참고로 흔하게 말하는 '시력★이 (안) 좋다'는 일반적으로 have good/bad eyesight라고 한다.

A: How long have you been wearing glasses?
B: Pretty much my entire life. I'm (as) blind as a bat.
A: Is it really that bad?
B: Mmhmm, I can't see anything more than two feet in front of me without my glasses.

A: Let's try. Take your glasses off. How many fingers am I holding up?

B: Three? Could be four? It's very blurry. I can't see a thing.

A: 넌 안경 쓴 지 얼마나 됐어?

B: 거의 평생 썼어. 전혀 보이지 않아.

A: 그렇게 눈이 나빠?

B: 완전. 안경 없이는 1m 앞에 있는 것도 안 보여.

A: 한 번 해 보자. 안경 벗어 봐. 내가 지금 손가락을 몇 개 들었게?

B: 3개? 4개? 너무 흐릿해서 아무것도 안 보여.

★ '시력' 관련 → '추가 학습 노트' 참고

---

baby's bottom

(살결 등이) 매우 부드러운

MP3 002

'살결이 아주 부드럽다'는 뜻으로, 부드러움을 '갓난아기baby의 엉덩이bottom' 살결에 비유했다. 항상 (as) soft as a baby's bottom으로 쓰인다.

[At a furniture store]

A: Honey, feel this.

B: Oh, my God. This leather is as soft as a baby's bottom! How much is it?

A: Here's the price tag.

B: That's a hard no.

[가구점에서]

A: 자기야, 이거 만져 봐.

B: 맙소사. 가죽이 진짜 부드럽네! 이거 얼마야?

A: 여기 가격표가 있어.

B: 이건 절대 안 되겠다.

참고로 '엉덩이'를 뜻하는 단어들과 각 용법의 차이는 다음과 같다.

ass	거의 항상 성적인 의미를 지니기 때문에 주의해서 써야 한다. 욕은 아니지만 욕처럼 쓰고, 명령할 때도 흔히 쓴다. **I'm an ass man.** 나는 엉덩이에 끌리는 사람이야. (ass man 외에, '여자 다리에 성적으로 끌리는 사람'을 leg man, '여자 가슴에 끌리는 사람'을 boob man이라고 한다. 모두 일상에서 자주 사용되는 속어이다.) **Get your ass over here!** 너 이리 와!
booty	ass만큼은 아니지만 야한 의미가 있다. 농담할 때 많이 쓴다. A: **I want to learn how to twerk.** B: **But you need a big booty for that, which is something you lack.** A: 나 트월킹 배우고 싶어. B: 하지만 그 춤을 추려면 엉덩이가 커야 하는데, 넌 빈약하잖아.
bottom	야한 의미가 아예 없다. 대부분 '어린아이의 엉덩이'를 나타낼 때 쓴다. A: **I think he needs a diaper change.** B: **Please clean his bottom thoroughly this time.** A: 얘 기저귀를 갈 때가 된 거 같아. B: 이번에는 엉덩이 제대로 닦아.
butt	성적인 의미가 있을 수도 있고, 없을 수도 있다. '엉덩이'를 뜻하는 가장 흔한 표현이다. **Excuse me! Your butt is blocking my view of the TV.** 야! 네 엉덩이 때문에 TV가 안 보여.
posterior	야한 의미는 아예 없다. 성인 사이에서 쓰는 단어이다. A: **Do you have a hard time picking out pants for your husband?** B: **Haha! Of course. Look at his posterior!** A: **I have the same problem. I always have to get them altered.** A: 남편 바지 고르는 거 힘들지 않아? B: 하하! 당연하지. 그이 엉덩이를 봐 봐! A: 나도 똑같아. 항상 수선해야 돼.

backbreaking

아주 힘든

MP3 003

직역하면 '허리^{back}가 부서지는^{breaking}'으로, 허리가 부서질 정도로 고되고 힘들다는 비유적 표현이다.

> **[A foreigner sees an old Korean woman with a severe hunch]**
> A: I've never seen someone hunched over so badly.
> B: Yeah, you see that sometimes. She must've done backbreaking work all her life.
>
> [외국인이 한국에서 허리를 심하게 굽히고 걷고 있는 할머니를 본다]
> A: 저 정도로 허리를 굽히고 다니는 사람 처음 봐.
> B: 가끔 저런 분들이 보여. 평생 아주 힘들게 일을 하셨나 봐.

너무 힘들어 허리가 부서질 수 있다면 '마음도 부서질' 수 있다. heartbreaking 은 '(마음이 너무 아파) 가슴이 찢어지는 듯한'이라는 의미의 표현이다. 참고로 heartbreaking은 형용사, heartbreak는 명사이다.

> Mufasa's death is one of the most heartbreaking scenes.
> 무파사의 죽음은 가장 가슴 아픈 장면 중 하나야.

> My grandmother passed away a few months ago. I think that was my first experience of heartbreak.
> 몇 개월 전에 우리 할머니가 돌아가셨어. 난 그때 처음으로 비통함을 느낀 것 같아.

back burner

뒤로 미룸, 뒷전

MP3 004

저녁에 먹기 위해 볶음 요리 두 가지, 국, 찜을 가스레인지에 올려 놓고 동시에 조리하고 있다고 상상해 보자. 당연히 빨리 타거나 즉각 불 조절을 해야 하는 것을 앞쪽에 놓고 오랫동안 불에 올려 놓아도 되는 것은 '뒤쪽back 화구burner'에 둘 것이다. 이렇게 생각하면 '당장 다루지 않아도 되는 일' 또는 '뒷전'을 back burner라고 하는 이유를 이해할 수 있을 것이다. 흔히 put ~ on the back burner로 쓴다.

A: How's your movie going?
B: Oh, I put that on the back burner.
A: Why?
B: I've been too busy.
A: Have you actually been too busy, or is that just an excuse?
B: To be honest, a little bit of both.
A: I thought so. Don't do that to yourself. Get back on it.

A: 영화 잘돼 가?
B: 아, 잠시 미뤘어.
A: 왜?
B: 너무 바빠서.
A: 진짜로 너무 바쁜 거야 아니면 변명하는 거야?
B: 솔직히 말해서, 둘 다.
A: 그럴 것 같았어. 그러지 말고 다시 시작해 봐.

back burner는 단지 일만 뒤로 미루는 것이 아니다. 우리 '정신'도 back burner 할 수 있다. 예를 들어, 대화 중에 한 유명인의 이름이 기억이 나지 않는 상황이 발생했을 때 그 사람을 계속 생각하기보다 다른 일에 집중하면 종종 곧 생각이 난다. 이런 게 '정신을 back burner에 두는' 것이다.

A: I don't like it when actors are too good-looking.
B: Why? That's the whole appeal.

A: Because I find it distracting. I can't focus on the acting. Like, Brad Pitt when he was young. He was in this great movie…oh, my God, I can't remember the title.

B: Put it on the **back burner**. It'll come to you.

A: Yeah, anyway, when I watched it, like, twenty years ago, all I could focus on was his looks.

A: 난 배우가 너무 잘생기면 별로더라.

B: 왜? 그게 제일 큰 매력인데.

A: 왜냐하면 감상을 방해하거든. 연기에 집중이 안 돼. 예를 들자면, 브래드 피트 젊었을 때? 아주 멋진 영화에 출연했는데… 이런, 제목이 기억 안 나.

B: 기억해 내려고 하지 마. 생각날 거야.

A: 응, 아무튼 한 20년 전에 봤을 때 나는 브래드 피트 얼굴에만 집중했어.

back to basics

기초로 돌아가기, 기본/근본에 다시 집중하기

MP3 005

광고에서 많이 접하는 표현으로, 직역만으로도 '기초/기본basic으로 다시back 돌아가기'라는 뜻임을 알 수 있다. 흔히 동사 **get** 혹은 **go**와 함께 쓴다. 성공에 취해 곁길로 새서 큰 손해를 보다가 어디서부터 시작해야 하는지 그 시작점을 다시 찾는 상황에서 쓰는 표현으로, 흔히 회사가 대상이다.

길을 잃었다가 다시 성공에 도달한 사례 중 유명한 것이 회사 레고이다. 레고는 1949년에 브릭 장난감을 만들어 전 세계적으로 큰 성공을 거두었다. 하지만 1990년대부터 아동복, 아기용 부대 용품, 비디오 게임, 영화 판권, 놀이공원 등 다양한 분야에 진출해서 문어발식으로 사업을 확장하다가 결과적으로 큰 영업 손실을 냈다. 그래서 2004년 레고는 원래 자사의 근본이자 기초인 브릭 장난감에 다시 집중하기로 결정했고, 그 결과 다시 회사 매출이 상승했다. 한 비즈니스 애널리스트는 이에 대해 "레고는 기본으로 돌아가지 않았으면 영원히 실패했을 것이다(if Lego hadn't gone back to basics…it would have failed forever)"라고 말했다.★

A: We are on the verge of bankruptcy.

B: It's not that serious…

A: Yes, it is. We are losing a million dollars a day!

B: What do you propose?

A: We're doing too much at once. We need to simplify. In other words, we need to **get back to basics**.

A: 우리 회사는 파산 지경에 이르렀어요.

B: 그 정도는 아니에요….

A: 맞아요. 우린 매일 백만 달러를 잃고 있어요!

B: 제안하는 게 있습니까?

A: 지금 한 번에 너무 여러 가지를 하고 있어요. 회사를 간소화해야 해요. 다시 말해서, 우리는 기본으로 돌아가야 해요.

★ 레고 관련 출처: www.nzherald.co.nz/business/lego-how-toy-companys-failures-led-to-success/SJRAJ4WDQING23QMG36ZSPME44

bad blood

증오, 반목, 불화

MP3 006

'나쁜/안 좋은bad 피blood'는 '증오', '불화', '반목'을 뜻한다. 흔히 두 가족 간에, 두 나라 사이에 bad blood가 있다고 말한다. 증오와 같은 나쁜 감정 때문에 피가 나빠졌다고 연상하면 이 표현을 기억하기가 쉽다.

A: Is David's dad coming to his wedding?

B: I assumed so. Why wouldn't he?

A: There's a lot of **bad blood** between them. They haven't talked to each other in years.

B: So it's gonna be a problem if he doesn't come, and a problem if he does come.

A: 데이비드의 아버지가 결혼식에 오셔?

B: 그렇겠지. 왜 안 오시겠어?

A: 둘 사이에 감정의 골이 깊거든. 몇 년째 서로 대화를 나누지 않고 있어.

B: 그렇다면 오셔도 문제고 안 오셔도 문제겠네.

✦ 참고 표현: bloodbath (p. 39), blue blood (p. 39), family feud (p. 129)

bare-bones

골자, 요점
필수적인 것만 있는

MP3 007

'벌거벗은'이라는 뜻의 bare와 '뼈'라는 뜻의 bone의 조합인 이 표현은 20세기 전에는 뼈가 보일 정도로 '빼빼 말랐다'는 의미로 쓰였다. 빼빼 마른 사람은 생존하는 데 필수적인 뼈와 피부, 장기만 있고 불필요한 살이 없다. 거기서 '골자', '요점', '필수적인 것만 있는'으로 뜻이 확장되었다.

A: Let me tell you what happened last week.
B: Okay, but make it quick. I don't want you to pull a David★ on me and drone on and on about insignificant details.
A: Okay. So it was last Monday. Or was it Wednesday? Monday through Wednesday always seems like one long day, doesn't it? I guess it was Tuesday then.
B: Stop. Does it really matter when it happened? I just want the bare-bones of the story.

A: 지난주에 있었던 일을 얘기해 줄게.
B: 좋아, 하지만 빨리 말해. 데이비드처럼 사소한 것까지 떠들면서 얘기 질질 끌지 말고.
A: 알았어. 저번 주 월요일에, 수요일이었나? 월요일부터 수요일은 긴 하루 같은 느낌이지 않아? 그럼 화요일이었나 보다.
B: 야, 그만해. 언제였는지가 중요해? 이야기의 요점만 듣고 싶어.

그런데 필수적인 것만 있다는 것은 결국 '많이 부족하다'라는 것이다. 예를 들어, 월세가 싼 집을 생각해 보면 위치가 매우 불편하거나 주변 환경이 열악하거나 하며 사람이 편하게 살 수 있는 곳은 아니다.

A: I'm finally moving out of my parents' place.
B: Nice! Have you found a place?
A: Yeah. I would invite you, but it's bare-bones.**
B: I'm easy! All we need are food and alcohol.

A: 나 드디어 부모님 집에서 독립해.
B: 좋네! 집 구했어?
A: 응. 널 초대하기는 할 텐데, 뭐가 너무 없어.
B: 난 그런 거 신경 안 써! 먹을 거랑 술만 있으면 돼.

★ pull a+사람: ~처럼 행동하다 → '추가 학습 노트' 참고
✛ 참고 표현: hellhole (p. 183)

bear a burden

짐을 지다

MP3 008

'짐burden을 참고 견딘다bear'는 말은 즉, '짐을 지다'라는 뜻이다. 흔히 bear the burden of+동명사 형태로 쓴다.

A: How are your parents doing?
B: Not too well. I don't think they're gonna get better.
A: It must be tough as an only child to bear the burden of taking care of both of them.
B: Thanks for your sympathy. Sometimes I wish I had a sibling to share the burden.

A: 부모님은 어떠셔?
B: 별로 안 좋으셔. 나아지실 것 같지 않아.
A: 외동으로서 부모님을 혼자 돌보느라 너무 힘들겠다.
B: 공감해 줘서 고마워. 가끔은 짐을 같이 나눌 수 있는 형제가 있었으면 해.

대화 중에는 *one's* burden to bear 형태도 많이 쓴다.

A: When I first started my company, I didn't think about having to be responsible for the livelihood of my employees.
B: That's **your burden to bear**. But from the looks of it, you're doing fine.
A: Thanks. Everything's going well, but it's always in the back of my mind.

A: 사업을 처음 시작했을 때는 직원들의 생계를 내가 책임져야 한다는 걸 생각하지 못했어.
B: 사장으로서 네가 져야 할 책임이지. 그런데 내가 봤을 땐 넌 잘하고 있는 것 같아.
A: 고마워. 다 잘되고는 있는데, 언제나 마음 한구석에 그 부담감이 있어.

beast of burden

짐을 나르는 짐승

MP3 009

당나귀나 노새처럼 옛날부터 '짐burden'을 운반하는 데 이용했던 '짐승beast'뿐만 아니라 농담 삼아 사람한테도 쓴다.

A: I have to go to Ikea with my family this weekend.
B: Eww, why? You hate shopping.
A: Because I'm the only one that can load all the stuff in the car and carry it up to the apartment.
B: You sound like a **beast of burden**.

A: 나 이번 주에 식구들과 이케아에 가야 해.
B: 웩. 왜? 너 쇼핑하는 거 진짜 싫어하잖아.
A: 차에 그 짐들을 싣고 아파트에 가지고 올라갈 수 있는 사람이 나밖에 없어서.
B: 너 짐꾼 같다.

참고로 '힘만 세고 머리는 나쁜 사람'을 meathead라고 한다.

A: Honey, I think our son is gonna grow up to be a **meathead**.
B: Hahaha, what makes you think that?
A: Because he still isn't talking, but he's really strong.
B: Maybe he's a late bloomer. I was too.

A: 여보, 우리 아들은 커서 힘만 세고 머리는 안 좋을 거 같아.
B: 하하하, 왜 그렇게 생각하는데?
A: 아직도 말을 못하잖아. 하지만 힘은 아주 세고.
B: 아마 말문이 늦게 터지는 걸 거야. 나도 그랬어.

beat around the bush

에둘러 말하다, 요점을 피하다   MP3 010

'덤불bush을 때리다beat'라는 직역으로는 의미를 알 수 없는 관용적 표현이다. 사냥꾼이 하는 행위에서 유래한 표현으로, 예전에는 새를 사냥할 때 덤불을 쳐서 그 속에 숨어 있다가 밖으로 나온 새들에게 그물을 던지는 방식을 썼다.* 이 행위가 왜 '에둘러 말하다', '요점을 피하다'라는 의미가 되었는가 하면, 새를 직접 겨냥해 잡는 것을 피하고 새가 숨어 있는 덤불 주변을 돌아다니며 계속 두드리는 모습 때문이다. 한국어에도 '변죽을 울리다'라는 비슷한 의미의 표현이 있다. 한복판이 아닌 가장자리를 쳐서 소리나게 한다, 즉 핵심을 비껴 에둘러 말하는 것이다.

A: What did you want to talk about?
B: Nothing much.
A: It sounded important in your text.
B: You know I've been out of work for a while.
A: Right.
B: And I got a DUI** so I can't drive, which makes it difficult to look for a job.
A: I'm aware.
B: It's been a tough time for me.
A: You're **beating around the bush**. What is it that you want to say?
B: I'm a little short on money. Can you lend me some?
A: I wish you would've cut to the chase*** a little sooner.
B: Is that a "yes" or a "no?"

A: Yes. I'll lend you some money.

A: 무슨 얘기를 하고 싶은데?
B: 별거 아니야.
A: 문자에는 중요한 일 같았는데.
B: 나 실직 상태인지 좀 됐잖아?
A: 응.
B: 그리고 음주 운전하다가 걸려서 운전을 못해서 일자리 찾는 것도 힘들고.
A: 알고 있어.
B: 요새 좀 많이 힘들어.
A: 돌려 말하지 말고 핵심을 말해. 하고 싶은 말이 뭔데?
B: 돈이 모자라서 그런데, 좀 빌려줄 수 있어?
A: 좀 더 빨리 요점을 말하지 그랬어.
B: 예스야 노야?
A: 예스야. 빌려줄게.

beat around the bush는 흔히 불편한 주제에 대해 자기 의견을 직설적으로 밝히기 곤란한 경우 발생하는데, 특히 정치인의 전형적인 화법으로 인식된다.

A: Do politicians get trained on how to do interviews?
B: What do you mean?
A: I mean the way they always beat around the bush. They give long answers, but don't actually say anything.
B: Ah! The most frustrating part is that they don't answer yes-or-no questions with a "yes" or a "no."
A: It's a skill.
B: So to answer your question, I think they do.

A: 정치인들은 인터뷰하는 방법에 대해 교육받나?
B: 무슨 말이야?
A: 항상 요점을 피하잖아. 대답은 긴데 실제로는 알맹이가 없어.
B: 아! 가장 짜증나는 점은 '예/아니요' 질문에 "예" 또는 "아니오"라고 대답하지 않는다는 거지.
A: 그게 스킬이야.
B: 그래서 네 질문에 대한 답을 하자면, 저 사람들은 교육받는 것 같아.

★ beat around the bush 유래 출처: www.phrases.org.uk/meanings/beat-around-the-bush
★★ DUI: 음주 운전 (driving under the influence의 약자)
★★★ cut to the chase (p. 97) 참고

bend over backwards

다른 사람을 위해 최선의 노력을 하다, 애쓰다

MP3 011

곡예사가 아닌 이상 몸을 '거꾸로bend 굽히는backwards' 것은 정말 어려운 일이다. 이런 일을 '누구를 돕거나 기쁘게 하기 위해 엄청난 노력을 기울이는' 것에 비유한 것은 그만큼 어려운 일이라는 것을 나타낸다. 게다가 이런 노력의 대상이 내가 아니라 타인이기에 이 표현은 부정적으로 쓰인다.

A: David asked me to help him with his presentation again.
B: Hmm. If you want my opinion, don't.
A: Why not?
B: The last time you helped him, he didn't so much as thank you.
A: Well, I do need his help from time to time.
B: Okay, but I don't think you should **bend over backwards** for him.

A: 데이비드가 자기 발표 준비를 또 도와 달라는데.
B: 흠. 내 의견을 묻는 거라면 도와주지 마.
A: 왜?
B: 저번에 네가 도와줬을 때 고맙다는 말조차 안 했잖아.
A: 그런데 가끔 나도 걔 도움이 필요할 때가 있어.
B: 그럼 도와주되 너무 애쓰지는 마.

Bible Belt

개신교의 색채와 영향이 큰 미국 남부 지역

MP3 012

'지역 구성원 대부분이 개신교도이고 매우 보수적인 성향을 지닌 남부 지역'을 일컫는 표현으로, 보통 정치와 묶여서 자주 쓰인다. 여담으로, 백인 기독교는 전통적으로 거의 항상 공화당을 지지하고 흑인 기독교는 민주당에 투표한다. 그래서 2020년 대통령 선거 때처럼 백인 기독교인들의 파워가 센 조지아주가 민주당 후보자를 뽑은 게 미국에서는 충격적인 일로 여겨진다.

A: Did you know that in some states in the Bible Belt you can't buy alcohol on Sundays?
B: But don't Christians drink a lot?
A: Those are Catholics, not Protestants.
B: Oh, you're right. They even drink during mass!

A: 바이블 벨트에 속해 있는 몇몇 주에서는 일요일에 술을 못 산다는 거 알았어?
B: 그런데 기독교인들 술 잘 마시지 않나?
A: 그건 천주교야, 개신교가 아니라.
B: 아, 맞다. 그들은 미사 중에도 술을 마시잖아!

'특정한 공통점을 가진 지역'을 묶어서 "XX Belt"라고 하는데, 그중에 많이 쓰이는 용어로 rust belt가 있다. 직역하면 '녹슨 벨트'로, 특히 '미국 동북부의 사양화된 공업 지대'를 가리킨다. 제조업 공장들이 미국을 떠나 인건비가 싼 중국이나 동남아 등 해외로 빠지면서 미국의 제조업은 쇠퇴하기 시작했다. 그러면서 그러한 지역에 속한 도시도 몰락하기 시작했는데, 대표적인 곳이 바로 왕년에 "World's Automotive City"로 불렸던 디트로이트이다. rust belt에 속한 도시에 대한 미국 사람들의 인식이 어떤지를 아래 예문을 통해 확인해 보자.

A: Did I tell you? I'm gonna study abroad in the States for a year.
B: Really? Where in the States?
A: Detroit.
B: Detroit?! Why in the world would you go there?
A: What's wrong with Detroit? I looked at a few language schools in different cities, and Detroit was the cheapest.
B: There's a reason why it's the cheapest. Detroit is a hellhole.*
A: Are you serious? But it's a major city!
B: It used to be. But now it's part of the rust belt. Detroit is nothing but crime and abandoned buildings.
A: Jesus, I had no idea it was that bad.

A: 아, 내가 얘기했나? 나 일 년 동안 미국으로 유학 갈 거야.

B: 그래? 미국 어디?

A: 디트로이트.

B: 디트로이트? 도대체 거기로 왜 가?

A: 디트로이트가 어때서? 다른 도시에 있는 어학원도 몇 군데 봤는데, 디트로이트가 제일 쌌어.

B: 싼 이유가 있어. 디트로이트는 거지 소굴 같은 곳이야.

A: 진짜? 주요 도시인데!

B: 전에는 그랬는데, 지금은 완전히 사양화됐지. 범죄와 황폐한 건물밖에 없어.

A: 젠장, 그렇게 심한지 몰랐네.

★ hellhole (p. 183) 참고

✚ 참고 표현: breadbasket (p. 46)

big break

(무명 배우의) 첫 대히트/기회

MP3 013

'큰big 기회break'를 뜻하는 이 표현은 거의 항상 '무명 배우가 잡은 첫 대히트/기회'를 말할 때 쓰인다.

A: Hey! I just got cast in a TV series!

B: Congratulations! What's the role?

A: I play a drug dealer.

B: Is it a big role?

A: I'm not the main character, but I'm in every episode.

B: That's great! Maybe this will be your big break.

A: 야! 나 방금 TV 시리즈에 섭외됐어!

B: 축하해! 무슨 역할이야?

A: 마약 딜러로 연기해.

B: 비중이 커?

A: 주인공은 아닌데, 모든 에피소드에 출연해.

B: 너무 잘됐다! 넌 이 기회로 유명해질 거야.

참고로 누구한테나 생길 수 있는 '기대하지 않았던 행운'은 lucky break라고 한다.

A: How did you get promoted so quickly?

B: I got a lucky break. The guy that was supposed to get promoted decided the new position would be too stressful.

A: Hey! One man's loss is another man's gain.

B: It worked out well.

A: 너 어떻게 그렇게 빨리 승진했어?

B: 운이 좋았어. 원래 승진하기로 되어 있던 사람이 새 직책을 맡으면 너무 스트레스 받을 것 같다고 생각했거든.

A: 이야! 다른 사람의 손해로부터 득을 봤네?

B: 일이 잘 풀렸지.

big business

대기업, 재벌

MP3 014

시장을 독점하고 사회에 과도한 영향을 미치는 기업을 '큰big 기업business'이라고 한다. 한국에도 '재벌', '대기업'에 대해 부정적인 인식을 갖는 사람이 많다. 각종 비리, 독과점, 노동자 착취 등 어두운 면을 먼저 떠올리기 때문이다.

정부와 사회를 지배하고 통제하는 사업/기업을 흔히 **big+명사***로 칭한다. 가장 흔하게 접할 수 있는 것으로는 **Big Ag**(대형 낙농회사), **Big Oil**(대형 석유회사), **Big Pharma**(대형 제약사), **Big Tobacco**(거대 담배회사), **Big Tech**(주요 하이테크 회사)가 있다. 이중 누구나 아는 기업은 Big Tech 분야의 **GAFA**로, 아래의 네 회사의 첫 글자를 따서 만든 약자이다. (회사 이름을 나열할 때 종종 아마존과 애플의 순서를 바꿔 쓰기도 한다.)

Google   **A**mazon   **F**acebook   **A**pple

GAFA는 미국보다 대기업에 대한 규제가 더 강하고 소비자 권리를 더 중시하는 유럽에서 자주 쓰인다. 반경쟁적 행위, 탈세, 동의 없는 개인정보 및 데이터 수집 등에 대해 비판하는 맥락에서 종종 등장한다.

A: Look at this. Amazon was fined over a billion Euros for anti-competitive practices.**
B: Typical GAFA company behavior.
A: I wish this happened more in my country, but I'm not hopeful. We're controlled by big businesses. It's pretty much a corporatocracy.

A: 이것 좀 봐. 아마존이 반경쟁 행위로 10억 유로가 넘는 벌금을 받았어.
B: GAFA 회사들이 다 그렇지.
A: 우리나라에도 이런 일이 더 생겼으면 좋겠지만, 별로 기대는 안 돼. 우리는 대기업들에 의해 통제되고 있거든. 거의 기업 지배 체제라고 할 수 있지.

예외적으로, 업계에 따라 big ~면서도 두려움이나 불편함을 주지 않는 기업도 있다. 예를 들어, 전 세계에서 사용되는 지퍼의 50%를 생산하는 일본 회사인 YKK***같은 곳이다. 이 정도면 지퍼업계의 big zipper라고 할 수 있다. 하지만 이 사실을 들었을 때 걱정하기보다는 그냥 웃고 넘기는 사람이 많을 것이다. 그 이유는 뉴스에서 big zipper라는 표현은 들어 본 적이 없는 데다가 지퍼 만드는 회사가 아무리 커도 우리의 삶을 좌우할 정도의 영향력을 끼칠 정도는 아니기 때문이다. 위의 예처럼 어떤 산업이나 회사를 big ~라고 표현하면 되려 유머러스한 뉘앙스가 전달되기도 한다.

A: I just read about this zipper company called YKK. It's a Japanese company that makes really high quality zippers and controls almost half the global zipper market.
B: Wow! Big zipper! Who knew there was such a thing?
A: I know!

A: 방금 YKK라는 지퍼 회사에 관한 글을 읽었어. 고품질 지퍼를 만드는 일본 회사인데, 세계 지퍼 시장의 50%를 지배하고 있대.
B: 우왜! 말 그대로 '빅 지퍼'네! 그런 회사가 다 있었구나.
A: 그렇게 말이야!

참고로 big ~은 일반적으로 회사/기업 또는 산업 분야에 적용하지만, Big Brother(독재자, 독재적 조직)와 Big Government(거대 정부, 강력한 정부)는 정치적 용어이다.

★ 'big+명사' 관련 → '추가 학습 노트' 참고
★★ 아마존 관련 기사 출처: www.news24.com/fin24/companies/italy-hits-amazon-with-r20-billion-antitrust-
        fine-20211209
★★★ YKK 관련 출처: www.businessinsider.com/why-do-zippers-say-ykk-2017-9

bite the bullet

(하기 싫은 일을) 이를 악물고 하다/참다

MP3 015

'억지로 또는 어려운 상황에서 용기를 내어 힘든 일을 하다'를 의미하는 이 표현은 마취가 없었던 시절, 수술 중인 군인이 고통을 견디기 위해 '총알bullet을 문bite' 것에서 유래했다는 설이 있다.★ 하기 싫은 일을 힘겹게 참거나 억지로 하기 위해 힘을 쥐어짜내는 상황에 쓴다.

A: My husband wants to visit his parents for New Year's.
B: Does he want you to go with him?
A: Of course. He wants us to go. But I really don't want to. And Seollal is coming up.
B: Wait, I have an idea. Why don't you go with your husband next week for New Year's and not go on Seollal? **Bite the bullet** now, and you can relax during the holiday.
A: Whether or not I go on New Year's, I still have to go again on Seollal.
B: Oh! It's not one or the other? Then don't go!

A: 남편이 새해에 자기 부모님을 뵈러 가고 싶어 해.
B: 너랑 같이 가길 원하니?
A: 당연히 같이 가고 싶어 하지. 그런데 난 너무 가기 싫어. 게다가 설날도 다가오고 있잖아.
B: 잠깐만, 이건 어때? 다음 주에 새해 인사 차 남편이랑 내려가고 설날에는 안 가는 거지. 하기 싫은 걸 억지로라도 지금 해 두면 명절에 편하게 쉴 수 있잖아.
A: 새해에 가든 안 가든 어차피 설날에 또 가야 해.
B: 저런! 둘 중 하나가 아니었어? 그럼 가지 마!

★ bite the bullet 유래 출처: www.phrases.org.uk/meanings/bite-the-bullet
✚ 참고 표현: take one for the team (p. 309)

black and blue

검푸르게 멍든

MP3 016

멍이 든 자리는 '검고black 푸른blue' 색깔을 띤다. 사람에게 black and blue하다고 하면 '심하게 멍이 들었다'는 것이다.

A: Oh, my God! What happened to your face? You're black and blue!
B: I got into a drunken fight the other night.

A: 어머, 세상에! 너 얼굴이 왜 그래? 시퍼렇게 멍들었어!
B: 전날 밤에 술 취해서 싸웠어.

참고로 '술버릇'을 영어로 drinking habit이라고 하는 것은 잘못이다. 이것은 '술을 마시는 방법'을 뜻한다.

Drinking on an empty stomach is an unhealthy drinking habit.
빈속에 술을 마시는 것은 해로운 습관이다.

영어에는 '술버릇'을 지칭하는 표현이 따로 없고, 술에 취했을 때 어떤 행동을 하는지를 구체적으로 말한다. 아래 예문을 확인하자.★

What do you do when you're drunk?
네 술버릇이 뭐야?

He has a habit of starting fights when he is drunk.
그는 술에 취하면 싸우는 버릇이 있어.

★ 예문 출처: 〈영어로 자동 변환! 미국영어 표현사전〉 (p. 357, 다락원)

bloodbath

피의 숙청, 대학살

MP3 017

'욕조bath'에 '피blood★'가 가득 찬 장면을 생각하면 이 표현의 뜻이 바로 떠오를 것이다.

A: Isn't it surprising that Korea became a democracy in such a short time?
B: Well, it came at a great cost. In the Gwangju Uprising, for example, was a bloodbath that resulted in over 200 deaths.
A: Jesus! I had no idea it was that bad. Well, they did this country good.

A: 한국이 그렇게 빨리 민주주의가 된 게 놀랍지 않아?
B: 큰 희생이 따랐지. 예를 들어, 광주 민주화 운동은 2백 명 넘는 사망자가 발생한 대학살이었어.
A: 맙소사! 그렇게 끔찍한 사건이었는지 몰랐어. 그분들이 이 나라를 위해 큰일을 하셨네.

참고로 bloodbath 대신 massacre(대학살)를 쓸 수도 있다.

✦ 참고 표현: bad blood (p. 26), blue blood (p. 39)

---

blue blood

귀족의 혈통, 귀족 집안, 명문

MP3 018

직역하면 '파란blue 피blood'로, 이 영어 표현은 '상그레 이줄'이라는 스페인어를 문자 그대로 번역한 것이다. 백인인 스페인 원주민에 비해 유대인이나 모로코인 등 외부에서 들어온 사람들은 피부색이 더 어두운데, 스페인의 귀족들은 그런 침략자들과 혼인하지 않았기 때문에 그 후손들 또한 흰 피부색을 유지했다. 15세기 초반, 스페인에서 한창 이단 심문과 재판이 행해졌을 때 흰 살결과 피부 아래로 보이는 파란

정맥이 본인이 이슬람교도나 유대인 또는 다른 인종과 섞이지 않았음을 증명한다고 주장하던 사람들에게서 비롯되었다는 것이 이 표현의 유래와 관련된 가장 믿을 만한 가설이다.*

A: Hey, this is gonna sound crazy, but I was invited to a really upscale party. Do you want to go with me?
B: I prefer not to be at a party with a bunch of **blue bloods**.

A: 야, 못 믿겠지만, 엄청 돈 많은 사람들의 파티에 초대 받았는데, 같이 갈래?
B: 높으신 분들이 잔뜩 모이는 파티에는 별로 가고 싶지 않아.

예문에 나오는 upscale party는 '돈 많은 사람이 모이는 파티'인데, 위 예문에서 B는 그런 사람들을 blue blood로 부르고 있다. 현재 한국이나 미국에는 귀족이 없지만, 경제력에 따라 계급이 나뉘어 있다. 자본주의 체제에서는 돈이 많은 사람 또는 그런 집안이 blue bloods인데, old money와 new money 두 부류로 나뉜다.

old money는 '조상 대대로 내려오는 재산이 있는 사람'을 가리킨다. "금수저"라는 단어를 들었을 때 떠오르는 이미지가 바로 old money의 느낌이다. 반면에, **new money**는 부정적인 의미가 있다. 비싸기만 하고 수준 낮은 물건을 사들이거나 천박하게 돈을 낭비하는 사람이라고 무시하는 인식이 은근히 깔려 있다. 한국어의 '벼락부자', '졸부' 정도로 생각하면 될 것이다.

참고로 미국에서는 new money 대신 같은 뜻의 프랑스어 표현인 nouveau riche를 쓰는 사람도 많다. 다른 영어권 나라에서는 어떤지 모르겠지만, 미국에서는 좀 있어 보이고 싶을 때 프랑스어 표현을 쓴다. 그 모습이 불필요하게 영어 단어를 많이 섞어 말하는 한국 사람들과 비슷하게 느껴질 때가 많다.

[Watching a tour of a millionaire's house]

A: There's a lot of gold and sparkly things in the house.
B: I bet he's a **new money**. Only the **nouveau riche** shows off like that.
A: Just like that saying: "**New money** shouts, **old money** whispers."

[백만장자의 집을 구경시켜 주는 동영상을 보는 중]

A: 집 안에 금이랑 반짝거리는 게 너무 많네.
B: 그러게. 저 사람 벼락 부자일걸. 졸부나 저런 식의 돈 자랑을 하잖아.

A: "졸부는 크게 외치고, 원래 부자는 속삭인다"라는 말대로네.

★ blue blood 유래 출처: www.phrases.org.uk/meanings/blue-blood.html#:~:text='Blue%2520blood'%2520is%2520a
%2520literal,%252C%2520Jews%252C%2520or%2520other%2520races
✛ 참고 표현:bad blood (p. 26), bloodbath (p. 39), born with a silver spoon in *one*'s mouth (p. 267)

bosom buddy

절친, 막역한 친구

MP3 019

하나씩 따로 떼서 생각할 수 없을 정도로 '가까운 친구buddy' 사이를, 두 쪽을 하나의 신체 부위로 보는 '여자 가슴bosom'에 빗대 만든 표현이다. 재미있는 점은, 한국어의 '불알친구'는 여자들은 쓰지 않는 단어지만, 영어의 bosom buddies는 남자끼리도 쓴다는 사실이다. 하지만 한국어에서는 서로를 가리켜 '내 절친'이라고 하지만, 영어 에서는 my bosom buddy라는 말은 잘 쓰지 않고 대신 my best friend라고 한다. 보통 bosom buddy는 관계를 과장해서 말할 때 쓴다.

A: I'm having dinner with David tonight.
B: Who is he? I don't think I've ever heard of him.
A: He's a college friend. We weren't bosom buddies or anything, but we've kept in touch.

A: 나 오늘 저녁은 데이비드랑 먹을 거야.
B: 그게 누구야? 처음 들어보는 이름 같은데.
A: 내 대학교 친구. 절친까진 아닌데, 연락하고 지내.

bottom of the barrel

최악의 상태나 품질/수준

MP3 020

"석유 배럴당 얼마", "유조선 침몰로 몇 만 배럴의 원유가 해상에 유출되었다" 등 많은 한국 사람은 '액체의 부피 단위'로서의 barrel*에 익숙하다. 그런데 '목재나 금속으로 만들어진 큰 통' 또한 barrel이라고 한다. 고기나 채소 등 음식을 보관하는 데 쓰는 큰 통이 바로 barrel이다. 그런데 왜 '통barrel의 바닥bottom'이 '최악의 상태나 품질/수준'을 뜻하는 표현이 되었을까?

예전에는 barrel에 음식을 보관했는데, 시간이 좀 지나면 통의 바닥에 깔린 음식들은 뭉개져 버리거나 곰팡이가 스는 등 상해서 먹을 수 없는 상태가 되기 일쑤였다. 여기서 bottom of the barrel이 '최악의 상태'라는 뜻으로 의미가 확장되었다.

주로 동사 scrape와 짝을 이뤄 쓰이는데, 통의 맨 아래에 있는 쓸모 없는 것까지 긁어 모으는 모습에서 '바닥까지 탈탈 털어서 쓰다', '(임시방편으로) 되는 대로 하다'라는 뜻이 나왔다.

A: How long have you been out of work?
B: Over a year now.
A: Are you okay with money?
B: Not really. I might have to use the money in my piggy bank.
A: Wow, you're really **scraping the bottom of the barrel**. By the way, I'm shocked to hear that someone your age still has a piggy bank.
B: What can I say? I like using cash.

A: 너 일 안 한 지 얼마나 됐지?
B: 이제 일 년 넘어.
A: 돈은 있어?
B: 별로 없어. 저금통에 있는 돈을 써야 할지도 몰라.
A: 와, 너 진짜 바닥까지 털어서 사는구나. 그나저나, 네 나이에 여전히 저금통을 갖고 있다는 게 놀랍다.
B: 뭐랄까, 난 현금 쓰는 걸 좋아해.

토론이나 다툼 중에 자기가 틀렸거나 잘못했다는 걸 인정하기 싫어서 박박 우기

거나 한심한 말을 늘어 놓는 상대의 모습을 비꼴 때도 이 표현을 쓴다.

A: Dad, the reason we're closer to mom is because you weren't a good father.
B: That's your opinion. I did the best I could.
A: You hit us often, and you were always out drinking.
B: At least I provided for the family.
A: You're scraping the bottom of the barrel. You're supposed to do that, not brag about it.

A: 아빠, 우리가 엄마하고 더 친한 이유는 아빠가 좋은 아버지가 아니었기 때문이에요.
B: 그건 너희 생각이지. 나는 할 수 있는 최선을 다했다.
A: 우리를 자주 때렸고 항상 친구들하고 술이나 마시러 다니셨죠.
B: 그래도 난 가족을 부양했다.
A: 진짜 한심한 말씀 하시네요. 그건 자랑할 게 아니라 너무나 당연한 거예요.

★ barrel 관련 → '추가 학습 노트' 참고

brains and brawn

지능과 체력, 머리와 힘

MP3 021

brain에는 '지능', '이해력'이라는 뜻이 있는데, 보통 이 뜻으로 쓸 경우는 복수형 brains로 쓴다. brawn은 원래 '삶은 돼지고기'를 뜻하는 단어인데, 요즘은 '(운동을 많이 해서 두꺼운) 팔 근육', '완력', '체력'의 뜻으로 더 많이 쓰인다. brawn은 남자에게만 해당하기 때문에 **brains and brawn**은 남자한테만 쓴다. 이런 뜻으로 여자에게 쓰는 고정된 표현은 따로 없다.

A: Hey, are you still on the market for a boyfriend?
B: You have someone?
A: I might. He's a friend of a friend.
B: What's he like?

A: He has a great personality.

B: So he's not hot?

A: No! He's very good-looking! And smart.

B: He has **brains and brawn**? Sign me up!

A: 야, 너 아직 남자친구를 찾고 있어?

B: 누구 있어?

A: 그럴지도? 친구의 친구야.

B: 그 사람 어떤데?

A: 아주 성격이 좋아.

B: 그 말은, 섹시하지는 않다는 거군?

A: 아니야! 엄청 잘생겼어! 게다가 똑똑해.

B: 머리에 몸까지 좋다고? 나 만날래!

예문에 나온 것처럼, 흔히 친구에게 사람을 소개하기 전에 He/She has a great personality.(걔가 참 성격이 좋아.)라고 하면, 속뜻은 그 사람의 외모가 별로 뛰어나지 않다는 것이다. 한국에서 흔히 "애는 착해"라고 말하는 것과 같다.

[B is David]

A: You know what you should do? You should introduce David to her.

C: I don't know if she's his type.

B: Why? What's she like?

C: She has a great personality.

B: Oh, I see. No thanks.

[B가 데이비드이다]

A: 네가 할 일이 있어. 그 여자한테 데이비드를 소개해 줘.

C: 데이비드 스타일이 아닐걸.

B: 왜? 어떤데?

C: 성격이 아주 좋아.

B: 아, 무슨 말인지 알겠다. 패스.

bread and butter

생계 수단, 주 수입원, 밥줄

MP3 022

서양의 주식이 '빵bread 과 버터butter'인 데에서 생긴 표현이다.

A: I wonder why he hasn't deleted his YouTube channel yet. He's gotten so much criticism for that stupid thing he did.

B: Why would he? It's his **bread and butter**. People are still watching his videos, and he gets paid for it.

A: 저 사람이 왜 아직도 자기 유튜브 채널을 삭제하지 않는지 모르겠어. 자기가 한 멍청한 짓 때문에 그렇게 많은 비난을 받았는데.

B: 삭제를 왜 해? 자기 밥줄인데. 사람들이 여전히 저 사람 동영상을 보니까 돈이 들어오고 있잖아.

단어 사이에 하이픈(-)을 넣은 bread-and-butter는 '가장 필수적이고 중요한', '생계 유지의'라는 뜻의 형용사이다.

A: Who are you gonna vote for?

B: I like the Libertarian candidate.

A: Jesus, why? He's an idiot.

B: I like that he focuses on **bread-and-butter** issues like healthcare.

A: 너 누구에게 투표할 거야?

B: 난 자유당 후보자가 마음에 들어.

A: 맙소사. 왜? 그 사람은 바보야.

B: 의료보장제도 같은 진짜 필요한 이슈들에 집중하는 게 맘에 들어.

✦ 참고 표현: cash cow (p. 63), moneymaker (p. 219)

breadbasket

곡창 지대

문자 그대로 '빵bread 바구니basket'를 의미하기도 하고, 여기서 신체 기관인 '위'를 뜻하는 속어로 확장되어 쓰인다. 하지만 '곡창 지대'라는 뜻으로 더 많이 사용된다.

A: Do you think there will ever be a time when America isn't the world's breadbasket?

B: Well, the population is gonna keep growing, so maybe they won't be able to export grain in the future. And China's population is falling, so maybe they'll become the world's rice bowl.

A: 미국이 세계의 곡창 지대가 아니게 될 시절이 올까?

B: 인구가 계속 증가하니까 미래에는 곡물을 수출하지 못하게 될 수도 있겠지. 게다가 중국은 인구가 감소하고 있어서 나중엔 그들이 세계의 쌀 곡창 지대가 될 수도?

breadbasket은 밀뿐 아니라 일반적인 곡물을 재배하는 '곡창 지대'을 가리키는데, 재배 작물과 음식을 담는 그릇인 bowl을 합쳐 '특정 작물의 곡창 지대'를 표현하기도 한다. 예를 들어, 메콩강이 흐르는 나라들인 베트남, 태국, 캄보디아, 미얀마에서 '쌀을 많이 재배하는 지대'는 Asia's rice bowl, 캘리포니아 샐리너스 계곡에 '채소를 많이 기르는 지대'는 the world's salad bowl이라고 한다.

✦ 참고 표현: Bible Belt (p. 32)

bring home the bacon

생계를 꾸리다, 생활비를 벌다

MP3 024

'베이컨bacon을 가져오다bring'라는 이 표현이 왜 '생계를 꾸리다', '생활비를 벌다'라는 뜻으로 쓰이기 시작했는지에 대한 가설은 다양하다. 가장 유력한 설은 12세기에 영국 에식스 지역에서 시작된 전통에서 유래했다는 것이다. 이곳에서는 결혼식을 올린 후 일 년 동안 금실 좋게 지낸 부부에게 상으로 온 가족이 넉넉하게 먹을 수 있을 정도로 큰 베이컨을 주었다고 한다.* 식구들 입을 책임질 큰 베이컨 덩어리를 가지고 집으로 돌아오는 모습을 생각하면 이 표현을 외우기 쉬울 것이다.

A: I got into another argument with my husband the other day.

B: What happened?

A: I asked him to take out the trash, and he got really annoyed about it.

B: What was his reason?

A: He said that he had already planned on doing it and didn't need to be told. The thing is, he wasn't like this before he lost his job.

B: I bet he's feeling insecure, because he's not bringing home the bacon anymore.

A: I think you're right, but I don't get it. I didn't have a problem when he was the breadwinner.

B: That's so different though. It's more acceptable in society for men to make more money than women.

A: 며칠 전에 남편이랑 또 한바탕했어.

B: 무슨 일이었는데?

A: 쓰레기를 버려 달라고 하니까 엄청 짜증을 내는 거야.

B: 이유가 뭐래?

A: 자기 말로는, 이미 할 계획이었으니까 말 안 해도 됐다고 하더라. 이 사람이 실직하기 전에는 안 이랬다는 게 문제야.

B: 남편이 생활비를 벌지 않으니까 불안한 거 아닐까?

A: 네 말이 맞는 거 같아. 하지만 이해가 안 가. 그이가 가장이었을 때 나는 아무 문제가 없었거든.

B: 그거랑 너무 다르지. 여자보다 남자가 돈을 더 많이 버는 게 사회적으로 수용되는 분위기잖아.

참고로 My husband/wife brings home the bacon.이라고 하면 부부 중 한 사람만 돈을 번다는 의미이다. 가계를 책임지는 '(집안의) 가장, 기둥'을 뜻하는 단어로 breadwinner가 예문에 나온다. 빵을 쟁취하여 가져온 사람이므로 '가장'인 것이다.

★ bring home the bacon 유래 출처: www.phrases.org.uk/meanings/bring-home-the-bacon

building block

구성 요소

MP3 025

building은 '건물', '짓기/건축하기'라는 뜻이고, block은 '(장난감 집 짓기) 블록'이라는 뜻이다. 하나의 레고 완성품을 만드는 데 부품이 되는 작은 조각들이 있는 것처럼, 이 용어는 회사나 사회 같은 커다란 조직을 이루는 '**구성 요소**'를 말한다.

A: One of the biggest differences between Eastern and Western cultures is that Eastern cultures are more collective and Western cultures are more individualistic.
B: Right. That might be the biggest difference. In the East, the family is the **building block** of society. But in the West, it's the individual. For example, does the surname come first or last?
A: Same way with writing addresses. In Korea, the order is country, province, city, district, street name, then street number. In the U.S., it's the opposite.
B: One takeaway here is that distance matters! The farther away two places are, the more different they are. The East and West are complete opposites sometimes.

A: 동양과 서양 문화의 가장 큰 차이 중 하나는, 동양 문화는 더 집단적인 반면, 서양 문화는 더 개인주의적이라는 점이야.
B: 맞아. 그게 가장 큰 차이일지도 몰라. 동양에서는 가족이 사회의 구성 요소잖아. 하지만 서양 사회에서는

개인이지. 예를 들어, 성이 앞에 오느냐 뒤에 오느냐 같은 것도 그래.

A: 주소 쓰는 방식도 마찬가지야. 한국에서는 나라가 먼저고, 그다음에 도, 시, 구, 도로명, 도로 번호 순으로 나오지. 미국은 그 반대야.

B: 여기서의 핵심은 거리가 중요하다는 거네! 두 곳이 멀리 떨어져 있을수록, 서로 더 다른 법이지. 때때로 동양과 서양은 완전히 반대야.

bunk bed

2층 침대

MP3 026

직역하면 '침상bunk 침대bed'로, 한국에서 "벙커 침대"라고 부르는 '2층 침대'이다.

[Two brothers arguing]

A: I want to sleep in the top bunk!

B: No, I want to sleep in the top bunk!

A: But you wet the bed every night, so I should sleep in the top bunk!

B: No, I don't!

A: Yes, you do!

B: You're the one who wanted the bunk bed, not me. So I should get to choose.

[형제끼리 다투는 중]

A: 내가 위에서 잘 거야!

B: 내가 위에서 잘 거야!

A: 넌 매일 밤 이불에 오줌 싸잖아! 그러니 내가 위에서 자야지!

B: 안 그러거든!

A: 그러거든!

B: 2층 침대를 원한 사람은 너였어, 내가 아니라. 그러니 내가 선택해야 해.

burn *one's* bridges

돌이킬 수 없다

MP3 027

전투 상황에서 다리를 건넌 후에 적이 따라오지 못하게 '다리bridge를 불태우는burn' 것에서 유래한 표현이다. 반대로, 다리를 태워 버리면 건넌 사람도 다시 돌아갈 수 가 없다는 점에서, 매우 불쾌한 상황으로 끝내서 다시는 원래 있던 곳으로 돌아갈 수 없 는 상황을 묘사하는 표현으로 사용된다. 특히 인간관계를 망치지 말라고 충고할 때 이 표현을 자주 쓴다.

A: Mom told me you quit your job? Is this true?
B: Yeah, I just walked out today.
A: Without any notice?
B: No. I couldn't deal with my crazy boss anymore.
A: You know, people in your industry all know each other, and this isn't the first time you quit like this. If you keep burning your bridges, you're not gonna be able to find a job anywhere.

A: 직장 그만뒀다고 엄마한테 들었는데, 사실이야?
B: 어, 오늘 때려치웠어.
A: 그만둔다는 통보도 없이?
B: 응. 정신 나간 상사를 더 이상 못 참겠더라.
A: 네가 일하는 업계 사람들은 서로 다 알잖아. 그리고 네가 그런 식으로 일을 그만둔 게 처음도 아니고. 자꾸 이렇게 돌이킬 수 없을 만큼 안 좋게 끝내면 다른 데서 일 못 구해.

busy beaver

부지런한 사람/일꾼

MP3 028

한국에는 '비버beaver'가 살지 않기 때문에 이 동물을 잘 모르는 사람이 많은데, 나뭇

가지를 부지런히 모아 강에 댐을 만드는 비버는 서양 문화권에서는 부지런함을 상징하는 동물로 유명하다. 같은 의미의 표현으로 busy bee가 있다.

A: I cleaned, went to the bank, walked my dog, got a haircut, packed for my trip, made dinner for my wife, and now I'm here!

B: You've been a busy beaver!

A: 오늘 청소하고, 은행 갔다 오고, 강아지 산책시키고, 머리 깎고, 여행 짐 싸고, 아내를 위해 저녁을 차리고, 그러고 왔어!

B: 겁나게 바빴네!

busy beaver와 관련해 재미있는 말장난의 예를 하나 소개하겠다. 미국 버전의 시트콤 〈더 오피스〉에 나왔던 에피소드★인데, 직장에서 한 여성이 트로피를 받았다. 그런데 그 트로피에는 "Bushiest Beaver"라고 busiest에 알파벳 h가 하나 더 들어가 있었다. '덤불', '숱 많은 머리털'이라는 뜻을 갖는 bush는 은어로 '음모'를 뜻하고, beaver는 은어로 '여성의 음부'를 나타낸다. 즉, 시트콤에서 그 여성은 가장 부지런해서가 아니라 '음부에 가장 털이 많아서' 상을 받은 것이다!

★ 〈더 오피스〉 에피소드: www.youtube.com/watch?v=toXzQkX7NQw

busybody

참견하기 좋아하는 사람

MP3 029

'바쁜busy 몸body'이라고 해서 문자 그대로 눈코 뜰 새 없이 바쁜 것으로만 생각해서는 안 된다. 지금은 busy를 '바쁜'의 뜻으로 쓰지만, 과거에는 '참견하기를 좋아하는'이라는 뜻이 있었다.★ 그래서 이 표현은 조롱하듯이 '매사 남의 일에 끼어드는 데 바쁜 오지랖 넓은 사람'을 가리킬 때 쓴다.

A: My mother-in-law is driving me crazy.

B: What did she do this time?

A: You know that my husband and I are going to Italy this summer.

B: Yeah.

A: Well, since she's been there before, she's trying to plan the trip for us.

B: That would drive me crazy too. I didn't know she was such a busybody.

A: My husband's nosey as well. He gets it from her.

A: 시어머니 때문에 미치겠어.

B: 이번에는 또 무슨 일을 하셨는데?

A: 내가 남편하고 올여름에 이탈리아 가는 거 알지?

B: 응.

A: 시어머니가 이탈리아에 가 본 적이 있으시다 보니 우릴 위해 여행 계획을 짜 주려고 하셔.

B: 나라도 돌아 버리겠다. 그 정도로 참견쟁이신 줄은 몰랐어.

A: 우리 남편도 참견이 좀 심하잖아. 어머니한테 물려 받은 거야.

참고로 -body가 들어가는 단어 중에 homebody라는 단어가 있다. '집'과 '몸'이 합쳐진 것으로, '집에 있기를 좋아하는 사람'이라는 뜻이다.

A: It's kinda really weird how different siblings can be.

B: I agree. They're both from the same parents but with completely different personalities.

A: Are you and your brother like that?

B: Yeah, he likes to go out, and I'm a homebody.

A: 형제자매끼리 성격이 다르다는 게 참 신기해.

B: 맞아. 같은 부모에게서 태어났는데 성격은 완전 달라.

A: 너랑 남동생도 그래?

B: 응, 걔는 나가서 노는 걸 좋아하고 나는 집순이야.

★ busy의 뜻 출처: www.etymonline.com/search?q=busybody

by the book

원칙대로, 규칙대로

MP3 030

이 표현의 **book**이 무슨 책인지에 대해 확실하게 밝혀진 바는 없지만, '성경책'으로 추정하는 사람이 많다.★

A: Do we really need a lawyer?

B: I think so. We need to do it **by the book**. And we don't know all the rules.

A: 우리에게 변호사가 진짜 필요해?

B: 필요하다고 생각해. 모든 걸 규정대로 해야 하는데 우리가 다 알지 못하잖아.

위 예문에서의 by the book은 긍정적인 의미로 해석이 가능하다. 하지만 규칙대로 한다는 것은 상황에 따라 '고리타분하고 융통성이 없다'는 부정적인 의미로도 해석할 수 있다.

A: We've known each other a long time. We don't need to do everything **by the book**.

B: You're right. It's just between you and me, anyway.

A: 우리 서로 안 지 오래되지 않았나요? 너무 정석대로 할 필요는 없을 것 같아요.

B: 맞아요. 어차피 우리 둘 사이의 일이니까.

참고로 '성경책'을 뜻하는 또다른 표현으로 the Good Book이 있다.

A: I want revenge! He wronged me, and I can't let this go.

B: Calm down. As **the Good Book** says, love your neighbors and enemies.

A: I know what the Bible says. It's just hard to follow Jesus's teachings at the moment.

A: 나 복수하고 싶어! 그는 나에게 잘못했고, 그냥은 못 넘어가겠어.

B: 진정해. 성경에 따르면 너희 이웃과 원수를 사랑하라고 나와 있잖아.

A: 나도 성경에 뭐라고 쓰여 있는지 알아. 그런데 지금은 예수님의 가르침을 따르기가 힘들어.

★ by the book 유래 출처: www.phrases.org.uk/meanings/82700

more bang for *one's* buck

가성비가 좋은
본전을 뽑는

MP3 031

빅뱅 이론Big Bang Theory에도 나오는 bang은 '쾅 하는 소리/굉음'을 뜻한다. 현재 buck은 '달러'를 뜻하는데, 과거에 '사슴 가죽buckskin'이 1달러였을 때부터 이 의미로 사용했다는 설이 있다.★

이 표현의 유래는 1953년으로 거슬러 올라간다. 당시 미국 대통령이었던 아이젠하위는 딜레마에 빠져 있었다. 군인 출신이었던 그는 공산주의 국가인 소련 및 중국과 맞서기 위해 군비 지출을 늘릴 계획이 있었지만, 공화당원으로서 정부 지출을 줄여야 한다는 고민도 있었다. 군비 지출을 늘리는 동시에 군 예산을 감축하는 건 불가능해 보였지만, 미 합동참모본부는 해결책을 내놓았다. 해결책은 바로 유지비가 많이 드는 군인의 수를 줄이고 상대적으로 생산 비용이 저렴한 핵무기를 늘리는 것이었다. 그러면 투자한 '달러돈buck에 비해 쾅bang이 더 클' 수 있었다.★★ 이러한 배경에서 '가성비가 **좋은**'이라는 뜻의 표현이 되었다.

A: Why do you like Costco so much?
B: What's there to dislike? You get more bang for your buck.
A: But everything is so big.
B: And that's a problem?
A: I'm never able to finish anything I get from there.
B: That sounds like a "you" problem.

A: 넌 코스트코를 왜 그렇게 좋아해?
B: 싫어할 이유가 뭐가 있어? 가성비가 좋은데.
A: 그런데 모든 게 너무 커.
B: 그게 문제야?
A: 거기서 산 건 다 쓰질 못해.

B: 그건 너의 문제 같은데?

참고로 '가성비가 좋다'를 표현하는 다른 방식이 두 개 더 있다. 하나는 good value for money라는 표현을 쓰는 것이다. 이것은 한 번에 큰돈을 쓰도록 설득할 때 흔히 하는 말이다.

A: We can't buy this. It's too expensive.
B: It's good value for money.
A: What are you, a salesman?
B: This is a good price for a luxury brand.
A: Yeah, I don't care about that. It's still too much money.

A: 우리 이거 못 사. 너무 비싸.
B: 가성비가 좋은데?
A: 너 뭐야, 판매원이야?
B: 명품치고는 싼 거야.
A: 난 그딴 거에 관심 없어. 그렇다고 해도 너무 비싸.

다른 하나는 금액, 양, 질 등을 비교하며 설명하는 방식이다.

A: Why do you want to eat at that place? It's not that good.
B: Number one, you said you wanted Korean barbecue. Number two, it's the end of the month.
A: So?
B: Meaning we don't have much money at the moment.
A: Oh, right.
B: And number three, they give you a lot for a good price.

A: 저 식당 별로 맛없는데, 왜 거기서 먹으려고 하는 거야?
B: 첫째, 네가 한국식 고기 구이를 먹고 싶다고 해서. 둘째, 월말이라서.
A: 그래서?
B: 즉, 지금 우리 수중에 돈이 별로 없다는 거지.
A: 아, 그렇지.
B: 셋째, 그 식당이 가격 대비 양이 많아.

more bang for *one's* buck에는 '본전을 뽑고도 남는'이라는 뜻도 있다. 예를 들어, 학원비는 비싸지만 영어 강사의 탁월한 코칭 덕에 다른 친구들보다 영어 실력이 월

등히 빨리 는 경우에 쓸 수 있다. 시간과 노력을 투자해서 얻는 성과라는 측면에서 보면 more bang for *one's* buck가 꼭 '가격이 저렴한' 것에만 초점이 맞춰진 것은 아니다.

A: I heard you're going to a cram school these days.
B: Yeah. It's a little on the expensive side, like 1,500 dollars, but it's really good.
A: For a cram school? That's a lot!
B: It is, but the instructors are excellent. My English has improved so much so quickly. You definitely get **more bang for your buck** there.

A: 너 요새 학원 다닌다며?
B: 응. 한 달에 150만 원 정도로 좀 비싼 편이야. 하지만 아주 좋더라고.
A: 무슨 학원이 그렇게 비싸?
B: 비싸긴 한데, 거기 강사들이 진짜 잘해. 내 영어 실력이 엄청 빨리 확 늘었어. 본전을 뽑고도 남아.
A: 왜 나한테는 그곳 얘기 안 해 줬어?
B: 어… 그게 이런저런 이유 때문에.

★ buck의 정의 출처: www.etymonline.com/word/buck
★★ more bang for *one's* buck 유래 출처: www.phrases.org.uk/meanings/more-bang-for-your-buck

the bark is worse than the bite

말은 무서워도 실제로는 그렇지 않다

MP3 032

개를 키우는 집에 처음 방문했을 때 그 개가 요란하게 짖으면 무섭겠지만, 막상 친해져서 순한 양처럼 행동하는 것을 보면 '짖는 건 요란한데 실제로는 순하네'라고 생각하게 된다. '무는bite 것보다 짖는bark 게 더 나쁘다'라는 말은 곧 '겉보기에는 무서워도 실제로는 아니다'라는 뜻이다.

A: Honey, I want you to meet my parents next weekend.
B: Oh, God. I've been dreading this.

A: Me too. But if we're serious about this relationship, we have to do it.

B: Of course. Is there anything I should know about your parents?

A: My mom, no. But my dad is another story. I'm his only daughter, which makes him very protective of me.

B: Yeah...

A: Just remember this. His bark is worse than his bite. He presents himself as a scary dad, but he's a softie inside.

A: 자기야, 다음 주에 우리 부모님이랑 만났으면 좋겠어.

B: 와, 난 이 순간이 두려웠어.

A: 나도 그래. 그런데 우리 관계를 진지하게 생각한다면 꼭 해야 할 일이야.

B: 당연하지. 너의 부모님에 대해 내가 알아야 할 게 있어?

A: 엄마는 없는데, 우리 아빠는 있어. 내가 외동딸이라 나를 보호하시는 경향이 있으셔.

B: 그렇겠지….

A: 이것만 기억해. 겉으로는 거칠지만 실제로는 아니신 분이야. 무서운 아버지처럼 행동하시지만, 마음은 약하셔.

이 표현은 의도에 따라 의미가 달라질 수 있다. 위의 대화에서는 아버지의 마음이 약하다는 것을 좋게 보는 상황이다. 하지만 가끔 '겉으로 말만 세지 실제로는 별 볼일 없는 사람'이라는 뜻으로도 쓰는데, 그런 상황에서는 모욕적인 표현으로 쓰인다.

A: Steve talks like he's tough, but he's never gonna fight.

B: I guess his bark is worse than his bite?

A: Oh, yeah. He's all bark and no bite.

A: 스티브는 자기가 터프한 것처럼 말하지만, 절대로 싸우지 않을 거야.

B: 겉으로만 무섭고 별 볼 일 없는 거야?

A: 응. 말만 세지 겁쟁이야.

위 예문에 나오는 he's all bark and no bite(짖는 게 다이고 무는 건 없다)는 원형을 살짝 바꾼 말장난이다.

the best and brightest

최고의 인재, 정예, 엘리트 계급

MP3 033

'최고이자best 가장 똑똑한brightest' 사람은 어느 조직에서든 '최고의 엘리트'로 평가
받는다. bright는 '쾌활한', '활발한'이라고 성격을 나타낼 때 자주 쓰는 단어이지만,
'똑똑한', '영리한'이라고 지능에 대해 말할 때도 쓰인다.

A: Why do **the best and brightest** all want to work for tech companies?
B: Because that's where the money's at.

A: 왜 최고의 인재들은 모두 테크놀로지 회사에서 일하고 싶어할까?
B: 그쪽이 돈이 되잖아.

the birds and the bees

(어린아이에게 가르치는) 기초적인 성교육 내용

MP3 034

'새bird와 벌bee'을 은유로 성性을 언급한 것은 1825년에 영국의 시인 사무엘 테일러
콜리지가 발표한 시 〈Work Without Hope〉에 나온다.

All nature seems at work ... The bees are stirring—birds are on the wing ...
and I the while, the sole unbusy thing, not honey make, nor pair, nor build,
nor sing.★
자연의 모든 것이 작동한다… 벌은 윙윙거리고, 새는 날아다닌다… 그러는 동안 나는 혼자 아무것도 하는 일
이 없다. 꿀도 못 만들고, 짝짓기도 못하고, 벌집이나 둥지도 안 짓고, 노래도 부르지 않는다.

테일러 콜리지의 주변 사람들은 다 사랑에 빠져 바쁘게 움직이는데, 그런 대상 없
이 자기 혼자 사랑을 나누지 못하는 외로움에 안타까워하는 모습을 묘사한 시이다.

이 시의 영향 때문인지, 새의 짝짓기를 설명하며 아이들에게 성교육을 했던 과거의 교육 방식의 영향 때문인지는 모르겠지만, the birds and the bees는 '기초적인 성교육 내용'을 의미하는 표현이 되었다. 대화할 때는 이 내용을 뜻하는 게 분명하면 the birds and the bees 대신 단순하게 **the talk**라고도 한다.

A: Have you told your kid about "**the birds and the bees**" yet?

B: Funny you should ask. She keeps asking about how babies are born.

A: My son is doing the same. I guess it's time for "**the talk**."

A: 너 아이한테 성교육을 했어?

B: 때마침 물어보네. 우리 딸이 아기는 어떻게 생기냐고 계속 묻고 있어.

A: 우리 아들도 똑같아. 그 얘기를 할 때가 왔나 보네.

★ 시구 출처: www.latimes.com/archives/la-xpm-2000-sep-04-cl-15141-story

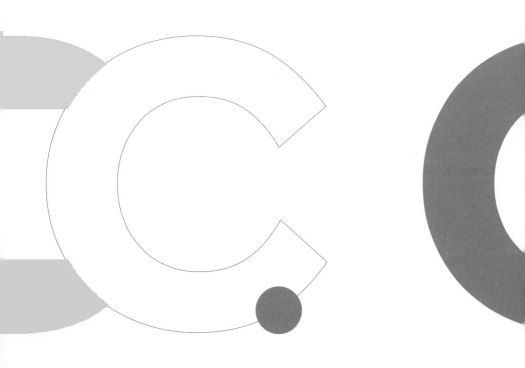

calling card

소유하거나 성취함으로써 많은 기회를 줄 수 있는 것
(본인을) 대표할 수 있는 특징

MP3 035

제시된 두 개의 뜻 중 흔히 두 번째 뜻으로 사용된다. '부르기', '칭하기'라는 뜻의
calling과 '명함'이라는 뜻의 card를 생각했을 때, 이 표현이 "나다", "내가 여기에 있
었다"라고 '자신의 존재를 표시하는 특징이나 물건 또는 행동'임을 이해하는 것이 어렵
지 않다.

영화 〈오션스 트웰브〉를 보면 주인공이 동인도 회사에서 발행한 세계의 첫 주권
을 훔치려고 금고를 연 순간, '밤 여우'라는 다른 도둑이 먼저 훔쳤다는 것을 알게
된다. 금고 속에는 주권 대신 여우 피겨린이 있었는데, 그 피겨린이 바로 밤 여우의
calling card, 즉 밤 여우의 존재를 대표하는 물건인 것이다.

A: Oh, my God. I'm freaking out!

B: What happened? What's wrong?

A: I think my crazy ex-boyfriend was in my house while I was out.

B: What? How do you know that?

A: The towels in my bathroom and kitchen are all neatly folded and facing the front.

B: And that's a sign?

A: Yeah, it's a compulsion of his. He doesn't even know he's doing it. It's like his calling card.

B: Call the police. I'll be right there.

[통화 중]

A: 맙소사. 나 너무 무서워!

B: 왜? 무슨 일이야?

A: 내가 집에 없는 동안 제정신이 아닌 내 전 남친이 들어온 것 같아.

B: 뭐? 그걸 어떻게 알아?

A: 화장실과 주방에 있는 수건 전부를 누가 개고 앞을 향하게 해 놨어.

B: 그 사람이 그런 게 확실해?

A: 응, 걔는 그걸 강박적으로 해. 자기가 그렇게 하고 있는지도 몰라. 그게 그 인간이 여기 있었다는 표시야.

B: 경찰에 신고해. 내가 지금 갈게.

---

cancel culture

캔슬 컬처

MP3 036

'취소cancel 문화culture'는 '공인이나 기업이 잘못을 저질렀을 경우, 그들에 대한 지원을 철회하는 불매운동'이다. cancel culture의 한 예가 "미투"로, 이 운동이 시작했을 때 각종 분야나 업계에서 힘이 있고 유명한 남성들의 잘못이 밝혀지며 그들은 '취소됐다'. 그런 남자들이 제품이나 작품에 대한 불매운동이 벌어지고, 그들의 하차를 요구하는 사람들이 많아지면서 그들 중 많은 사람이 더 이상 양지로 나올 수 없게 되었다.

사회가 바람직한 방향으로 가기 위해서는 cancel culture도 필요하고 긍정적인 역할을 수행하는 경우도 많다. 하지만 일반적으로 이 용어는 부정적인 의미로 사용된다. 듣는 사람 입장에서 자기 철학이나 신념에 반하는 말이거나 조금이라도 마음에 안 들면, 그 대상을 '취소'하면서 점차 언론의 자유가 없어지고 검열이 심해지는 문제가 발생하고 있어서이다. 흔히 미국의 대학교에서 발생하는데, 대표적인 사건 하나는 이스라엘을 지지하는 공동 후원자에 대한 학생들의 항의 때문에 강연을 하기로 했던 트랜스젠더의 권리를 옹호하는 활동가가 철수한 일이다. 또 하나는 페미니즘을 비판한 논평을 쓴 여성 작가의 강연 초청을 대학교에서 철회한 사건이다.★

cancel culture가 너무 심해지자 오바마는 다음과 같이 말했다. "cancel culture는 행동주의가 아니다. 비난만 하면 변화가 없을 것이고 멀리까지 가기 어려울 것이다. 그렇게 하는 건 쉽다.(That's not activism. That's not bringing about change. If all you're doing is casting stones, you're probably not going to get that far. That's easy to do.)" 심지어 트럼프도 이에 동의했다. "우리는 발언 규정과 cancel culture가 아닌, 자유롭고 공개적인 토론을 원한다. 우리는 편견이 아닌 포용을 받아들인다.(We want free and open debate, not speech codes and cancel culture. We embrace tolerance, not prejudice.)"★★

미국에서는 cancel culture에 대한 찬반 의견이 팽팽하며, 앞으로도 계속 이슈가 될 것으로 보인다.

A: I heard the speaker who was supposed to come next week got canceled.

B: Why?

A: He made a joke about gay people that some people found homophobic.

B: Was it homophobic?

A: That's not the point. I don't think we should be canceling people just because of a joke they made. Cancel culture has gone too far.

B: Even if it's prejudiced?

A: Yeah, because we can confront them about it in the Q&A. That way we can hear their side too.

A: 다음 주에 오기로 되어 있던 연설가가 취소됐대.

B: 왜?

A: 동성애자에 대해 농담을 했는데, 그게 동성애 혐오라고 생각하는 사람들이 있어서.

B: 진짜 동성애 혐오였어?

A: 그게 중요한 게 아니야. 농담 좀 했다고 취소하는 건 아니지. 취소 문화가 도를 넘었어.

B: 비록 그게 편향적이라도?

A: 응, Q&A 시간에 직접 대면해서 물어볼 수 있잖아. 그러면서 그쪽 입장도 들을 수 있고.

★ 미국 대학교에서 일어난 cancel culture의 예 출처: www.businessinsider.com/list-of-disinvited-speakers-at-colleges-2016-7
★★ 오바마, 트럼프의 말 출처: www.politico.com/news/2020/07/22/americans-cancel-culture-377412
✤ 참고 표현: safe space (p. 269)

cash cow

캐시카우, 돈줄

MP3 037

소는 새끼를 낳은 후부터 평생 우유를 생산하기 때문에 농부가 꾸준히 돈을 벌 수 있다는 데에서 생긴 표현으로, '꾸준히 수익을 가져오는 제품/사업'을 뜻하는 말이다. 한국에서도 '캐시카우'라고 많이 쓰며 때로는 직역 그대로 '현금cash 젖소cow'라고도 한다.

A: What are you watching these days?

B: There's a show called *Law & Order*: *SVU.* Have you heard of it?

A: Of course! It's famous, although I didn't know it was still on.

B: They just finished season 21.

A: 21 seasons?! My God!

B: Mmhmm, it's a **cash cow** for the network.*

A: 요새 뭐 봐?

B: 〈로 앤 오더 성범죄전담반〉이라는 프로그램이 있어. 들어 본 적 있어?

A: 당연하지! 유명하잖아. 그런데 아직도 하고 있는지는 몰랐어.

B: 최근에 시즌 21이 끝났어.

A: 21시즌? 대단한데!

B: 응, 그 방송국의 돈줄이지.

cash cow는 moneymaker와 뜻이 유사한데, 차이는 moneymaker는 사람 또는 행동일 수도 있다는 점이다. 다시 말해, moneymaker는 '돈 잘 버는 사람'이나 '돈벌이가 되는 것'을 뜻하는 반면, cash cow는 '안정적인 돈벌이가 되는 것', 즉 '수익의 원천'이다. moneymaker는 cash cow에 비해 일시적인 수익을 얻는 것에, cash cow는 안정적인 현금 흐름을 창출해 내는 것에 초점이 맞춰져 있다.

✤ 참고 표현: bread and butter (p. 45), moneymaker (p. 219)

catcall

성적으로 희롱하는 휘파람 소리를 내다
(성적 의미가 있는) 휘파람, 야유

MP3 038

1650대 연극을 보던 관객들은 마음에 들지 않는 부분이 나오면 소음이 나는 악기를 불었다고 한다. 그때 소음이 마치 화난 고양이의 울음소리 같아서 그 악기는 "catcall"이라고 불리게 되었고, 시간이 흘러 이 단어는 명사로는 '야유', 동사로는 '야유하다'를 뜻하게 되었다.★

하지만 현재는 관객의 야유와 조롱이 아니라, 일반적으로 길 가는 여성에게 휘파람을 부는 것처럼 '성적으로 희롱하는 듯한 소리를 내는 것' 또는 '그러한 행동을 하는' 것을 뜻한다. 관객의 catcall을 받은 연기자나 연출자가 느낀 감정과 기분을 떠올리면 이 뜻으로 확장되어 쓰이는 이유를 알 수 있을 것이다.

A: As a guy, I always thought it would be nice for women to catcall me.
B: Trust me, it gets old real quick. It makes me feel unsafe. I don't know what he's going to do to me.
A: Oh, I'd never thought about that. There's a power dynamic★★ that I didn't appreciate.

A: 남자로서 하는 말인데, 난 여자들이 내게 추파를 던지면 기분 좋을 것 같아.
B: 야, 진절머리 나. 안전하지 않은 느낌을 받게 돼. 그 사람이 나한테 무슨 짓을 할지 모르잖아.

A: 아, 그 생각은 안 해 봤다. 나는 제대로 인식하지 못했던 힘 차이가 있구나.

★ catcall 유래 출처:www.etymonline.com/word/catcall
★★ power dynamic은 일반적으로 '갑/을 관계'이다. 특히 사장-직원, 상사-부하 관계에서는 명백한 power dynamic이 존
재한다. 때로는 '힘이나 체력 차이'일 수도 있다. 여자는 남자보다 신체적 힘이 약하기 때문에 거기서 오는 불편함이 존재
할 수 있다. 부모-자식, 부자-빈민 등 다양한 관계에도 power dynamic이 존재한다.

cause for concern

걱정거리, 염려할/걱정할 이유

MP3 039

직역하면 '걱정concern의 이유cause'로, 간단히 말해 '걱정거리'다. 반대말은 cause for
celebration이다.

A: Did you know that Tata Motors, an Indian company, owns Jaguar and
Land Rover?
B: Are you serious? So an Indian company bought two British companies?
A: Actually Jaguar and Land Rover are part of the same company, and,
yeah, they did.
B: I bet that was a cause for celebration for the Indians.
A: And a cause for concern for the British.

A: 인도 회사 타타모터스가 재규어와 랜드로버를 소유한다는 거 알았어?
B: 정말? 그럼 인도 회사가 영국 회사 두 개를 샀다는 말이야?
A: 그게, 재규어와 랜드로버는 같은 회사의 계열사야. 그 말인즉, 그래, 타타가 영국 모회사를 산 거지.
B: 와, 인도 사람들한테는 기념할 일이었겠다.
A: 영국 사람들한테는 걱정거리고.

chain of command

지휘 계통

'명령', '지휘'를 뜻하는 command와 '사슬', '일련'을 뜻하는 chain의 조합으로 이루어진 표현으로, 같이 잘 쓰는 동사를 알아 두자.

break the chain of command 지휘 계통을 끊다/무시하다
disobey the chain of command 지휘 계통을 따르지 않다
maintain the chain of command 지휘 계통을 유지하다
respect the chain of command 지휘 계통을 따르다

A: My boss got mad at me the other day.

B: What did you do?

A: I don't think I did anything wrong though. My boss's boss sent me and him a group email, so I replied.

B: And?

A: That was it. He told me that I **broke the chain of command**, and I should always go through him if I want to talk to his boss.

B: But it was a group email, and you're not the one who sent it.

A: Which was why I was confused.

B: He seems kind of sensitive about **maintaining the chain of command**.

A: 며칠 전에 상사가 나한테 화냈어.

B: 네가 뭘 했는데?

A: 내가 보기에는 잘못한 게 없어. 상사의 윗선이 나랑 상사에게 단체 이메일을 보냈길래 답장을 했거든.

B: 그랬는데?

A: 그것 때문에 화가 난 거야. 내가 지휘 계통을 끊었다나? 내가 윗선과 연락하고 싶을 땐 꼭 자기를 통해서 해야 한다고 하더라고.

B: 단체 이메일인데도? 그리고 그 단체 이메일을 보낸 사람이 네가 아니잖아.

A: 그래서 나도 이해가 안 된 거지.

B: 지휘 계통을 유지하는 거에 좀 민감한 사람인가 보다.

chitchat

수다를 떨다, 잡담하다
잡담, 수다

MP3 041

chit은 아무 의미가 없고 chat^{잡담; 잡담하다}과 두운을 만들기 위해 붙인 단어로 보는 게 타당하다.

A: My jaw hurts. I was on the phone with my friend for three hours.
B: Three hours?! What in the world did you guys talk about?
A: Oh God, this and that. We just **chitchatted** the whole time.
B: I'm guessing you guys had a lot of catching up to do.

A: 턱이 아파. 친구랑 전화로 3시간 동안 떠들었어.
B: 3시간? 대체 무슨 대화를 그렇게 해?
A: 이런저런 얘기를 하다가 그렇게 됐어. 그냥 수다 떤 거지.
B: 할 얘기가 많았나 보네.

clear-cut

명백한, 확실한

MP3 042

어떤 사물을 자르면 '자른^{cut}' 곳이 '분명하게^{clear}' 잘 보이는 데에서 이 표현의 뜻을 짐작할 수 있다.

A: I'm helping my professor work on his research paper.
B: What's it about?
A: It's about how the weather and climate affect tourism.
B: For example?
A: Like during the rainy season, there are fewer tourists and stuff.
B: That sounds really simple. Rain, no tourists; no rain, tourists. Done!

A: If you put it that way! But it's not as clear-cut as it seems!

A: 나 요새 교수님 연구보고서 작업을 도와드리고 있어.
B: 주제가 뭐야?
A: 날씨와 기후가 관광에 미치는 영향.
B: 예를 들어?
A: 장마철엔 관광객이 많이 없고 그렇거든.
B: 엄청 간단한 거 아니야? 비가 오면 관광객이 없고, 비가 안 오면 관광객이 있고. 끝!
A: 그렇게 말하면 간단해 보이지만, 생각보다 그리 명백한 게 아니야!

close call

구사일생, 위기일발

MP3 043

스포츠 경기에서 '심판의 판정'을 call이라고 한다. 심판의 판정은 유리한 쪽으로든 그렇지 않은 쪽으로든 나올 수 있는데, 판정이 나오기 직전, 판정을 내리는 순간에 '가까운close' 그 아슬아슬한 상황에 빗대 만들어진 표현이다.*

A: Dude, I almost got killed today.
B: What? What happened?
A: I'm at a crosswalk. The driver and I make eye contact, and he's approaching me. I assume that he's gonna stop, so I keep walking. But he speeds by me with less than a foot between me and the car.
B: That was a close call. You have to be careful.

A: 야, 나 오늘 죽을 뻔했어.
B: 뭐? 무슨 일이 있었는데?
A: 난 횡단보도에 있었는데, 차 운전자랑 눈이 마주쳤고 차는 내 쪽으로 오고 있었어. 난 차가 멈출 줄 알고 계속 걸었는데, 차가 내 옆을 쏜살같이 휙 지나가는 거야. 우리 사이의 거리는 30cm도 채 안 됐었어.
B: 아슬아슬했네. 조심해야 해.

참고로 too close to call이라는 표현이 있다. 이는 '(스포츠 경기나 선거 등이) 막상막하인'이라는 뜻이다.

A: Have they declared the winner?

B: Not yet. It's **too close to call**.

A: How is that even possible? I can't believe people are actually voting for that conman.

A: 승자를 발표했어?

B: 아직. 막상막하의 접전이야.

A: 어떻게 그럴 수 있지? 사람들이 저런 사기꾼에게 투표한다는 게 신기하다.

★ close call 유래 출처: www.dictionary.com/browse/close--call

closed captioning

자막

MP3 044

TV 프로그램이나 영화 등의 화면 위에 CC 표시가 보이면 '자막이 있다'는 것이다. 북미를 비롯해 일반적인 나라는 두 종류의 자막을 제공한다. 하나는 외국어를 모국어로 번역한 자막이고 다른 하나는 청각 장애인을 위한 자막이다. '청각 장애인을 위한 자막'은 closed captioning이고, '외국어를 번역한 자막'은 subtitle이다.

A: Why do you have the TV on so loud?

B: Because you're cooking, and it's loud.

A: Then why don't you turn the TV off and come help me cook?

B: I'll do the dishes after dinner.

A: Okay, but turn it down.

B: Then I can't hear anything.

A: Then turn on the closed captioning. It's so loud in here I can't think!

A: TV를 왜 이렇게 크게 틀었어?

B: 네가 요리를 하니까 그렇지. 시끄러워서.

A: 그럼 TV 끄고 나 좀 도와줘.

B: 저녁 먹고서 내가 설거지를 할게.

A: 알았어. 그런데 소리 좀 줄여.

B: 그럼 아무 소리도 안 들리잖아.
A: 그럼 자막을 켜. 시끄러워서 정신이 하나도 없어!

closed captioning이 있으면 당연히 open captioning도 있다. closed captioning에는 제공되는 자막을 끄는 기능이 있다. 반면, open captioning은 항상 자막이 시청자에게 보이게 제공되며, 시청자는 자막을 볼지 말지 선택할 수 없다.

cold call

예고 없는 권유 전화를 하다
영업사원이 무턱대고 전화하거나 방문하는 것

MP3 045

'투자 혹은 상품 구매를 권유하기 위해 무턱대고 돌리는 전화 연락 또는 사전에 약속되지 않은 방문'을 가리킨다. cold를 갑자기 이런 일을 당한 고객의 '차가운' 반응을 묘사하는 것으로 연상하거나 '갑자기/무턱대고/계획 없이'라는 뜻으로 생각해도 된다. 여기서는 후자의 뜻이 강하다. cold call은 방문보다는 전화가 더 일반적이다.

A: I got a temp job.
B: Oh, good! Doing what?
A: **Cold calling** people to sell them package tours.
B: That sounds tiring and boring.
A: It does. Hopefully, I won't be doing this for too much longer.

A: 나 임시직 구했어.
B: 잘됐네! 어떤 일이야?
A: 사람들한테 전화해서 패키지 여행 상품을 파는 일이야.
B: 힘들고 지루하겠다.
A: 진짜 그래. 다행인 건 이 일을 아주 오래할 것 같지는 않아.

'갑자기', '계획 없이'라는 의미의 cold가 쓰이는 표현 중 하나가 quit cold turkey 로, '즉각 또는 단번에 끊다'라는 뜻이다.

A: How did you quit smoking?
B: I quit cold turkey.
A: Wow, that's impressive. I heard that's the hardest but most effective way of quitting.

A: 담배를 어떻게 끊었지?
B: 한 번에 딱 끊었지.
A: 와, 대단하다. 그렇게 단번에 끊는 게 제일 힘들기는 하지만 가장 효과적이라고 들었어.

또 다른 하나는 cold open으로 'TV 프로그램이나 영화 시작 전에 원작자, 감독, 제작사, 출연진 등의 소개 문구 없이 바로 영상이 시작되는 것'을 뜻한다. 코미디 버라이어티 쇼인 *SNL*이 특히 cold open을 많이 쓰는데, cold open 끝에 크루들이 "Live from New York, it's Saturday night!"을 외치며 쇼의 오프닝이 시작된다.

A: Did you see the cold open on *SNL*?
B: The one where Jim Carrey played Joe Biden? He really looked like him.
A: I know! It was uncanny.

A: *SNL* 오프닝 봤어?
B: 짐 캐리가 조 바이든 역을 연기한 거? 진짜 닮았더라.
A: 그러니까! 진짜 놀라울 정도더라고.

collision course

충돌이 불가피한 상황

MP3 046

직역하면 '충돌collision 코스/진로course'인데, '그대로 나아가면 반드시 다른 물체나 생각과 충돌하게 되는 방향/진로'를 가리킨다. 여기서의 충돌은 전쟁, 다툼, 이혼 등 다양하다. 흔히 be on a collision course 형태로 쓰여 '대립/충돌을 피할 수 없다', '충돌이 불가피한 상황이다'라는 의미를 나타낸다.

A: Oh, no. There they go again. It's like clockwork. How is it that the couple next door start fighting at 7:30 every night?

B: I'm afraid they're on a collision course.

A: I think they've already collided. How could it get any worse?

B: They might kill each other.

A: 아이고, 또 시작이다. 시계야 시계. 이웃집 부부는 어떻게 된 게 매일 저녁 7시 반마다 싸우기 시작하지?

B: 계속 저러면 크게 충돌할 것 같아.

A: 이미 충돌한 거 같은데? 더 심해질 수는 없을 듯해.

B: 저러다 서로 죽일지도 모르겠어.

color-code

색깔별로 구분하다

MP3 047

color는 '색깔', code는 '부호로 처리하다'라는 뜻으로, color-code는 '색깔을 사용해 정보 및 사물을 분류하거나 정리하는' 행위를 가리킨다. 일반적으로 이 표현을 쓸 때는 누가 정리했는지보다 '무엇이 정리됐는지'가 더 중요한 내용이어서 수동태로 많이 쓴다.

A: You know what's annoying? Having a lot of clothes and never being able to find the ones you need.

B: You should do what I do. My closet is **color-coded**.

A: That's a good idea! That way I can match clothes easily!

A: 뭐가 짜증 나는지 알아? 옷이 너무 많아서 찾고 싶은 걸 못 찾는 거.

B: 내가 하는 방식으로 해 봐. 내 옷장은 색깔별로 정리되어 있어.

A: 좋은 생각이다! 그러면 옷 색깔 맞추기도 편하겠네!

come clean

실토하다, 털어놓다

'깨끗한^{clean} 상태로 오는^{come}' 것은 아무것도 숨김이 없다는 말이다. 여기서 '(사실을) 실토하다/털어놓다', '(잘못이나 범행을) 자백하다'라는 뜻을 생각해 낼 수 있다.

A: Did you have a talk with your husband last night?
B: Yeah. He **came clean**.
A: About everything?
B: I don't know if it was everything he did but certainly everything that I'd suspected.

A: 어젯밤에 네 남편하고 대화 나눴어?
B: 응, 그이가 실토했어.
A: 모든 걸 다?
B: 자기가 한 모든 걸 얘기했는지는 모르겠지만, 내가 수상쩍어 했던 건 확실히 다 밝혔어.

A: I heard the police finally caught the woman.
B: "Caught" is not the right word here. She turned herself in.
A: So did she actually kill her husband?
B: She said as much. She **came clean** about everything.

A: 경찰이 그 여자를 드디어 잡았다며?
B: '잡은' 게 아니라 그 여자가 자수했어.
A: 아무튼, 그 여자가 남편을 죽였대?
B: 그렇게 말했어. 범행 일체를 자백했어.

그런데 '솔직하게 말하다'라고 할 때 come clean이 아니라 **honest**가 들어간 표현을 사용하는 것이 자연스러운 상황이 있다. 예를 들어, 두 친구가 술을 마시면서 진지하게 "우리 터놓고 (맘 속) 얘기를 하자"고 할 때는 come clean 대신 아래처럼 말한다.

I think it's time for honesty. I think you made a mistake.
In all honesty, I think you made a mistake.

Let me be honest. I think you made a mistake.

솔직함이 필요한 때야. 내 생각엔 네가 실수했어.
솔직히 말해서, 내 생각엔 네가 실수했어.
솔직히 말할게. 내 생각엔 네가 실수했어.

둘의 차이를 따지자면 come clean은 과거의 잘못이나 비밀을 솔직하게 고백하는 것에 중점을 두고, honest가 들어가는 표현은 어떤 상황에 대한 현재의 생각이나 느낌을 솔직하게 말하는 것을 강조한다고 볼 수 있다.

come full circle

다시 원점으로 돌아오다

MP3 049

시작점에서 크게 '원circle'을 그려서 시작점으로 오는 모습을 떠올리면 '제자리로 돌아오다', '있었던 일을 반복하며 원래 상태로 다시 돌아오다'라는 이 표현의 의미를 짐작할 수 있다.

A: Look what I bought. Straps for my AirPods.
B: Huh? What do you mean by "strap?"
A: It's a string that you attach to your AirPods so that you don't lose them.
B: But that's the whole point of wireless earphones. They don't have wires.
A: Yeah, but they're easy to lose. That's why I need the strap.
B: Wow, we've come full circle.

A: 내가 뭐 샀게? 에어팟 끈이야.
B: 응? '끈'이라니?
A: 안 잃어버리게 에어팟에 끼우는 줄 같은 거야.
B: 그런데 그것 때문에 무선 이어폰을 사는 거 아니야? 선이 없으니까.
A: 그렇긴 한데 잃어버리기 쉬워서 끈이 필요해.
B: 와, 얘기가 다시 원점으로 돌아왔네.

common cause

공동의 목적, 공동의 대의/명분

MP3 050

common은 '공동의', cause는 '목적', '대의명분'이라는 뜻이다. make common cause with 형태로 많이 쓰는데, 이는 '~와 공동 노력을 기울이다', '~와 공동 전선을 펴다'라는 뜻이다. have a common cause라는 표현도 자주 쓴다.

A: How do you know so many people in your neighborhood?
B: Remember that big construction project I told you about a few years ago?
A: Yeah.
B: We made common cause and fought the construction company.
A: What was the problem?
B: They didn't follow any noise or safety regulations.
A: So you guys are all buddies now! Nothing like having a common cause to bring people together.

A: 동네 사람들을 어떻게 그렇게 많이 알아?
B: 몇 년 전에 내가 큰 공사 프로젝트에 관해 얘기한 거 기억나?
A: 응.
B: 이웃끼리 다 같이 공동으로 노력을 기울여서 그 건설사랑 싸웠어.
A: 문제가 뭐였는데?
B: 소음규제법이나 안전 규정을 하나도 안 지켰어.
A: 그래서 다 친한 거구나! 사람들을 하나로 모으는 데에는 공동의 목적을 갖는 것만한 게 없어.

참고로 미국에는 Common Cause라는 시민 단체가 있다. 정부를 감시하며 국민의 요구에 응하는 행정 개혁을 일으키게 하는 목적으로 결성된 단체인데 웹사이트에 그들의 강령이 이렇게 소개되어 있다.

We work to create open, honest, and accountable government that serves the public interest; Promote equal rights, opportunity, and representation for all; And empower all people to make their voices heard in the political process.*

75

우리는 공익을 꾀하는 투명하고 정직하며 책임감을 갖는 정부를 만들기 위해 노력한다. 모두에게 평등한 권리와 기회 그리고 대표권을 고취하며, 정치 과정에 각자의 목소리를 낼 수 있는 권리를 부여한다.

이 단체의 목표를 통해서도 알 수 있는 것은 common cause에는 모르는 사람들끼리 뭉쳐서 선한 싸움을 한다는 의미가 담겨 있다는 점이다. 자기네 이익만을 위하는 이기적인 마음과 목적을 common cause라 평가하진 않는다.

★ Common Cause 강령 출처: www.commoncause.org/about-us

common complaint

공통적으로 제기되는 불만

MP3 051

'공통의 불만/불평complaint'이니까 큰일은 아니지만 일상생활에 불편을 초래하는 문제를 가리킨다. '흔한 불만'으로 해석해도 좋다.

A: Why are there so many cars parked on the sidewalk?
B: That's a common complaint among expats* in Korea.
A: Is it legal to park on the sidewalk?
B: Of course not. But people do it anyway. It's part of a common theme.
A: Which is?
B: A lack of space and nowhere to park.

A: 왜 인도에 주차한 차들이 이렇게 많아?
B: 한국에 사는 외국인들 사이에서 제기되는 흔한 불만이야.
A: 인도에 주차하는 게 합법이야?
B: 당연히 아니지. 그런데도 사람들이 하더라고. 이건 공통적 문제야.
A: 어떤 게?
B: 주차 공간 부족으로 차 댈 데가 없는 거.

참고로 complaint는 '불만', '불평'뿐만 아니라 '민원'으로도 해석이 가능한데, '(공식적으로) 민원을 제기하다'를 영어로 file a (formal) complaint라고 한다.

A: Why do you look so tired?

B: I haven't been getting much sleep lately.

A: Is something going on?

B: There's a new bar that opened on the first floor of my building, and it's really loud.

A: Call your district office. The same thing happened to me at my old place, and filing a formal complaint helped.

A: 왜 그렇게 피곤해 보여?

B: 요새 잠을 잘 못 자.

A: 무슨 일 있어?

B: 우리 건물 일층에 술집이 생겼는데, 너무 시끄러워.

A: 구청에 연락해. 나도 전 집에서 똑같은 일이 있었는데, 민원을 넣으니까 많이 좋아졌어.

★ expat: 국외 거주자 (expatriate의 줄임말)

---

common courtesy

예의범절, 기본 예의

MP3 052

직역하면 '흔한/공통적인 예의courtesy'이므로 사람들이 서로에게 당연하게 바라는 '기본적인 예의'를 뜻한다.

A: Will you please get off your phone?

B: What's the big deal? We're just waiting for the food. And we're not talking anyway.

A: We're not talking because you're on your phone.

B: I can do both at the same time.

A: No, you can't. Unless it's an emergency, it can wait until we finish dinner.

B: I think you're making a mountain out of a molehill.★

A: You're wrong. It's common courtesy to pay attention to the person in front of you.

A: 핸드폰 좀 내려놓을래?

B: 뭐가 어때서? 음식 나오길 기다리는 중이잖아. 게다가 대화 중인 것도 아니고.

A: 대화하고 있지 않는 건 네가 핸드폰을 쓰고 있으니까 그렇지.

B: 동시에 할 수 있어.

A: 아니, 불가능해. 아주 급한 일 아니면 다 먹고 나서 해.

B: 사소한 걸 가지고 너무 오버하는 거 아냐?

A: 아니지, 네 앞에 있는 사람에 집중하는 건 기본적인 예의야.

참고로 common이 들어가는 표현 중에 **common sense**도 알아 두자. '서로 바랄 수 있는 지각', 즉 '상식'이라는 뜻의 말이다.

[Watching _Driving Fail_ videos]

A: I don't understand how these people even got their driver's license.

B: That's the big issue. It's too easy to get one.

A: Yeah, but some of it is just **common sense**.

B: Obviously they don't have any.

[〈블랙박스〉 동영상 보는 중]

A: 이 사람들이 운전면허를 어떻게 땄는지 이해가 안 돼.

B: 요새 그것 때문에 말이 많아. 너무 쉽게 딸 수 있어서.

A: 그렇긴 해도, 어떤 건 그냥 상식이잖아.

B: 확실히 그들은 상식이란 게 없는 거지.

★ make mountains out of molehills (p. 212) 참고

concerned citizen

우려하는 시민

MP3 053

'우려하는concerned 시민citizen'은 말 그대로 '사회 이슈에 관해 관심을 갖고 걱정하는 시민'을 뜻한다. 예를 들어, 시위처럼 적극적인 행동에 나서지는 않는다 해도 민주주의 사회의 시민으로서 사회의 이슈에 관심을 기울이며 걱정하는 사람이 concerned citizen이다.

A: My friends and I are gonna pick up trash at the park on Saturday.

B: Why would you do something as pointless as that? People are gonna litter again.

A: I'm just a **concerned citizen** trying to do my part. It's people like you who are making this country less livable.

B: Get off your high horse.★ I never litter. I just don't pick up other people's trash.

A: You don't need to insult people who do either.

A: 토요일에 난 친구들이랑 공원에 쓰레기 주으러 갈 거야.

B: 그런 의미 없는 짓을 왜 해? 사람들은 또 버릴 텐데.

A: 난 걱정하는 한 시민으로서 내 일을 하려는 것뿐이야. 너 같은 사람 때문에 이 나라가 더 살기 힘들어지는 거고.

B: 잘난 체 하지 마. 난 절대로 쓰레기 버리지 않아. 단지 남의 쓰레기를 줍지 않을 뿐이야.

A: 네가 하지 않는 일을 하는 사람을 모욕할 필요도 없지.

★ high horse (p. 185) 참고

conspicuous consumption

과시적 소비

MP3 054

'**과시적**conspicuous **소비**consumption'라는 용어는 1899년에 사회학자 소스타인 베블런의 책 〈유한계급론〉에서 처음 사용되었다. conspicuous consumption은 간단히 말해서 "나는 돈이 있는 사람이다"를 보여 주기 위한 소비 형태이다. 남들에게 무시당하고 싶지 않거나 남보다 내가 우월함을 드러내고 싶어 하는 심리에서 나오는 행위라고 볼 수 있다.

그런데 현재 미국 사회는 과거에 비해 부유하고 누구나 비싼 물건을 소비할 수 있는 상황이라, 명품 소유를 자랑하는 것이 큰 의미가 없다는 인식이 퍼지고 있다. 오히려 지금은 "너무 눈에 띄는 걸 사서 과시하면 남들은 오히려 내가 돈이 없다고 생각하겠지?"라고 여기는 추세다. 그런 이유로 요즘은 돈 있는 사람들의 소비 패턴이 점점 inconspicuous consumption^{비과시적 소비}으로 바뀌고 있다. 큰 돈을 들여 집 리모델링을 한다든가 몇 천만 원짜리 침대를 구입하는 등 아주 가까운 영역 안의 사람들만 알 수 있는 것 또는 자기 만족을 위한 것에 돈을 쓰는 소비가 늘고 있다.

A: Have you heard of the term "inconspicuous consumption?"
B: I've heard of "conspicuous consumption."
A: Well, it's kinda the opposite. Instead of buying flashy things to show off to people, you spend money on things that aren't visible to others. Like, private lessons, an expensive mattress, mineral water, stuff like that.
B: Is conspicuous consumption looked down upon now?
A: Oh, yeah. Since conspicuous consumption is really to show others that you aren't poor, and so many people have money these days, it's actually a sign that you are poor. The rich don't have to prove that they're rich.
B: That's a good point. As Steinbeck said, "One must be very rich to dress as badly as you do. The poor are forced to dress well."

A: '비과시적 소비'라는 용어 들어 본 적 있어?
B: '과시적 소비'는 들어 봤지.
A: 그 반대 의미야. 남한테 자랑하기 위해 사치품을 사는 대신, 남의 눈에 보이지 않는 데에 돈을 쓰는 거지. 예를 들면, 개인 강습이나 비싼 매트리스, 광천수 같은 거.
B: 이제 과시적 소비는 경시되는 건가?
A: 응. 과시적 소비의 목표는 자기가 가난하지 않다는 걸 보여 주기 위한 거잖아. 그런데 요새는 돈 있는 사람들이 하도 많아서 그런 류의 소비 형태가 이제는 가난의 징표로 보여. 부자들은 돈이 많다는 걸 증명할 필요가 없잖아.
B: 좋은 지적이야. "부자들은 당신처럼 아무렇게나 옷을 입어도 상관없죠. 하지만 저처럼 가난한 사람은 어쩔 수 없이 옷을 잘 입어야 해요"★라고 존 스타인벡이 말한 것처럼 말이지.

★ 〈에덴의 동쪽 2〉 (p. 414~415, 민음사)

constructive criticism

건설적 비판

MP3 055

'건설적인constructive 비판criticism'은 상대방의 자존감은 지켜 주면서 좋은 결과를 얻을 수 있게 의견을 제시하는 것으로, 상대방을 진심으로 도와주는 행위다.

criticism은 동사 criticize에서 파생한 단어로, criticize는 대개 문제점을 지적하고 강조하는 것이어서 부정적인 상황에 사용된다. 이에 따라 criticism도 보통은 부정적인 의미를 전달하는데, 오직 constructive criticism에서만 긍정적인 의미를 갖는다는 점을 알아 두자.

A: Let's practice for your interview tomorrow. I'll be the interviewer. First question: What's the best constructive criticism you've ever received?

B: Hmm, the best constructive criticism I've ever received was…following through with my ideas.

A: Can you be a little more specific?

B: My former boss told me that I always have good ideas at meetings, but I wouldn't really pursue them.

A: Why do you think that is?

B: Because I lack confidence. I don't believe that my ideas are good. But I've been working on that and have shown progress.

A: I like that answer! Next question: Are you good at handling constructive criticism?

B: I think so. As I've mentioned, I'm trying to be more confident, and being open to new ideas is one way of improving myself.

A: Nice! I think you'll be fine tomorrow.

A: 내일 있을 너의 면접 인터뷰 연습을 하자. 내가 면접관 할게. 첫 번째 질문. 지금까지 받은 건설적인 비판 중에 제일 좋았던 게 무엇이었나요?

B: 제가 받았던 건설적인 비판 중에 제일 좋았던 건… 제 아이디어를 실현하라는 것입니다.

A: 조금 더 구체적으로 설명해 주실래요?

B: 전 상사께서 제게 이런 말씀을 하셨습니다. 제가 회의할 때 좋은 아이디어를 많이 내는데 그것들을 살리지 않는다고요.

A: 그 이유를 뭐라고 생각하세요?

B: 자신감이 부족해서라고 생각합니다. 제 아이디어가 좋다는 확신이 없거든요. 하지만 고치려고 노력하고 있고 지금은 진전이 보입니다.
A: 대답 좋다! 다음 질문. 귀하는 건설적인 비판을 잘 다루는 편인가요?
B: 그렇다고 생각합니다. 이미 말씀 드렸듯이, 자신감을 더 키우려고 노력하고 있습니다. 그리고 새로운 아이디어에 열린 마음을 갖는 것이 제 자신을 향상하는 하나의 방법이라고 생각합니다.
A: 좋은데! 내일 면접 잘 보겠다.

참고로 criticism의 유사어로 critique가 있다. criticism과 달리, 일반적으로 critique는 문제점이나 결함을 강조하는 것이 아니라 개선과 발전을 추구하는 데에 목표를 둔다. critique이 사용되는 상황을 앞의 예문과 연결해 제시하겠다.

B: Really? Are you sure? I wouldn't mind an honest **critique** of my answers.
A: Really. It's good.
B: Okay, but just to let you know, I have a thick skin. I can take it.

B: 진짜? 확실해? 내 대답에 대해 솔직하게 비평해도 괜찮아.
A: 진짜로. 답변이 좋아.
B: 그래. 혹시나 해서 말하는 건데, 난 예민하지 않아서 비평도 잘 받아들일 수 있어.

cookie cutter

같은 모양의, 별다른 특징이 없는, 천편일률적인

MP3 056

명사로 '쿠키cookie 모양을 자르고 찍어 내는 데cutter 쓰는 모형'을 의미하기도 하는데, 하나의 모형으로 찍은 쿠키는 다 똑같은 모양이라는 점에서 '같은 모양의', '천편일률적인'이라는 형용사 뜻을 뽑아 낼 수 있다.

다 같은 모양은 개성이 없다는 말도 되기 때문에 이 표현은 항상 부정적인 의미로 쓰인다. 예를 들어, '모양이 비슷비슷한 아파트'를 가리켜 cookie-cutter apartment buildings라고 부를 수 있다. 그리고 '천편일률적인 방식'을 cookie-cutter approach/style이라고 하는데, 이런 방식이나 접근은 다양성이 무시되고 상상력이 부족하다는 특징이 있다.

A: Have you been watching anything interesting on YouTube lately?

B: Funny you should ask. I was gonna text you a link to one of them. I recently found these prank videos. They're really funny!

A: Oh, I've seen them.

B: What do you think of them?

A: I was into it for a short time, but they all have a cookie-cutter approach. It's all the same—no variety. If you've seen one, you've seen them all.

A: 너 요새 유튜브에서 재밌게 보는 거 있어?

B: 때마침 물어보네. 너한테 링크를 문자로 보내 주려고 했는데. 최근에 이 몰카 동영상들을 찾았는데, 진짜 웃겨!

A: 아, 뭔지 알아.

B: 넌 어떻게 생각해?

A: 나도 잠깐 빠졌는데, 다 천편일률적인 방식이더라고. 다 똑같아. 다양성이 없어. 하나 보면 다 본 것과 마찬가지야.

참고로 one-size-fits-all이라는 표현도 알아 두자. 직역하면 '하나의 사이즈가 누구에게나 맞는'으로, '(제품 또는 방식이) 두루 적용 가능하도록 만든', '프리 사이즈의'라는 뜻이다. cookie cutter는 항상 부정적인 의미로 쓰이는데, one-size-fits-all은 맥락에 따라 부정적일 수도 있고 아닐 수도 있다.

A: Did you know that every state in the U.S. has its own educational curriculum?

B: No, I didn't know that. Why is that? Is it to avoid a one-size-fits-all approach to education?

A: Yup. This is why some schools teach creationism and some don't.

A: 미국에서는 주마다 교육과정이 다르다는 거 알고 있었어?

B: 아니, 몰랐어. 왜 그런 거야? 교육에 있어서 일률적인 접근을 피하기 위해서인가?

A: 응. 그래서 어떤 학교는 창조론을 가르치고 딴 데는 안 가르치는 거지.

copycat

모방자, 대놓고 베끼는 사람
모방의

MP3 057

'자기만의 창의성이나 개성 없이 남을 흉내내는 사람'을 왜 '모방하는^{copy} 고양이^{cat}'라고 하는지 정확하게는 알 수 없지만, '배부른 자본가', '거액의 정치 기부금을 내는 사람'을 fat cat이라고 하는 걸 보면 영어에서는 고양이를 모욕하고 조롱하는 대상에 빗대는 경향이 있는 것 같다.

A: I don't like this artist.
B: Why?! His works are beautiful.
A: He borrows too much from other artists. One could say that he's a copycat.
B: Well, all artists borrow from each other, wouldn't you say?
A: Borrowing is one thing; copying is another.

A: 난 이 화가가 마음에 안 들어.
B: 왜? 이 사람 작품은 아름답잖아.
A: 다른 화가들의 것을 너무 많이 갖다 쓴 것 같아. 너무 대놓고 베낀다고나 할까?
B: 그런데 모든 예술가가 서로 아이디어를 빌리지 않나?
A: 빌리는 거랑 베끼는 건 다르지.

형용사로 쓰일 때는 흔히 crime과 짝지어 **copycat crime**이라는 표현이 많이 쓰인다.

A: Have you watched any good movies lately?
B: Uh, let me see...Oh! I watched *Copycat* last week. It's an oldie but a goodie. It's about a serial killer who commits copycat crimes of other famous serial killers.
A: Is that the one with the woman from the *Alien* movies?
B: That's the one! Sigourney Weaver.

A: 요새 재미있는 영화 본 거 있어?
B: 음, 뭐 있지? 아! 지난주에 〈카피캣〉을 봤어. 옛날 영화지만 좋은 영화지. 유명한 연쇄 살인범을 따라 모방 범죄를 저지르는 연쇄 살인범에 대한 영화야.

A: 〈에이리언〉 시리즈에 나오는 여자가 출연하는 건가?
B: 맞아! 시고니 위버.

참고로 고양이 말고도, 개를 사람에 비유하는 경우도 있다. 남자들끼리 서로를 "dog"라고 하는 건 나쁜 의미가 아니다. 하지만 여자가 어떤 남자를 "dog"라고 지칭하면 '아무하고나 성관계를 맺는 남자', '성적 욕구만 가득한 남자'라는 의미로 쓰는 것이다. 다음 두 예문에 사용된 dog의 의미 차이를 비교해 보자.

A: Who are you texting?
B: Some girl I met. She's coming over tonight.
A: You dog. Good luck!

A: 누구한테 문자 하는 거야?
B: 내가 만난 어떤 여자. 오늘 밤에 집에 올 거야.
A: 짜식. 잘해 봐!

A: All I want is a man who won't cheat on me. Why is that so hard to find?
B: Because men are dogs. They can't control themselves.

A: 내가 원하는 것은 바람 피우지 않는 남자야. 그런 사람 찾는 게 왜 그리 힘들지?
B: 왜냐하면 남자는 멍멍이잖아. 자기 통제가 안 돼.

count the cost

(실수나 결정 등의) 비용/대가를 계산하다

MP3 058

'비용cost을 계산하다count'라는 것은 어떤 결정이나 행동과 관련해 '일이 발생한 후에 대가를 계산한다'는 의미이다.

A: Remember when I told you to pay the parking ticket? Did you?
B: Oh, no! I forgot.
A: We're counting the cost. We were charged another fine for being late.

A: 주차위반 벌금 지불하라고 했는데 기억해? 돈 냈어?

B: 아, 이런! 까먹었다.

A: 우린 대가를 치르고 있어. 늦어서 과태료가 또 부과됐어.

crack the code

암호를 풀다, 해독하다

MP3 059

'암호code를 깨뜨리는crack' 것이므로 '암호를 풀다'라는 뜻이다. 참고로 '암호 해독가'
는 code breaker라고 한다.

A: Did you check the list I sent you?

B: Yeah.

A: The ones in red are bad, and the ones in blue are good.

B: Yeah, I **cracked that code** already.

A: Look at you! The **code breaker**!

A: 내가 보낸 목록 봤어?

B: 응.

A: 빨간색으로 된 건 안 좋은 거, 파란색으로 된 게 좋은 거야.

B: 알아. 그 암호는 이미 해독했거든?

A: 대단하신데? 암호 해독가 납셨네!

crash course

단기 특강, 벼락치기 집중 강좌

crash는 '충돌', course는 '강의/강좌'를 뜻한다. '새로운 지식이나 기술을 한 번에 많이, 빠르게 배우는 강좌'로, 한 번에 따다닥 진도를 나가기 때문에 충돌하는 것 같은 느낌을 받을 수 있다.

A: What have you been up to?
B: I started my new job last month.
A: Oh, yeah! So what exactly are you doing?
B: Basically, I'm in charge of their social media, but right now I'm making their website.
A: I didn't know you knew how to do that.
B: I didn't. I took a **crash course** in web design.
A: Wow, that would be so daunting for me.
B: You know me, I'm pretty good at picking up new skills.

A: 요새 뭐하고 지내?
B: 지난달에 일을 새로 시작했어.
A: 아, 맞다! 정확히 하는 일이 뭐야?
B: 기본 업무는 그 회사의 SNS 담당인데, 현재는 회사 웹사이트를 만들고 있어.
A: 네가 웹사이트를 만들 줄 안다는 건 몰랐어.
B: 못 만들었지. 그래서 웹 디자인 단기 특강을 들었어.
A: 와, 나였으면 벅찼을 텐데.
B: 나 알지? 내가 새로운 기술을 좀 빨리 배우는 거.

cream of the crop

제일 좋은 것, 정수, 알짜

MP3 061

'농작물crop의 크림cream'이 '정수', '제일 좋은 것'을 뜻하게 된 것은 cream 때문이다. 우유를 만들 때 상층으로 올라오는 크림이 가장 질이 좋은 부분이었기 때문에 cream은 '(특정 그룹 내에서) 최고'라는 뜻을 갖게 된 것이다.

프랑스어에서도 '제일 좋은 것'을 crème de la crème[크렘 드 라 크렘]이라고 하는데, 이 프랑스어 표현을 미국에서 그대로 쓰기도 한다.

A: I got you a little gift.
B: What is it? Oh…It's a kitchen rag. And why are you giving this to me?
A: Because this is the best rag I've ever used. It's the cream of the crop! It's made in Germany.
B: God, you're such a housewife. Your wife must love you.

A: 너 주려고 작은 선물을 하나 샀어.
B: 뭐야? 아… 행주네? 이걸 나한테 왜 주는 거야?
A: 지금까지 내가 쓴 행주 중에 최고거든. 최고 중의 최고라 할 수 있지! 독일제야.
B: 하, 너 진짜 프로 주부다. 너의 와이프는 너를 많이 사랑하겠어.

+ 참고 표현: the best and brightest (p. 58)

creature comforts

(의복, 가구, 맛있는 음식 등) 육체적 위안이 되는 것, 삶을 안락하게 하는 것

MP3 062

creature에는 '생명이 있는 존재', '사람', '창조물'이라는 뜻이 있는데, 이 표현에서의 creature는 '신체'로 보면 된다. comfort에는 '위로', '위안을 주는 것', '생활을 편하

게 해 주는 것'이라는 뜻이 있고, 여기서는 항상 복수형(comforts)으로 쓴다.

A: Do you wanna go camping with me and my friend this weekend?
B: I hate camping. I need my creature comforts.
A: Like what?
B: You know, a comfortable bed, a shower, air conditioning, stuff like that.
A: Oh, how about if we go glamping?
B: I'll think about it.
A: So that's a no, huh?
B: You know me so well.

A: 이번 주말에 나랑 내 친구하고 같이 캠핑 갈래?
B: 난 캠핑 싫어. 육체적 위안이 되는 것들이 좋아.
A: 예를 들면?
B: 뭐, 편한 침대나 샤워실, 에어컨, 그런 거.
A: 아, 그러면 글램핑 가는 건 어때?
B: 생각해 볼게.
A: 안 간다는 거구나?
B: 넌 날 너무 잘 알아.

crisscross

십자, 십자형 교차
(길 등이) 교차하다

MP3 063

cross가 명사로는 '십자가', 동사로는 '십자를 긋다', '교차하다'라는 뜻을 갖는다. 원래 '그리스도의 십자가'를 나타내는 명칭으로, 중세 영어 crist(s)-crosse에서 유래했다.* 여기서 criss는 아무 의미 없는 단어이다.

A: I knitted a blanket for my nephew.
B: You finished another one already? That was fast. So how is this one different from the last one?
A: Well, this one's a lot bigger, and it has a crisscross pattern.

A: 조카를 위해 이불을 떴어.

B: 또 다른 걸 벌써 다 했어? 빠르네. 그래서 이번 거는 저번에 만들 거랑 뭐가 달라?

A: 이게 훨씬 크고 십자 무늬가 있어.

A: I don't understand why people like L.A.

B: What's there to dislike?

A: The traffic. The entire city is **crisscrossed** with highways.

B: True the traffic's bad, but L.A.'s so big that I bet you can find a neighbor-hood you'd like.

A: 난 왜 사람들이 LA를 좋다고 하는지 모르겠어.

B: 싫어할 게 뭐가 있어?

A: 교통. 도시 전체가 고속도로로 얽혀 있어.

B: 교통이 별로인 건 맞는데, LA는 하도 넓어서 네 마음에 드는 동네를 찾을 수 있을걸.

★ crisscross 유래 출처: www.etymonline.com/word/crisscross

cryptocurrency

코인, 암호화폐

MP3 064

줄여서 crypto라고도 한다. 직역하면 '비밀의/숨은crypto 화폐currency'로, crypto는 그리스어 kryptós에서 왔다.

A: I honestly can't tell if **crypto** is just a fad or here to stay.

B: Me neither. But a lot of people seem to be making a lot of money off it.

A: I would invest in it if the price didn't fluctuate so much.

A: 코인이 일시적 유행인지 우리 생활의 일부가 될 건지 잘 모르겠어.

B: 나도 모르겠어. 그런데 많은 사람이 그걸로 돈을 많이 버는 거 같아.

A: 변동이 그렇게 심하지 않으면 나도 투자할 텐데.

단어에 crypt가 붙어 있으면 '비밀스럽거나 숨은'이라는 의미가 내포된다. 그러한 단어로 apocrypha^{외전, 외경}와 cryptic^{아리송한, 모호한} 등이 있다.

> A: My girlfriend just texted earlier. She wants to see me tonight.
> B: What for? I thought you had dinner plans with your brother tonight.
> A: I do, but she said it's urgent.
> B: That's all she said?
> A: Yeah, she's being a bit **cryptic** about it.

A: 조금 아까 여친한테서 문자가 왔어. 오늘 밤에 보자고 그러네.
B: 왜? 너 오늘 형하고 저녁 약속 있지 않았어?
A: 응. 그런데 급한 일이래.
B: 다른 말은 안 하고?
A: 응. 좀 아리송한 태도였어.

참고로 영화 〈슈퍼맨〉에 언급되는 kryptonite는 그리스어 kryptós와 관련 있는 단어다. kryptonite는 '슈퍼맨의 약점' 인데, 그의 약점이 처음에는 비밀이었다. 첫 〈슈퍼맨〉 만화책이 1938년에 출간된 이후부터 슈퍼맨이 미국 대중문화에 끼친 영향력은 어마어마해서, '(누구의) 약점'을 *one's* kryptonite라고 하기도 한다.

> A: Are you free tonight? I'm bored.
> B: Sorry, I'm a little tired. I'm gonna stay in tonight.
> A: Oh, come on! Let's go out. I'll take you out for sushi.
> B: You know that's my **kryptonite**.
> A: I know, I'm sorry. So are you coming?
> B: Of course, I'm coming.

A: 오늘 저녁에 시간 있어? 나 지루해.
B: 미안, 좀 피곤해. 오늘은 집에서 쉴래.
B: 에이, 왜 그래! 같이 놀자. 내가 초밥 사 줄게.
B: 넌 그게 내 약점인 걸 알지.
B: 알아, 미안해. 올 거지?
B: 당연히 가지.

cult classic

컬트 클래식

MP3 065

cult는 '숭배', '사이비 종교 또는 취미, 예술, 사상 등에 광적으로 빠져 있는 집단'을 뜻하고, classic은 '고전'이라는 뜻이다. 음악, 책, 만화, 영화 등 대중문화의 콘텐츠 중 '일부 소비자 층에 고전으로 자리매김한 작품'을 cult classic이라고 한다.

cult classic 안에서도 그러한 영화를 가리켜 cult movie라고 하는데, 미국 대중문화계에서 큰 영향력을 발휘하는 〈롤링 스톤〉이라는 잡지에서는 cult movie를 이렇게 정의했다. "어느 영화가 cult movie인지 알아볼 수 있는 방법은 하나다. 헌신적인 팬들이 거듭거듭 보는 영화가 그것이다. 선호하는 시간과 장소는 새벽 12시, 극장이다. 극장에서만 아니라 친구 기숙사에서도 모여서 끝없이 DVD로 보거나 인터넷에서 분석되는 영화가 바로 cult movie이다."★

이러한 cult movie 중 가장 대표적인 것 중 하나가 〈록키 호러 픽쳐 쇼〉이다. 1975년에 개봉해서 몇 개월 만에 여러 극장에서 모임들이 생겼는데, 영화 캐릭터로 분장해 극장에 오는 팬들도 있었고, 영화가 상영될 때 립싱크하면서 공연하는 극장들도 많았다.

A: I didn't know this, but *Oldboy* is considered a **cult classic** in America.
B: Oh yeah, that movie has a big cult following.★★ People who love it really love it.
A: I liked it, but I didn't think it was that great.
B: I think people like it so much because it's really different from typical Hollywood movies.
A: Oh...that's a good point.

A: 몰랐는데, 미국에서는 〈올드보이〉를 컬트 클래식으로 여긴다는군.
B: 어, 완전. 열광적인 팬층이 있어. 그 영화를 좋아하는 사람들은 광적으로 좋아해.
A: 나도 재미있게 봤지만, 그 정도로 훌륭한지는 모르겠어.
B: 사람들이 그렇게 좋아하는 이유는 뻔한 할리우드 영화와 많이 달라서인 것 같아.
A: 음, 일리가 있군.

cut corners

절차/원칙을 무시하다

MP3 066

어떤 작업이나 공정을 싸게, 빨리 끝내려고 비용을 깎거나 시간 또는 단계를 건너뛰는 것을 나타내는 말이다. A 지점에서 B 지점까지 가는 데 가장 빠른 길은 직선으로 가는 것이다. 그렇다면 '모서리corner를 깎아서cut' 직선 경로를 만들어야 한다.

사람들은 어떤 일을 하든 가장 빨리 할 수 있는 지름길★을 찾지만, 중요하거나 안전을 추구해야 하는 일을 할 때 cut corners하는 것은 좋지 않다. 일례로, 2021년 10월에 미국 배우 알렉 볼드윈이 출연하던 영화 촬영 중에 소품용 총이 발사되어 촬영감독이 죽었다. 정확한 사인이 밝혀지지는 않았지만, 안전 규칙을 무시했다는 설이 있다. 이 사건과 관련해, 영화 제작진이 cut corners on safety했다고 제목을 지은 영어 기사를 찾을 수 있다.★★

A: I'm always amazed how quickly things get built in Korea.
B: A little too quickly if you ask me. Sometimes I wonder if you can build that quickly without cutting corners.

A: 한국에서는 건물 짓는 속도가 어찌나 빠른지 항상 놀라워.
B: 내가 보기에는 너무 빨라. 절차나 규칙을 다 지키면서 저 정도로 빨리 할 수 있는 건가 가끔 궁금해져.

보통은 비용이나 시간을 줄이기 위해 cut corners하지만, 게을러서 cut corners하는 경우도 있다.

A: If you're so tired, why don't you ask your roommates to help clean the house?

B: Are you kidding me? They **cut** so many **corners**, it's unbelievable.

A: Like how?

B: They'll scrub the dishes but won't rinse it properly. So I have to do it again.

A: Wow, that's pretty lazy.

A: 너 너무 피곤하면 룸메이트들한테 집 청소를 도와달라고 게 어때?

B: 농담해? 걔네는 청소를 너무 대충 해서 믿을 수가 없어.

A: 예를 들어, 어떻게?

B: 그릇을 닦기는 하는데 제대로 헹구질 않아. 그래서 내가 다시 해야 한다니까.

A: 와, 진짜 게으르네.

★ '지름길' 관련 → '추가 학습 노트' 참고
★★ 기사: www.geo.tv/latest/378220-rust-movie-crew-cut-corners-on-safety-that-led-to-halyna-hutchins-death

cut from the same cloth

(성격, 스타일, 특성, 행동 등이) 비슷한, 같은 부류인   MP3 067

여자들이 직접 가족의 옷을 만들었던 시대에는 하나의 '천cloth'을 식구 수에 맞게 '잘라cut' 온 가족의 옷을 지었다. 그래서 한 가족은 같은 색깔과 소재, 무늬가 똑같은 옷을 입을 수밖에 없었는데, 여기서 유래한 표현이다.★

A: I never trust politicians. They're all **cut from the same cloth**.

B: All of them? I disagree. Some politicians are good people.

A: That's so rare it's not even worth mentioning. The only thing politicians want is more power.

B: Can't argue with that. The first goal of anyone in power is to stay in power. Why else would you want to get reelected?

A: Exactly. And the people who want power are never of the highest quality.

A: 난 정치인들은 절대로 안 믿어. 다 똑같은 부류야.

B: 다 그렇다고는 할 수 없지. 좋은 정치인도 일부 있잖아.

A: 너무 드물어서 언급할 가치도 없어. 정치인들이 원하는 건 오로지 더 큰 권력이야.

B: 반박할 여지가 없네. 권력을 쥔 사람의 첫 번째 목표야 권력을 유지하는 거니까. 그게 아니면 뭐 하러 재선 되길 바라겠어?

A: 맞아. 그리고 권력을 원하는 자들은 질이 안 좋은 사람들이야.

참고로 '닮다'를 나타내는 여러 영어 표현과 각각의 용법 차이는 다음과 같다.★★

look like 외모가 그 사람의 성격이나 감정이 어떠한지를 보여 줄 때	**A:** What does he **look like**? **B:** He **looks like** a miser. **A:** 그 사람 어떻게 생겼어? **B:** 구두쇠같이 생겼어.
resemble 외모 또는 성격이 닮았다고 표현할 때 (look like보다 격식을 차린 표현)	**A:** I can't believe how similar the brothers are. **B:** Seriously. They **resemble** each other in looks and personality. **A:** 저 두 형제는 엄청 비슷해. **B:** 진짜. 외모와 성격이 똑 닮았어.
remind A of B A의 외모, 행동 등을 보고 B가 생각날 때	**A:** Your uncle **reminds** me **of** my uncle. **B:** But they look nothing alike. **A:** Yeah...but there's something. **A:** 너희 삼촌을 보면 우리 삼촌이 생각나. **B:** 그런데 두 분은 하나도 안 닮았어. **A:** 응. 그런데 닮은 구석이 있어.
take after 직접적인 혈연 관계에 있는 사람(부모, 조부모 등)을 닮았다고 할 때	**A:** Who do you **take after**? Your mom or dad? **B:** Both, but I **take after** my mom more. **A:** 넌 누구를 닮았어? 엄마 아니면 아빠? **B:** 두 분 다 닮기는 했는데 엄마를 좀 더 닮았어.
get it from take after보다 닮은 점을 구체적으로 표현할 때	**A:** Why do you get angry so easily? **B:** Sorry, I **get it from** my dad. **A:** 넌 왜 그렇게 화를 잘 내? **B:** 미안, 아빠 닮아서 그래.

★ cut from the same cloth 유래 출처: www.phrases.org.uk/bulletin_board/44/messages/928

★★ 〈영어로 자동 변환! 미국영어 표현사전〉 (p. 130~131, 다락원)

cut the crap

헛소리하지 마, 헛소리하고 있네

MP3 068

영어에서는 '거짓말이나 불필요한 이야기 등 헛소리 그만하라'는 것을 '똥crap을 자르다 cut'로 표현한다.

A: Hey, David. I heard you took a sick day.
B: I had an upset stomach.
A: Really. Wasn't it your birthday yesterday?
B: Oh, I guess it was. What a coincidence.
A: Oh, **cut the crap**! I know you were out drinking all night.

A: 안녕, 데이비드. 병가 냈다며?
B: 배탈이 났었어.
A: 그랬군. 어제 네 생일 아니었어?
B: 아, 그랬나? 우연이네.
A: 야, 헛소리하지 마! 너 밤새 술 마신 거 알고 있어.

이 표현은 기분이나 상황에 따라 가볍게 쓸 수도 있고 진짜 화가 나서 뱉을 수도 있다. 위 예문에서는 A와 B가 사이좋은 회사 동료라고 가정하고 둘이 가볍게 대화하는 내용으로 해석한 것인데, 만약 A가 B의 팀장이고 B가 거짓말한 것에 매우 화가 난 상태라면 cut the crap의 느낌과 강도를 다르게 해석해야 할 것이다.

crap 대신 shit을 쓰기도 한다. 주의할 점은 shit은 확실히 욕이고 crap은 욕까지는 아니지만 상스러운 단어이므로, cut the crap/shit은 친한 사이에서만 쓰는 게 좋다.

참고로 '평소에 헛소리를 잘하는' 것을 full of crap/shit이라고 한다.

A: David said something weird to me yesterday.
B: Don't listen to anything he says. He's **full of crap/shit**.

A: 어제 데이비드가 나한테 이상한 말을 했어.
B: 걔 말은 하나도 듣지 마. 다 개소리야.

그런데 '특정 상황에 굉장히 구체적인 거짓말을 하는' 것도 full of crap/shit이다.

A: My father is the dean of a hospital.
B: You're **full of crap/shit**.

A: 우리 아버지는 병원장이셔.
B: 구라 치네.

cut to the chase

바로 본론으로 들어가다, 요점을 말하다

MP3 069

무성 영화 시대에 남자 관객들은 자동차 추격 신에 열광했다. 하지만 추격 신이 나오기 전, 거의 의무적으로 남녀의 로맨틱한 장면이 나왔다. 지금이나 그때나 액션 영화의 주 관객은 남자들이므로, 지루한 로맨스 장면은 '잘라내고cut' 빨리 '(자동차) 추격chase' 신을 보여 달라는 요구가 영화 제작사에 빗발쳤을 것이고, 시간이 흘러 이 표현은 '바로 본론으로 들어가다'라는 현재의 의미로 쓰이게 된 것으로 보인다.

A: Something funny happened to me last Friday. Wait, was it Friday? No, I think it was Thursday, because on Friday I had lunch with a friend. And on Thursday, something else happened that I'm not supposed to mention. So that means it happened on Wednesday, I think. I'm not sure now.
B: Oh, my God, this is torture! Can we **cut to the chase**?!

A: 지난주 금요일에 나한테 웃긴 일이 있었어. 잠깐, 금요일이었나? 아니다, 목요일이었던 것 같다. 왜냐하면 금요일에는 내가 친구랑 점심을 먹었거든. 그리고 목요일에는 말 못 할 어떤 일이 있었고. 그러니까 수요일에 벌어진 일이었다는 건데. 이제 나도 잘 모르겠다.
B: 야! 이건 고문이야! 본론만 말해 줄래?

첫 소리가 [k]인 c와 k로 시작하는 단어로 이루어진 대표적인 두운 표현은 cash is king과 curiosity killed the cat이다.

cash is king

현금이 최고다

MP3 070

'현금cash이 왕king'이라는 말은 곧 '현금이 최고'라는 뜻이다.

A: Oh, look at that sign. They don't accept cash here.
B: What? Why not?
A: Because it's pointless. Who uses cash anymore? I don't even know what it looks like anymore.
B: As a customer, I get that credit cards are preferable, but why would a business not prefer cash? Haven't they heard? Cash is king!
A: You haven't heard that cash is trash.

A: 아, 저 표지판 좀 봐. 이 가게는 현금을 안 받네.
B: 뭐? 왜 안 돼?
A: 의미가 없으니까. 요새 누가 현금을 써? 난 돈이 어떻게 생겼는지도 기억 안 나.
B: 고객 입장에서는 카드가 편한 건 알겠는데, 장사하는 사람 입장에서는 안 받을 이유가 없지. "현금이 왕"이라는 말 못 들어봤어?
A: "현금은 쓰레기"라는 말은 들어봤지.

예문 마지막 줄에 나오는 cash is trash는 공식적으로 사전에 등재된 표현은 아니지만, 이제는 신용카드도 귀찮아서 소지하지 않고 스마트폰에 페이 앱을 깔아서 결제하는 사람이 많아진 만큼, 갈수록 이 표현이 더 많이 들린다.

curiosity killed the cat

지나친 호기심은 위험하다

MP3 071

'호기심curiosity이 고양이cat를 죽였다killed'는 지나친 호기심으로 남의 일을 캐묻거나 참견하는 것에 대해 경고하는 속담이다.

A: What do you think would happen if we poked that crocodile with this stick?
B: I don't know, and I don't want to know.
A: I'm curious. Let's try it.
B: Hey! **Curiosity killed the cat**. Leave it alone.

A: 저 악어를 이 막대로 찌르면 어떻게 될까?
B: 모르고, 알고 싶지도 않아.
A: 궁금한데, 한번 해 보자.
B: 야! 너 그러다 다친다. 그냥 놔 둬.

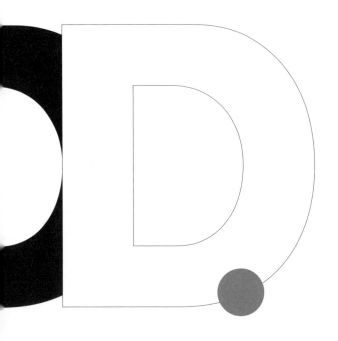

deal with the devil

악마와의 거래

MP3 072

'악마devil와의 거래deal'는 문화적 소재로, 젊음이나 지식, 부, 명성, 권력 등을 얻기 위해 악마와 계약하는 장면은 서양 문학에서 흔히 볼 수 있다. 그중 가장 유명한 장면이 괴테의 작품 〈파우스트〉에 나오는데, 파우스트 박사는 지식욕을 채우기 위해 자기 영혼과 금지된 지식을 교환하는 계약을 악마 메피스토펠레스와 맺는다. 여기서 유래해 '악마와의 거래'를 Faustian bargain파우스트 거래, 영혼 팔기이라고도 한다.

　문학 작품에서야 등장인물이 실제로 악마와 거래하지만, 현실에서는 악마를 진짜로 만날 일이 없다. 따라서 이 표현은 어떤 목적을 완수하기 위해 평판이 나쁜 사람과 편을 맺는 것 또는 이득을 얻기 위해 부당하고 타락한 방법을 취하는 것을 나타내는 비유로, 동사 make와 같이 쓰인다.

A: Do you remember how you told me that South Korea didn't become a full democracy until the late 80s?

B: Yes.

A: Then why did the U.S. government support Korea before that?

B: I'm not exactly sure. But my guess is that America **made a deal with the devil/made a Faustian bargain**. Korea needed to be stable to counter North Korea, so they went along it.

A: 1980년대 후반까지 남한은 완전한 민주주의 국가가 아니었다고 내게 한 말 기억해?

B: 응.

A: 그럼 왜 미국이 그 전에 한국을 지원했을까?

B: 그건 나도 정확히 모르겠는데, 내 짐작으로는 미국이 어쩔 수 없이 악마와 거래한 것 같아. 북한에 대항하려면 한국이 안정되어야 하니 그랬던 거지.

참고로 make a deal with the devil 대신 sell *one's* soul (to the devil)도 자주 쓴다. '양심을 팔다'라는 뜻으로, 영혼을 살 존재는 악마뿐인 게 너무 명확하기 때문에 to the devil은 생략하기도 한다.

A: I got a job offer through someone, but it's a little sketchy.

B: What do you mean by "sketchy?"

A: It's not illegal, per se. But it could harm those involved.

B: What is it?

A: They want me to run a pyramid scheme.

B: Isn't that illegal?

A: I guess not. And the money is really good.

B: Do you really want to **sell your soul** for a little money?

A: It's not a little. I can make in a month more than I make in a year now!

B: I hope you think long and hard about it before making a decision.

A: 아는 사람 통해서 일자리를 제안받았는데, 좀 구려.

B: 구리다는 게 무슨 말이야?

A: 그 자체가 불법은 아닌데, 엮인 사람들은 피해를 입을 수 있어.

B: 도대체 뭐야?

A: 다단계 판매를 하라고 하더라고.

B: 그게 불법 아니야?

A: 아닌 것 같아. 그리고 돈도 진짜 많이 줘.

B: 야. 푼돈 좀 벌겠다고 양심을 팔 거야?

A: 조금이 아니라니까. 한 달에 벌 수 있는 돈이 지금 내가 일 년에 버는 것보다 더 많아!

B: 심사숙고한 다음 결정해.

✦ 참고 표현: the devil is in the details (p. 117)

deep dive

철저한 분석

MP3 073

직역하면 '깊은deep 잠수dive'인데, 무엇을 '철두철미하게 파고들어 조사, 분석하는 것'을 뜻한다. 단어 순서를 바꿔 dive deep이라고 하면 '철두철미하게 분석하다'라는 동사 표현이 되는데, 촘촘하게 파고든다는 면에서 dig deep과 같은 뜻의 표현이라고 할 수 있다.

A: I think reading the news is far superior to watching it.

B: Why?

A: The nightly news on TV rarely does a **deep dive** on a topic. Actually, they can't because of the time constraint.

B: But most of the articles I see don't **dive deep** into a topic, either.

A: Most don't, but some do. And those are the ones I read.

B: Well, you're clearly biased.* You've said before that only stupid people watch TV.

A: 난 뉴스 기사는 읽는 게 뉴스를 보는 것보다 더 나은 것 같아.

B: 왜?

A: 저녁 때 TV에 나오는 뉴스는 하나의 주제에 대해 철저하게 분석하지 않잖아. 사실 시간 제약 때문에 못 하지.

B: 하지만 내가 보는 대부분의 신문 기사도 주제를 깊게 파고들지 않던데?

A: 대부분은 안 그러지만, 심층적으로 다루는 것도 가끔 있어. 난 그런 걸 읽어.

B: 흠, 넌 확실히 편견을 갖고 있어. 전에도 바보들만 TV를 본다고 말한 적 있잖아.

★ bias 관련 → '추가 학습 노트' 참고

✦ 참고 표현: dig deep (p. 103)

deliberate design

의도된 디자인/설계

MP3 074

'어떤 목적을 이루기 위해 세운 치밀한 설계/계획'을 가리키는 표현으로, deliberate^{의도}적인. 계획적인은 좀 더 강조하기 위해 덧붙인 것이고 그냥 design이라고만 해도 충분하다. 어떤 때는 deliberate만 쓰기도 하는데, 다음 세 가지 표현 방식 중 하나를 골라 쓰면 된다. (1) by deliberate design, (2) by design, (3) It's/That's deliberate.

> A: Why are all the guys selling street food here good looking?
> B: I'm sure that's **by deliberate design**.
> A: Oh! That makes sense.
> B: Mmhmm, a pretty face never hurt anybody.

> A: 여기서 길거리 음식을 파는 남자들은 왜 다 잘생겼지?
> B: 의도적인 것 같아.
> A: 아! 이해가 되네.
> B: 그렇지, 잘생긴 사람이 장사해서 나쁠 게 없지.

---

dig deep

(돈 등을) 최대한 제공하다
깊게 파고들다

MP3 075

이 표현의 첫 번째 뜻은 '돈 등을 최대한 제공하다'이다. 이것은 돈이 든 주머니 속에 손을 넣고 '깊게^{deep} 파는^{dig}' 모습을 생각하면 이해가 쉽다.

> A: I have some bad news about David.
> B: I've heard.
> A: I'm trying to get all our friends to give him some money so that he can

pay for all the medical expenses.

B: Of course, I'll wire the money today.

A: Please **dig deep**. He needs a lot.

A: 데이비드에 관한 안 좋은 소식이 있어.
B: 들었어.
A: 걔가 치료비를 낼 수 있게 돈을 좀 주자고 모든 친구한테 연락을 돌리는 중이야.
B: 당연하지. 나도 오늘 돈을 이체할게.
A: 낼 수 있는 만큼 최대한 보내 줘. 돈이 많이 필요해.

두 번째 뜻은 '(무엇을 알아내기 위해) 깊게 파고들다'이다. 흔히 누군가의 숨겨진 정보를 파헤칠 때 쓰는 표현이다.

A: Did you do this on purpose?

B: Of course not! Why would I do that?

A: Because you're jealous.

B: I am not jealous. I'm happy for you.

A: I suggest you **dig deep** into your subconscious. I can't believe this was done by accident.

A: 너 일부러 이랬지?
B: 아냐! 내가 뭐 하러?
A: 질투하니까.
B: 질투? 난 네가 잘돼서 기쁜데?
A: 네 잠재의식에 깊게 파고들어 가 봐. 난 이게 실수였다는 걸 못 믿겠어.

참고로 deep이 들어가는 표현 중 **deep-rooted**를 알아 두자. '깊게 뿌리 박은', '뿌리 깊은'이라는 뜻으로, 대부분 비유적으로 쓴다.

A: There's more of a unity in Korea than in the States, I've noticed.

B: I agree, but I don't know if it's **deep-rooted** patriotism or because we're all one ethnicity.

A: Hmm, Americans are patriotic too.

B: But because of all the different races, people might not see themselves in each other. They don't see each other as one people.

A: 내가 느끼기에 한국의 단결력은 미국보다 강해.
B: 동의해. 그런데 그 이유가 뿌리 깊은 애국심 때문인지, 아니면 우리가 단일 민족이라서 그런 건지는 모르겠어.

A: 음, 미국 사람들도 애국심은 강해.

B: 하지만 미국은 다인종 국가라, 사람들은 서로를 볼 때 자기와 같다고 생각하지 못할 수도 있어. 서로를 동일한 민족으로 보지 않는 거지.

✦ 참고 표현: deep dive (p. 102)

---

digital detox

디지털 디톡스

MP3 076

'디지털digital 디톡스detox'는 핸드폰이나 컴퓨터 등 디지털 기기와 일정 기간 거리를 두는 것을 말한다.

실리콘 밸리의 높은 사람들도 디지털 디톡스의 중요성을 알고 있고, 특히 디지털 중독이 어린이에게 끼치는 영향에 대해 우려한다. 마크 저커버그의 비서는 "우리 전화 안에는 악마가 살고 있고, 우리 아이들에게 대대적인 피해를 초래하고 있다" ★고 말했다. 그래서 어떤 이들은 아이들의 스마트폰 사용에 제약을 거는 경우도 있다. 가장 유명한 예로, 팀 쿡은 조카의 소셜 미디어 이용을 금지했고 빌 게이츠는 자녀들이 13살이 될 때까지 핸드폰을 사 주지 않았다.

A: Hello? You called?

B: "You called?" I called you, like, ten times! Where were you?

A: I just got back from a walk.

B: But why didn't you answer your phone?

A: Didn't I tell you? I've been doing a **digital detox**. It feels really good to be phone-free★ sometimes.

B: It's good for you, but it sucks for everyone around you.

A: 여보세요? 전화했었네?

B: "전화했었네"? 너한테 열 번은 걸었어. 어디야?

A: 방금 산책 갔다가 왔어.

B: 그런데 전화는 왜 안 받았어?

A: 얘기 안 했나? 나 요새 디지털 디톡스해. 가끔은 핸드폰 없이 다니니까 진짜 좋더라고.

B: 너야 좋겠지. 하지만 주변 사람들은 짜증나.

참고로 detox는 detoxify^{독성을 없애다. 해독하다}의 줄임말로, 한때 전 세계적으로 몸 안에 쌓인 독소를 없애자는 유행이 번졌다. 과일 주스만 마시거나 금식을 하여 '몸을 해독하는 것'을 detox 또는 cleanse라고 하는데, 시중에 돌고 있는 여러 디톡스 방법 중에는 안전성이 제대로 검증되지 않았거나 허위 광고가 많다는 미국 보건 사회 복지부의 발표가 있으므로 조심해야 한다.★★★

A: Are you free for dinner?
B: Sorry, I'm fasting for the next few days.
A: Don't tell me you're doing a juice **cleanse** again.
B: Yes, I am.
A: Oh, Lord. They're not good for you, you know?
B: I read on this blog that says it is. So whatever.

A: 오늘 저녁 먹을 시간 돼?
B: 미안, 며칠 동안 금식해.
A: 설마 또 해독 주스 먹는 건 아니겠지?
B: 응, 그거 하고 있어.
A: 맙소사, 그거 몸에 안 좋아. 알지?
B: 이 블로그에는 몸에 좋다고 나왔거든? 그러니 참견하지 마.

★ 마크 주커버그 비서의 말 출처: digitaldetoxjpmc.com/unplugging/2019/4/9/silicon-valley-execs-are-banning-their-kids-from-using-the-devices-they-created
★★ phone-free: fat-free (p. 137) 참고
★★★ 미국 보건 사회 복지부 발표 출처: www.nccih.nih.gov/health/detoxes-and-cleanses-what-you-need-to-know

dime a dozen

흔하디 흔한,
흔해서 값싼

MP3 077

'10센트 동전^{dime}'으로 어떤 물건을 '12개^{dozen}' 살 수 있다면? 그 물건은 그 정도로 '흔하다'는 말이고 그렇게 흔하면 당연히 '값이 쌀' 수밖에 없다.

A: I think I'm gonna open a cafe.

B: Why? They're a **dime a dozen**.

A: Why do you have to say it like that?

B: I didn't mean to rub you the wrong way,* but it's true.

A: I know, but mine's gonna be different. I'm only going to hire part-time models as employees.

B: You know what? That's a pretty good idea. I would pay a pretty penny** for eye candy.

A: 카페를 차릴까 생각 중이야.

B: 왜? 길가에 널린 게 카페인데.

A: 왜 말을 그렇게 해?

B: 너 짜증나라고 한 말은 아니지만, 그게 사실이야.

A: 알아. 하지만 내 가겐 다를 거야. 모델 일을 알바로 하는 사람들을 종업원으로 뽑으려고.

B: 그거 괜찮은 아이디어인데? 나라면 돈을 더 내더라도 눈 호강하러 가겠다.

★ rub *someone* the wrong way 관련 → '추가 학습 노트' 참고
★★ pretty penny (p. 247) 참고
✛ 참고 표현: in for a penny, in for a pound (p. 230), pinch pennies (p. 243)

dine and dash

먹튀하다, 무전취식하다
먹튀, 무전취식

MP3 078

dine은 '(잘 차린) 식사를 하다', dash는 '서둘러 가다'라는 뜻인데 여기서 이 표현의 의미를 파악할 수 있다. 특이한 점은 **동사 두 개를 연결해서 하나의 동사를 만들었다**는 것으로, 과거형은 동사 두 개의 과거형을 다 써서 dined and dashed가 된다. 과거형에 [d] 소리가 많아서 발음하기 힘들면 대신 left without paying을 써도 된다. '먹튀', '무전취식'이라는 뜻의 명사로도 쓰인다.

파생 표현으로 **drink and dash**가 있는데 이는 '술집에서 술 마시고 튀는' 것을 뜻한다.

A: Someone **dined and dashed** today.

B: Really?! One of the customers left without paying?

A: Yeah, but the funny thing was that he left his phone on the table.

B: Hahaha, what a dumbass! So what happened after that?

A: My manager had already called the police. And, get this, he actually came back for his phone, where he was arrested right then and there.★

B: I can't believe he came back.

A: 오늘 무단취식한 사람이 있었어.

B: 진짜? 밥 먹고선 돈 안 내고 간 손님이 있었다고?

A: 응, 그런데 웃긴 건 그 사람이 핸드폰을 놓고 갔어.

B: 하하하, 바보 아니야? 그래서 어떻게 됐어?

A: 식당 매니저가 이미 경찰에 신고했지. 그리고, 믿겨지지 않는데, 그 사람이 자기 핸드폰을 찾으러 온 거야. 그래서 그 자리에서 바로 체포됐지.

B: 식당에 다시 왔다니 웃기네.

★ then and there (p. 316) 참고

✚ 참고 표현: porch pirate (p. 246)

distinction without a difference

차이 없는 구별/차이, 쓸데없는 구별

MP3 079

별다른 '차이|difference'가 없음에도 불구하고 '차이|distinction'를 강조하고 따지면서 체면을 세우고 싶어하는 모습을 묘사할 때 쓰는 표현이다.

참고로 distinction과 difference의 차이는 두 단어의 형용사형인 distinct와 different의 뜻을 비교하면 확실히 알 수 있다. distinct는 '뚜렷한', '뚜렷이 구별되는'이라는 뜻이고, different는 '(부분적으로 또는 완전히) 다른', '차이가 나는', '같은 종류가 아닌'이라는 뜻이다. '뚜렷하게 구별된다'는 것은 눈에 보이는 특징 및 차이가 있다는 말인데, different가 중립적이라면 distinct는 긍정적인 의미를 전달한다. 마찬가지로, difference가 단순히 중립적인 '다름', '차이'를 뜻한다면 distinction

은 '독특한 차이'를 뜻하며 긍정적인 의미로 사용된다. 예를 들어, 서울과 부산은 different cities다른 도시면서 분위기에서도 distinct difference뚜렷이 구별되는 차이가 있다.

A: If you don't like what your boss is doing, you should tell him.
B: And get fired like you?
A: I didn't get fired. They just didn't renew my contract.
B: Isn't that the same thing? That sounds like a **distinction without a difference**.
A: I choose to see it in a different way.

A: 사장이 하는 게 마음에 안 들면 사장한테 직접 말해.
B: 너처럼 잘리라고?
A: 난 해고당한 게 아니라 근무 계약 연장이 안 된 거야.
B: 똑같은 말 아니야? 그 말이 그 말같이 들리는데?
A: 나는 다른 시각으로 그 일을 보기로 했어.

do or die

죽을 각오로 하다

MP3 080

비록 어렵지만 '죽을die' 각오로 '해내겠다do'는 결심과 각오를 나타낼 때 쓰는 표현으로, 그만큼 긴박하고 중요한 일이나 상황임을 나타낸다. 형용사로 쓰일 때는 **do-or-die**(필사적인, 이판사판)로 표기한다.

A: It's a **do-or-die** situation for me.
B: Aren't you exaggerating just a little bit?
A: I'm drowning in debt. That's why I need to make this work at all costs.
B: I did not know that. Why didn't you tell me? I could've helped you out.
A: That's exactly why I didn't tell you. Money and friends don't mix.
B: You know, I was wondering why you were taking such a big risk. I guess now you'll **do or die** trying to make this business successful.

A: 난 지금 사활을 걸었어.

B: 좀 오버 아니야?

A: 내가 빚이 많아. 그래서 무슨 수를 써서라도 이 일을 성공해야 해.

B: 그런 줄 몰랐어. 왜 얘기 안 했어? 도와줄 수 있었는데.

A: 그래서 얘기 안 한 거야. 친구와는 돈 거래하면 안 되지.

B: 사실, 전에는 네가 왜 그렇게 큰 리스크를 감수하려고 하나 궁금했었거든. 이 사업을 성공시키려고 지금 죽을 각오로 노력하고 있겠구나.

참고로 '이판사판', '모 아니면 도'라는 의미의 다른 영어 표현은 다음과 같다.

all or nothing	go big or go home
go for broke	sink or swim★

★ sink or swim (p. 282) 참고

done deal

완전히 합의된 일, 다 끝난 일, 바꿀 수 없는 일, 기정사실

MP3 081

'거래deal가 끝나면done' 바꾸거나 돌이킬 수 없다. 이처럼 '합의나 계획이 완료되어 더 이상 변경 불가능한 일'을 done deal이라고 한다. 아직 결정된 사안이 아니라고 부정하는 **not a done deal** 형태로 자주 쓴다.

A: When are we gonna buy that new TV?

B: What do you mean "gonna?"

A: We agreed that we would get it.

B: No, we talked about getting it. It was not a **done deal**.

A: 그 새 TV는 언제 살 거야?

B: 살 거라는 게 무슨 말이야?

A: 우리 사기로 했잖아.

B: 아니. 살까 말까 얘기만 했지 사기로 결정한 건 아니었어.

dos and don'ts

MP3 082

꼭 해야 할 일과 해서는 안 되는 일, 행동 수칙

가볍게 보는 온라인 기사 등의 제목에 많이 쓰인다. 이 표현을 구글에 검색하면 아래와 같은 다양한 내용을 찾아볼 수 있다.

the **dos and don'ts** of dating 연애할 때 주의 사항
the **dos and don'ts** of social media 소셜 미디어에서 해야 할 일과 해서는 안 되는 일
the **dos and don'ts** when pregnant 임신했을 때의 행동 수칙
the **dos and don'ts** of covid 19 코로나19와 관련해 해야 할 일과 하지 말아야 할 일

실제 대화할 때는 아래처럼 쓴다.

A: My aunt invited us to her house for dinner.
B: That's exciting! It'll be my first time going to a Korean person's house.
A: But before you go, I want to teach about Korean table manners, especially the drinking culture.
B: Good thinking. I want to know all the **dos and don'ts**.

A: 이모가 저녁 먹으러 오라고 우리를 초대하셨어.
B: 재미있겠다! 나 한국 사람 집에 처음 가 보는 거야.
A: 그런데 가기 전에 한국 식사 예절을 알려 줄게. 특히 한국의 술 문화에 관해서.
B: 좋은 생각이야. 꼭 알아야 할 행동 규칙을 다 알고 싶어.

double-dip

MP3 083

연금과 급료를 이중으로 받다.
소스를 두 번 찍어 먹다

직역하면 '두 번double 살짝 담그다dip'로, 원래는 '연금과 급료를 이중으로 취하다'를 뜻

하는 표현이다. 이러한 이중 수급은 일반 가정에서도 일어날 수 있다. 예를 들어, 자녀가 이혼한 부모를 속여 양쪽으로부터 용돈을 받는 것 같은 경우다.

A: I found an envelope full of cash in our son's book bag.
B: How much was in there?
A: Almost 200 dollars. Do you know where he got it?
B: 200? I have no idea. You don't give him an allowance, and he spends all the money I give him. So I don't know where he would've gotten it.
A: Wait, did you say that you give him an allowance?
B: Yeah, why?
A: He told me that you don't, so I do.
B: He told me the same thing about you.
A: It seems he's been **double-dipping**.
B: I'll talk to him when I see him this weekend. He's in big trouble.

A: 애 책가방 안에서 돈이 가득 든 봉투를 찾았어.
B: 얼마나 있었는데?
A: 거의 200달러나 돼. 그 돈이 어디서 생겼는지 당신은 알아?
B: 200달러? 아예 모르겠는데? 당신은 용돈을 안 주고, 내가 주는 돈은 다 쓰고. 그러면 돈이 어디서 생기는 거지?
A: 뭐? 당신이 용돈을 준다고?
B: 응. 왜?
A: 나한테는 당신이 안 준다고 했어. 그래서 내가 주고 있는데.
B: 나한테도 똑같이 말을 했어.
A: 그 녀석이 용돈을 이중으로 받고 있었네?
B: 이번 주말에 만나서 내가 얘기 좀 할게. 큰일 날 애네.

double dip의 또 다른 뜻은 1990년대 미국에서 가장 인기가 많았던 시트콤 중 하나인 〈사인필드〉의 한 에피소드에서 비롯됐다. 한 등장인물이 장례식장에서 뷔페식으로 차려진 테이블에 가서 과자를 소스에 찍어 먹는다. 그런데 과자가 커서 한입에 다 못 먹자 먹던 과자를 다시 소스에 찍어 먹는 걸 옆에 있는 사람이 보고 "소스에 입을 대는 거와 마찬가지"라면서 싸움이 난다. 이 장면 때문에 double dip에 '소스를 두 번 찍어 먹다'라는 뜻이 추가된 것이다.

이후로 남이 두 번 찍어 먹은 소스를 먹으면 균이 옮을까 봐 걱정하는 사람이 많이 늘었다. 이게 꽤 큰 이슈가 되다 보니 미국 하버드 의대에서 운영하는 〈Harvard Health Publishing〉에서도 이 에피소드에 대한 기사가 났는데, 결론은 "심각한 위

험을 줄 확률이 낮다"였다.★

A: What are you going to serve as an appetizer?
B: Just raw veggies and a dip.
A: That's good. Keep it simple. But cut the veggies into bite-size pieces.
B: Why?
A: Because David always double-dips. I think it's gross.
B: I think you're becoming a germophobe.
A: Think about it. All the bacteria is going back into the sauce that everyone is eating. You don't find that gross?
B: Not really. If anything, it makes our immune system stronger.

A: 에피타이저는 뭐로 할 거야?
B: 생야채하고 찍어 먹을 소스.
A: 잘 생각했어. 간단한 게 좋지. 그런데 야채는 한입에 먹을 수 있게 잘라 줘.
B: 왜?
A: 데이비드는 항상 소스를 두 번 찍어 먹잖아. 더러워 죽겠어.
B: 너 결벽증 환자 같아.
A: 생각을 해 봐. 다 같이 먹는 소스에 균이 다시 들어가는 건데, 네가 보기에도 역겹지 않아?
B: 난 별로. 오히려 면역체계를 강화해 주겠지.

★ *Harvard Health Publishing* 기사 출처: www.health.harvard.edu/blog/double-dipping-chip-dangerous-justicky-2016080410059

double down

(노력 등을) 두 배로 늘리다, 더 강하게 나가다
더욱 열정적으로 헌신하다

MP3 084

직역하면 '두 배double 아래로down'지만, 동사인 표현이다. 1940년대 말, 존 스카니라는 마술사가 쓴 카드 게임에 대한 책에 처음 등장했는데, 블랙잭 카드 게임에서 자기 패에 자신 있는 플레이어가 내기 금액을 두 배 올리는 전략을 뜻하는 용어였다.★

A: I can't finish this report by the end of the week.

B: You said the same thing while you were working on your report last month.

A: Yeah, but this time I mean it. There's so much to do.

B: You can do it. Just **double down** and get it done.

A: 이번 주말까지 이 리포트를 못 끝낼 것 같아.
B: 너 지난달에 리포트 쓸 때도 같은 말을 했어.
A: 그랬지. 그런데 이번에는 진짜야. 할 게 너무 많아.
B: 할 수 있어. 두 배 더 노력해서 끝내 버려.

★ double down 유래 출처: www.dictionary.com/e/slang/double-down

down and dirty

힘들고 불쾌한
부도덕한
야한, 외설적인

MP3 085

down^{아래에}과 dirty^{더러운}라는 두 단어에서 신체적, 정신적, 도덕적 수준의 낮음 또는 더러움과 관련 있다는 것은 짐작할 수 있다. 그래서 종종 상류층 사람이라면 하지 않을 법한 '고되고 몸을 더럽히면서까지 해야 하는 힘든' 일이라는 것을 나타낼 때 이 표현을 쓴다.

A: We should ask David to help us move.

B: What good would he do? He's a princess.

A: He acts like it sometimes, but he's not afraid to get **down and dirty**. And he's surprisingly strong.

A: 우리 이삿짐 옮기는 거 데이비드한테 도와달라고 하자.
B: 걔가 있어 봤자 무슨 도움이 되겠어? 공주처럼 자란 놈이잖아.
A: 가끔 그렇게 굴 때도 있는데, 힘써야 하는 일을 할 때 빠지지 않더라고. 그리고 놀랄만치 힘이 세.

'부도덕한', '무원칙의'이라는 의미로도 많이 쓴다.

A: I don't want to buy another product from this company ever again.

B: Me neither! I've never heard of a company employing such **down and dirty** tactics.

A: 난 다시는 이 회사 제품을 사고 싶지 않아.
B: 나도! 이렇게 비도덕적인 책략을 쓰는 회사는 처음 봤어.

또한 '야한', '외설적인'이라는 뜻도 있다. 성별에 관계없이 자유롭게 성적 농담을 다룰 수 있다는 의미로 쓰이는데, 부정적인 의미로 쓰지 않는다는 것을 기억하자. 예를 들어, 배우자나 애인 없이 친구들과 만나 시간을 보내면서 농담으로 가볍게 야한 이야기를 주고받는 것 같은 상황에 쓴다.

A: Who is that guy?
B: He's my girlfriend's brother.
A: Why did you bring him? He looked super uncomfortable as soon as we started talking about our exes.
B: My girlfriend thought it would be nice for him to make some friends.
A: Well, if he can't get **down and dirty** like the rest of us, he shouldn't be here.

A: 저 사람 누구야?
B: 내 여자친구 남동생.
A: 왜 데리고 왔어? 우리가 전 여자친구들에 대해 말하기 시작하자마자 굉장히 불편해 보였어.
B: 자기 동생이 친구들을 좀 사귀면 좋겠다고 여자친구가 생각하더라고.
A: 어쨌든 남자들끼리 야한 얘기하는 걸 저렇게 불편하게 느낀다면 여기 있으면 안 되지.

due date

만기일, 예정일

MP3 086

언제까지 하기로 '예정된due 날짜date'를 말하므로 '마감일', '만기일', '예정일' 등 맥락에 맞춰 해석하면 된다. **When's the due date?**라고 많이 묻는데, **When's it due?**라고도 물을 수 있다.

A: Hey! Long time no talk! What've you been up to?

B: Seriously. I've been busy working on my thesis.

A: How's it coming?

B: I'm almost done.

A: **When's it due?** We should meet up when you're done.

B: Definitely. The **due date's** next Friday, so maybe we can meet up that night.

A: Sounds good! I bet you're ready to drink!

B: Mmhmm! I want to party hard.

A: 어머! 오래만이야! 요새 어떻게 지내?

B: 진짜 오랜만이네. 난 요즘 논문 쓰느라 바빠.

A: 잘돼 가?

B: 거의 다 썼어.

A: 언제까지 끝내야 해? 끝나고 한 번 만나야지.

B: 당연하지. 마감이 다음 주 금요일이니까 그날 밤에 만날 수 있겠다.

A: 좋아! 술 좀 마시겠군!

B: 응! 제대로 놀고 싶어.

임산부에게 출산 예정일이 언제인지 물을 때는 When are you due? 또는 When is the baby/it due?라고 한다. (사람을 it으로 가리키는 게 이상할지 몰라도 영어에서는 사람을 삼인칭으로 말할 때 it 또는 that을 쓸 수 있다.)

A: Did you hear? Sharon's pregnant!

B: Good for them! I know they've been trying for a while. Do you know **when the baby's due**?

A: It's due in September, I think.

A: 얘기 들었어? 샤론이 임신했대!

B: 잘됐네! 걔네 한참을 노력했잖아. 언제 출산 예정인지 알아?

A: 9월인 것 같아.

여담으로 1980년대부터 임신했음을 밝힐 때, 아내와 남편을 함께 묶어 We're pregnant!라고 말하기 시작했다. 임신과 출산이라는 힘든 시기를 남편도 아내 옆에서 함께 겪기 때문에 "we"를 쓴다는 것인데, 이것을 마음에 들어 하지 않던 배우 밀라 쿠니스는 한 토크쇼에서 남자들한테 일침을 가했다. 임신을 실제로 겪지 않는 남자는 절대로 임신한 여자를 공감할 수 없기 때문에 we라고 말하면 안 된다는 것이

요지였다.★ 그녀의 의견에 대해 다양한 매체에서 갑론을박이 벌어졌지만, 아직까지 사회적으로 내려진 결론은 없다.

★ 출처: *Jimmy Kimmel Live!* www.youtube.com/watch?v=onDCvHtHSkY

the devil is in the details

세부 사항을 간과하지 마라
세부 사항의 중요성

MP3 087

'세부 사항details 속에 악마devil가 있다'란 '겉보기와는 달리 속을 세부적으로 파고들어 가면 복잡하고 문제를 일으킬 만한 것이 있다'는 의미가 내포된 말로, '세부 사항에 대한 철저한 조사의 중요성'을 강조하는 표현이다.

A: How much do I owe you?
B: 25 dollars.
A: Okay, I'll Venmo★ you the money.
B: Actually, I don't use Venmo.
A: You don't? Why?
B: Because I read their privacy policy, and I found it intrusive.
A: Who even reads that? I just press "agree."
B: Hey, **the devil is in the details.** That's how these companies get all our personal information.

A: 너한테 얼마 주면 돼?
B: 25달러.
A: 알았어. 벤모로 보낼게.
B: 사실, 난 벤모 안 써.
A: 안 쓴다고? 왜?
B: 그 회사의 개인정보 보호 정책을 읽어 보니까 너무 거슬리더라.
A: 그런 걸 누가 읽어? 난 그냥 '동의' 누르는데.
B: 야, 세부 사항을 그냥 넘기지 마. 사람들이 안 보니까 이런 회사들이 우리의 개인정보를 다 모으는 거야.

★ Venmo: 개인 간 모바일 결제를 할 수 있는 앱 (앱 이름을 동사로 쓸 정도로 흔하게 사용되는 앱)

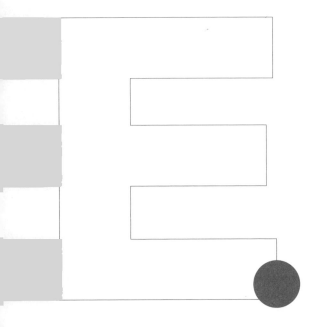

the end of an era

한 시대의 종말/끝

MP3 088

흔히 어떤 역사적 사건의 발생 또는 패러다임의 전환으로 이전 '시대era의 종말/끝end' 이 왔음을 말할 때 자주 쓴다.

A: Do you think there will ever be a time when America isn't number one?
B: There would have to be, no?
A: What do you mean "have to be?"
B: I mean that every empire has its rise and fall.
A: The American empire coming to an end would be **the end of an era**. No more Pax Americana.★

A: 미국이 세계 1위가 아닌 날이 언젠가는 올까?
B: 언젠가는 그래야 하지 않을까?
A: "그래야 한다"는 게 무슨 말이야?

B: 어느 제국이나 흥망이 있잖아.

A: 미 제국의 종말은 한 시대가 끝나는 것일 수 있겠네. 더 이상 팍스 아메리카나는 없는 거지.

세계사적 범주까지 가지 않고, 한 사람이나 가족, 회사 등 좁은 범위의 일생/역사가 끝났음을 말할 때도 자주 쓴다.

A: I have some bad news. We put our dog down.

B: Oh, God. I'm so sorry.

A: It was a long time coming. She was in pain, and we couldn't justify keeping her alive.

B: Of course not.

A: It's **the end of an era**. Honestly, I don't know if I can get over it.

B: She's been part of the family for fifteen years. I can't imagine what you're going through.

A: 안 좋은 소식이 있어. 우리 집 강아지를 안락사시켰어.

B: 저런, 너무 안타깝다.

A: 오래 생각해서 내린 결정이었어. 오랫동안 아팠고 더 이상 그렇게 살게 할 수가 없었어.

B: 그럼, 그럼.

A: 한 생명의 끝이네. 솔직히 말해서 내가 잘 극복할 수 있을지 모르겠어.

B: 15년 동안 한 가족이었잖아. 네 마음이 얼마나 아플지 가늠도 안 돼.

★ Pax Americana 관련 → '추가 학습 노트' 참고

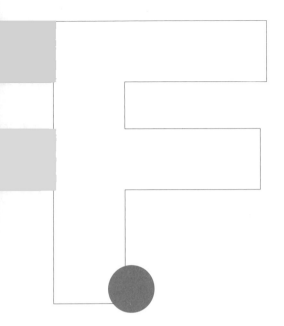

add **fuel** to the **fire**

불 난 데 기름을 붓다, 엎친 데 덮친 격이다

MP3 089

타고 있는 '불fire'에 휘발유 등 '연료fuel'를 들이부으면 불길이 더 크게 치솟는다. 한국어 속담 "불 난 데 부채질한다"와 같은 뜻의 표현으로, '이미 안 좋은 상황을 더 안 좋게 한다'고 할 때 쓴다.

A: You know what kind of people I don't get? Angry drunks.

B: I don't get it either. Alcohol makes me happy and energetic.

A: What I really don't get is why they drink if they know it makes them angry?

B: That's a common side effect. The drunker you are, the more you want to drink.

A: No, I mean why even drink at all if you're that kind of person. If you're an angry person, drinking would be adding fuel to the fire.

B: Something tells me that angry people don't really care for self-control.

A: 난 술 마시고 화내는 사람들이 이해가 안 가더라.
B: 나도. 난 술 마시면 기분 좋고 활발해지는데.
A: 화날 걸 알면 왜 술을 마시는지 진짜 이해가 안 돼.
B: 그건 흔한 부작용이잖아. 취할수록 더 마시고 싶은 거.
A: 아니, 그런 술 버릇이 있는데 애초에 술을 왜 마시냐고. 화가 많은 사람이 술을 마시는 건 불 난 데 기름 붓는 격이잖아.
B: 왠지 화가 많은 사람들은 자기 통제에 신경 쓰지 않는 것 같아.

같은 의미로 **fan the flames**라는 표현도 많이 쓴다. flame은 '불길', '격정'을 뜻하기에 이 표현에는 '격정/사랑의 불길을 일으키다'라는 뜻도 있다.

A: My husband's been working out a lot.
B: Really? That's good news!
A: I can already see a difference. And let me tell you, I'm loving it.
B: Haha! Is it fanning the flames of your love?
A: I can't tell if it's love or lust.
B: Does it matter? They go hand in hand in a marriage.

A: 우리 남편이 요즘 운동을 많이 해.
B: 진짜? 좋은 소식이네!
A: 벌써 차이가 보여. 그리고 난 너무 좋아.
B: 하하! 사랑의 불길이 타오르고 있어?
A: 이게 사랑인지 욕정인지는 모르겠어.
B: 그게 중요한가? 그 둘은 결혼 생활에 함께 가는 거잖아.

➕ 참고 표현: add insult to injury (p. 190)

bigger fish to fry

(해야 할/해결할) 더 중요한 일

MP3 090

직역하면 '튀겨야fry 할 더 큰 생선fish'으로, bigger fish는 '더 중요하고 우선순위인 일'을 뜻한다. 거의 항상 동사 have와 같이 쓰인다.

A: Where are the cops? It's been at least an hour since we called.

B: I don't think they're coming.

A: But it was a gunshot!

B: Yeah, but no one got hurt. Look where we're living! The police **have bigger fish to fry.**

A: 경찰은 왜 이렇게 안 오는 거야? 전화한 지 최소 한 시간은 됐는데.

B: 안 올 거 같아.

A: 하지만 총소리였어!

B: 그렇지만 아무도 안 다쳤잖아. 우리 동네가 어떤지 알지? 경찰에겐 더 먼저 처리할 중요한 일이 있겠지.

참고로 fish의 복수형은 fish이다. 따라서 '물고기 한 마리'는 a fish, '물고기 두 마리'는 two fish이다. 단, 어류의 종이 복수일 때는 fishes라고도 쓰지만, 이때도 fish를 쓰는 게 더 자연스럽다.

A: How many **fish** do you have in your fish tank?

B: Ten for now.

A: Are they all different types of **fish**?

B: I have five different species of **fish**. Two of each, male and female. It makes me feel like I'm like Noah.

A: I'm pretty damn sure there were no **fish** in the ark.

A: 어항에 물고기가 몇 마리나 있어?

B: 지금은 열 마리야.

A: 다 다른 종류야?

B: 다섯 종 있어. 종마다 암수 한 마리씩 해서 두 마리. 내가 노아 같은 기분이 든다니까?

A: 노아의 방주에 물고기는 없었을 거야. 난 확신해.

face facts

사실을 직시하다, 현실을 마주하다

MP3 091

fact가 단수일 때는 **face the fact that**+주어＋동사 형태로 쓴다.

A: Maybe with marriage counseling we can work things out.
B: I think you need to **face the fact** that our marriage is over.
A: I know we have a problem, but we still love each other.
B: I don't love you anymore. Not after what you did to me.

A: 부부 상담을 받으면 우리 사이가 나아질지도 몰라.
B: 우리의 결혼 생활이 끝났다는 사실을 네가 받아들여야 할 것 같아.
A: 우리 사이에 문제가 있는 건 알아. 하지만 우린 여전히 서로 사랑하잖아.
B: 난 더 이상 너를 사랑하지 않아. 네가 나한테 그런 짓을 한 후로는.

이때 fact를 복수형으로 쓰는 경우는 두 가지다. 하나는 fact가 여러 상황이나 문제를 나타낼 때이다.

A: When will you **face the facts** and realize that we can't go on like this?
B: Let's just wait it out for a couple of months. I'm sure things will get better.
A: If things don't get better, we're gonna have to declare bankruptcy.

A: 언제쯤이면 네가 현실을 직시하고 우리가 이렇게는 유지할 수 없다는 걸 깨달을까?
B: 몇 달만 참아 보자. 분명 상황이 더 나아질 거야.
A: 상황이 나아지지 않으면? 우리는 파산을 선언해야 할 걸.

다른 하나는 fact 자체는 한 가지이나 그것을 토대로 충고나 지시, 명령을 할 때이다.

A: You need to **face facts** here. It was a good idea, but it didn't work out.
B: I have accepted that fact.

A: 넌 사실을 직시해야 해. 좋은 아이디어였지만, 잘 안 됐잖아.
B: 난 그 사실을 받아들였어.

참고로 **face the music**이라는 표현이 있다. 19세기 미국에서 생겨난 표현으로 뜻은 '(자기 행동에 대해) 비난/벌을 받다'이다. 당시 미국 군대에서 잘못을 저지른 병사는 군악대가 연주하는 가운데 동료 병사들이 보는 앞에서 행진을 하며 불명예 제대를 해야 했는데, 이 관습에서 나온 표현이라는 설이 있다.★

A: He always gets away with stuff like that.
B: Sometimes it seems bad things never happen to bad people.

A: I hope that's not true. Maybe someday he'll **face the music.**

A: 저 사람은 항상 저런 식으로 빠져나가.
B: 가끔 나쁜 놈들한테는 나쁜 일이 절대로 일어나지 않는 것 같아.
A: 그게 사실이 아니었으면 좋겠다. 언젠가는 벌을 받겠지.

★ face the music 유래 출처: www.phrases.org.uk/meanings/face-the-music

facts and figures

정확하고 자세한 정보/지식/사실   MP3 092

'사실fact과 수치figure'는 '정확하고 자세한 데이터data★에 기반한 정보나 지식'이라는 것을 나타낸다.

A: Did you hear about the presidential candidate who wants to give everyone a thousand dollars a month?
B: What?! He sounds crazy.
A: I know his plan sounds crazy, but you should hear him out. He's a data-driven guy.
B: Isn't everyone?
A: No, most politicians are ideologues. They either have conservative or liberal solutions. This candidate, when he talks about issues, is all **facts and figures.**

A: 모든 국민에게 매달 천 달러씩 주려고 하는 대통령 후보 얘기 들었어?
B: 뭐? 미친 거 아니야?
A: 그 계획이 미친 소리처럼 들리는 건 알지만, 그 사람이 하는 말을 한 번 들어봐. 데이터를 토대로 말하는 사람이야.
B: 다 그렇지 않나?
A: 아니, 정치인들 대부분은 이론가잖아. 보수적이거나 진보적 해법만 갖고 있는데, 이 사람은 이슈에 관해 말할 때 정확한 사실과 데이터를 기반으로 말해.

★ data 관련 → '추가 학습 노트' 참고

fall out of favor

총애/인기를 잃다

'호의/총애favor★에서 떨어져fall 나오는' 것은 '총애를 잃다'라는 의미로, 일반적으로 사람에게 쓰인다.

A: He fell out of favor with his parents.
B: Of course he did! He molested someone!
A: Yeah, there goes his inheritance.

A: 쟤는 자기 부모님의 총애를 잃었어.
B: 당연하지! 어떤 사람을 성추행했는데!
A: 재산 상속은 물 건너갔군.

같은 의미로 fall from favor도 쓰이는데, 이 표현은 사람, 이론, 개념 등에 쓰인다.

A: Son, is it true that people don't buy music albums anymore?
B: Definitely. You buy individual songs or sign up with a streaming service.
A: I read this article titled, "The concept of the album is falling from favour. What's next?"★★
B: So what's next?
A: I don't know. I only read the headline.
B: Then you can't say that you read the article.

A: 아들, 요새 사람들이 앨범을 더 이상 안 산다는 게 사실이야?
B: 그럼요. 노래를 곡당으로 사든가 스트리밍 서비스에 가입해요
A: "앨범이라는 콘셉트가 인기를 잃고 있다. 미래에는 어떻게 될까?"라는 제목의 기사를 읽었어.
B: 그래서 미래에는 어떻게 된대요?
A: 몰라. 헤드라인만 읽었거든.
B: 그럼 기사를 읽었다고 하실 수 없죠.

참고로 fall from grace라는 표현도 알아 두자. '사람들의 신임을 잃다', '위신이 실추되다'라는 뜻으로, 빛나는 명예로운 자리에서 떨어져 추락하는 모습을 떠올리면 이해가 쉽다. 이 표현은 '신의 은총을 잃다', '타락하다'라는 뜻으로도 쓰인다.

A: I can't believe how many famous and powerful men fell from grace during the #MeToo movement.
B: Yeah, and it's not just in America. It's all around the world.
A: I wonder what made these men think that they could get away with it?
B: Because they *did* get away with it...for years and years.
A: But their luck ran out.

A: 미투 운동을 거치면서 유명하고 큰 영향력을 갖고 있었던 남자들 중 그렇게나 많은 사람이 몰락한 게 놀라워.
B: 나도. 미국만이 아니라 전 세계에서 벌어지는 일이잖아.
A: 그들은 그런 짓을 하고도 어떻게 빠져나갈 수 있을 거라고 생각했을까?
B: 왜냐하면 수년 동안 그냥 넘어갔으니까.
A: 하지만 그들도 운이 다했어.

fall out of favor의 반대말은 be in *one's* good graces로, '호감을 얻다'라는 뜻이다. 여기에 back을 같이 쓰면 어떤 사람의 호감을 잃었다가 다시 받게 되는 것을 뜻한다.

A: Hey, can I bring David to your birthday party next week?
B: David? I thought you guys weren't talking anymore.
A: Well, I'm back in his good graces.
B: How did you get him to forgive you?
A: I apologized.
B: And that's all it took?
A: It was very heartfelt, and he's very understanding.

A: 야, 다음 주 네 생일 파티에 데이비드를 데리고 가도 돼?
B: 데이비드? 둘이 연락 끊었다며.
A: 어, 다시 걔의 마음을 얻었어.
B: 어떻게 용서받은 거야?
A: 내가 사과했지.
B: 그게 다였어?
A: 진심으로 사과했어. 데이비드도 잘 이해해 주더라.

★ favor 관련 → '추가 학습 노트' 참고
★★ 기사 출처: www.ajournalofmusicalthings.com/the-concept-of-the-album-is-falling-from-favour-whats-next
✚ 참고 표현: fame and fortune (p. 127)

fame and fortune

부와 명성

MP3 094

'부fortune와 명성fame'은 대다수가 바라는 것이지만, 특히나 엔터테인먼트 업계에서 일하는 사람은 모두 이것을 꿈꾸고 본인의 커리어를 시작했다고 해도 과언이 아닐 것이다. 그래서 영국의 록 그룹 퀸은 〈We Are the Champions〉의 가사에 fame and fortune을 안겨 준 팬들에게 감사하다는 내용을 넣기도 했다.

A: I wonder what it's like to be famous.
B: I think it would be hell.
A: What are you talking about? Who doesn't want fame and fortune?
B: I don't. You have no privacy, and you can never be yourself in public.

A: 유명해진다는 건 어떤 걸까?
B: 지옥 같을 것 같아.
A: 뭔 소리야? 부와 명성을 마다할 사람이 어디 있어?
B: 나. 사생활도 없지, 대중 앞에서 진짜 내 모습을 보여 줄 수도 없잖아.

유명하지 않더라도 재정적으로 성공한 사람을 가리킬 때도 이 표현을 쓴다.

A: It's amazing to me that a lot of rich people aren't happy.
B: Isn't that weird? They have fame and fortune. What more could they want?
A: I have no idea. Most of my stress is because of money. I don't even know what they would worry about.
B: There's always something, I guess.

A: 많은 부자가 행복하지 않다는 게 참 신기해.
B: 이상하지 않아? 돈도 많은데 더 바라는 게 뭐가 있을까?
A: 나도 진짜 모르겠어. 내 스트레스의 대부분은 돈 때문인데, 그 사람들의 걱정거리가 뭘지는 감도 안 와.
B: 걱정거리야 항상 있겠지.

참고로 더 캐주얼하게 쓰는 표현은 rich and famous이다.

A: What do you want to be when you grow up?

B: I want to be **rich and famous**!

A: 넌 커서 뭐가 되고 싶니?

B: 돈 많고 유명해지고 싶어요!

✦ 참고 표현: fall out of favor (p. 125)

familiar face

아는 사람

MP3 095

'낯익은familiar 얼굴face'은 곧 '**아는 사람**'이라는 뜻이다. 아는 사람 하나 없는 곳에서 낯익은 얼굴을 만났을 때의 반가움은 이루 말할 수 없을 것이다. 그럴 때 흔히 It's nice to see a familiar face.라고 한다.

A: Hey, guess who?

B: Hey! I didn't expect to see you here.

A: It's my first time coming to this conference.

B: Who are you here with?

A: I'm here alone. It's nice to see a **familiar face**.

A: 누구게?

B: 어! 여기서 만날지는 몰랐네.

A: 나 이 컨퍼런스 오는 거 처음이야.

B: 누구랑 왔어?

A: 혼자 왔어. 아는 사람을 만나게 돼서 반갑다.

참고로 put a name to a face라는 표현도 알아 두자. 얼굴은 아는데 이름이 생각나지 않는 경우, can't put a name to the face라고 한다.

A: Who is that person over there?

B: That's my husband's friend.

A: Right. I think I've met him before, but I can't **put a name to the face**.

_{B:} David.
_{A:} Ah! Now I remember.

_{A:} 저기 저 사람 누구야?
_{B:} 우리 남편 친구.
_{A:} 맞네. 전에 한 번 본 거 같은데 이름이 기억 안 나.
_{B:} 데이비드.
_{A:} 아! 이제 기억난다.

한편, name과 face의 위치를 바꾼 put a face to a name도 자주 쓴다. 이름만 알고 얼굴은 모르는 상황에 쓰는데, 친구의 애인을 처음 소개받았을 때처럼 이야기를 들어서 알고 있던 사람을 직접 만나게 되었을 때 It's nice to put a face to the name.이라고 인사할 수 있다.

_{A:} This is my boyfriend.
_{B:} Nice to meet you. I've heard a lot about you.
_{C:} I've heard a lot about you too. It's nice to put a face to the name.
_{B:} Same here. You guys went to college together, right?
_{C:} Yes. And you guys met at work.
_{B:} That's right. We sat next to each other at a company dinner and really hit it off.

_{A:} 이쪽은 내 남자친구야.
_{B:} 만나서 반갑습니다. 얘기 많이 들었어요.
_{C:} 저도요. 이름만 듣다가 직접 만날 수 있어서 좋네요.
_{B:} 그러게요. 두 분 같은 대학을 다니셨다고요?
_{C:} 네. 그리고 두 분은 직장에서 만나셨다고 들었어요.
_{B:} 맞아요. 회사 회식 때 옆에 앉았는데 죽이 잘 맞았어요.

family feud

가정 불화

MP3 096

'가정/가족^{family}의 불화^{feud}★'라는 이 표현에서 말하는 '불화'의 종류는 두 가지다. 첫 번째는 '두 가족/집안 사이의 불화'이다. 그런데 이 뜻을 나타낼 때는 family feud 대신, 셰익스피어의 〈로미오와 줄리엣〉에 등장하는 몬태규 가 vs. 카퓰렛 가 두 집안을 상징하는 주인공들의 이름을 쓰기도 한다.

A: Why haven't you told your parents about your girlfriend?
B: Because my parents and her parents know each other, and they don't get along.
A: Small world! It's like **Romeo and Juliet**.
B: Tell me about it.

A: 너 왜 아직도 부모님께 여자친구 생겼다고 얘기 안 했어?
B: 우리 부모님과 여자친구 부모님이 서로 아는 사이신데, 사이가 안 좋으셔.
A: 세상 참 좁다! 로미오와 줄리엣 같네.
B: 내 말이.

두 번째로는 '가족 내 구성원 간의 불화'를 나타낸다. 이 경우는 대체 표현이 없기 때문에 family feud를 그대로 쓴다.

A: Are you going back home for Christmas?
B: Actually, not this year. My sisters are but not me.
A: Why not?
B: There's a **family feud** going on, and I'm in the middle of it.

A: 크리스마스 때 고향에 갈 거야?
B: 사실, 올해는 안 가. 누나들은 가는데 나는 안 가려고.
A: 왜?
B: 가족 내 불화가 있는데, 내가 그 중심에 있거든.

★ feud 관련 → '추가 학습 노트' 참고
✦ 참고 표현: bad blood (p. 26)

family function

가족 행사

MP3 097

'한 가족family이나 집안 사람들끼리 모여서 하는 활동/행사function'로, 돌잔치나 팔순

잔치 같은 '특별한 경우에 모여서 하는 가족 행사'를 family function이라고 한다.

A: Will we be seeing your wife at David's baptism?
B: Unfortunately, no. She has to go on a business trip.
A: I find it an odd coincidence that she's always busy during family functions.
B: What are you trying to say?
A: Nothing. I just find it odd.

A: 데이비드의 세례식 때 네 와이프도 오니?
B: 안타깝지만, 못 와. 아내는 출장을 가야 해서.
A: 가족 행사가 있을 때마다 바쁘다는 게 참 신기한 우연이네.
B: 하고 싶은 말이 뭔데?
A: 아냐. 그냥 이상하다고.

참고로 밥 한 끼 하는 정도의 '일상적인 모임'은 a get-together이다. 그래서 '일상적인 가족 모임'을 family get-together라고 한다.

A: My college friends and I got together for the first time in a year.
B: That's nice! What was the occasion for the get-together?
A: No special reason. We just missed each other.

A: 대학 친구들이랑 1년 만에 처음으로 모였어.
B: 좋았겠다! 모임의 명목은 뭐였는데?
A: 특별한 건 없었어. 그냥 서로 보고 싶었을 뿐.

fan favorite

팬들의 최애

MP3 098

문자 그대로 '팬fan★이 가장 좋아하는 사람/것favorite'이다. 운동선수나 배우, 아이돌 중 가장 좋아하는 멤버, 유명한 가수나 그룹의 특정 노래 등 fan favorite의 대상은 다양하다.

[B is watching tennis on TV]

A: Who are you rooting for?

B: The Korean player. He's the fan favorite.

A: How do you know he's the fan favorite?

B: The way the audience reacts, what people have been saying about him online, etc.

[B가 TV에서 테니스 시합을 보고 있다]

A: 누구 응원해?

B: 한국 선수. 팬들이 가장 좋아하는 선수야.

A: 저 선수가 팬들의 최애라는 건 어떻게 알아?

B: 관객 반응이나 사람들이 인터넷에서 떠드는 말 등으로 알지.

참고로 **the favorite**은 '(스포츠 시합의) 우승 후보'라는 뜻이다.

He's the favorite in the match.

그는 이번 시합의 우승 후보이다.

fan★과 관련하여, '광팬'이라는 의미의 **fangirl**도 알아 두자. fangirl은 여자일 수도 남자일 수도 있다. 이 단어는 '~을 덕질하다'라는 의미의 동사로도 자주 쓰이는데, 이때는 보통 over와 함께 쓴다.

A: I've been reading *Das Kapital*. I'm starting to like it.

B: I can't believe that you of all★★ people would read Marx.

A: What if I become a fangirl of his?

B: Well, then you keep that to yourself. Don't fangirl over him in front of other people. They're gonna think you're a commie.

A: 마르크스의 〈자본론〉을 읽고 있어. 슬슬 마음에 들어.

B: 하필 네가 마르크스의 책을 읽다니!

A: 마르크스 광팬이 되면 어떡하지?

B: 음, 그건 너 혼자만 알고 있어. 사람들 앞에서 덕질하지 말고. 다들 빨갱이라고 생각할걸.

★ fan 관련 → '추가 학습 노트' 참고
★★ of all: 하필이면 → '추가 학습 노트' 참고

far-fetched

(해석, 변명 등이) 부자연스러운, 억지의

MP3 099

직역하면 '멀리서far 가지고 온fetched★'으로, '억지로 갖다 붙인', '부자연스럽거나 황당한'이라는 의미를 갖는다.

  이 표현의 유래는 서유럽의 대항해 시대(15세기~18세기)로 거슬러 올라간다. 영국 선원들이 아메리카 대륙 등 먼 곳에서 가져온 여러 공예품이나 상품을 고국에 있던 사람들에게 보여 주면서 미지의 땅에 관한 여러 이야기를 늘어놓았는데, 사람들이 생각하기에는 이 이야기들이 너무 과장되거나 억지스러웠다. 그래서 그러한 far-fetched stories는 '믿을 수 없고 터무니없는 이야기'라는 뜻으로 쓰이게 되었다.

A: How's your new job?

B: It's not bad actually. My boss seems pretty chill, so that's good.

A: And your coworkers?

B: All nice. Oh, get this. One of my coworkers is a flat-earther.

A: No way! They actually exist? How does he explain the pictures of earth from space?

B: He thinks they've been Photoshopped★★ by NASA.

A: That's so **far-fetched** that it's almost entertaining.

A: 새로운 직장은 어때?

B: 생각보다 괜찮아. 상사가 꽤 느긋한 스타일이라서 다행이야.

A: 동료들은 어때?

B: 다 좋아. 야, 웃긴 얘기가 있어. 회사 사람 중에 지구가 평평하다고 믿는 사람이 있어.

A: 말도 안 돼! 그걸 믿는 사람들이 실제로 존재한다고? 네 동료는 우주에서 찍은 지구 사진에 대해서 뭐라고 해?

B: NASA에서 사진을 포샵한 거라고 생각하더라.

A: 솔직히 너무 황당해서 웃기다.

★ fetch 관련 → '추가 학습 노트' 참고

★★ Photoshop: 이미지 편집 프로그램인 Photoshop(포토샵)이 유명해지며 '(사진 등) 이미지를 편집하다'라는 뜻의 동사로 사용됨. 한국어로 '카카오톡으로 문자를 보내다' 대신 '카톡하다'로 쓰는 것과 같다.

far future

먼 미래/장래

문자 그대로 '먼far 미래future'를 뜻하는 표현으로 near future와 같이 기억하면 좋다. 둘 다 in the ~ 형태로 쓴다.

> A: Daddy, when do you think we'll have flying cars?
> B: Sometime **in the far future**.
> A: Daddy, when do you think we'll have robot friends?
> B: That will be sometime **in the near future**.

> A: 아빠, 하늘을 나는 자동차는 언제 생길 것 같아요?
> B: 먼 미래에 언젠가?
> A: 아빠, 로봇 친구는 언제쯤 생길까요?
> B: 그건 가까운 미래에 생길 거야.

참고로 **forseeable future**라는 표현도 있다. '(예상 가능한) 가까운 미래', '당분간'이라는 뜻인데, in the ~와 for the ~ 형태로 쓸 수 있다. in/for를 별도로 구분하지 않는 사전도 있지만, 영국의 〈옥스퍼드 사전〉에서는 in이 쓰였을 때는 '예측 가능한 시점에서의 미래에', for가 쓰였을 때는 '현재 상황이 지속되리라 예측되는 미래에'로 의미를 구별하고 있다.★

> A: I can't wait for the day we won't need power cables or batteries.
> B: You mean wireless electricity?
> A: Exactly. Life would be so much easier!
> B: I heard that that technology is getting there. It might even be available **in the foreseeable future**.
> A: That would be so exciting!

> A: 언제쯤 전원 케이블이나 배터리가 필요 없는 날이 올까?
> B: 무선 전기 말하는 거야?
> A: 응. 그렇게 되면 생활이 훨씬 편해질 텐데!
> B: 그 기술이 많이 발전하고 있다고 들었어. 가까운 시일 내에 쓸 수 있을걸.
> A: 그럼 너무 좋겠다!

A: How much longer do you think the American military is going to be in East Asia?

B: At least **for the foreseeable future**. China is getting stronger, but their military is nowhere as powerful as America's.

A: 미군이 동아시아에 얼마나 더 오래 주둔할 것 같아?

B: 적어도 당분간은 있겠지. 중국이 강해지고 있지만, 중국의 군사력이 미국만큼 강하지 않잖아.

★ forseeable 관련 출처: www.oxfordlearnersdictionaries.com/definition/english/foreseeable

fashion-forward

현재 유행에서 한발 앞선, 패션 유행을 따르는

MP3 101

fashion이 '유행, 패션', forward는 '앞으로'라는 뜻이므로 '유행에서 한 발 앞선' 또는 '유행의 선봉에 서 있는'이라는 뜻이라는 것을 쉽게 짐작할 수 있다. '유행의 선봉에 서 있는'이라는 뜻일 때는 형용사 fashionable을 대신 쓸 수 있다.

A: I've always wondered something about people who are **fashion-forward**. What do they do with the clothes once it goes out of fashion?

B: Are you asking me what I do with all my clothes?

A: Yes, you're very fashionable.

B: I have a big closet, and the ones I don't wear anymore I keep in storage.

A: Why not donate the clothes you don't wear anymore?

B: Because you never know when you might wear them again. They're very hard to let go of.

A: 난 항상 유행을 선도하는 사람들에게 궁금한 게 있었어. 유행이 지나면 그들은 유행이 지난 옷을 어떻게할까?

B: 내 옷을 어떻게 처리하냐고 나한테 묻는 거지?

A: 응, 넌 유행 따라 옷을 잘 입잖아.

B: 옷장이 커서 안 입는 옷은 거기에 보관해.

A: 더 이상 입지 않는 옷은 기부하는 게 어때?

B: 언제 또 입을지 모르잖아. 버리기 힘들어.

✦ 참고 표현: fast fashion (p. 136)

fast fashion

패스트패션

MP3 102

직역하면 '빠른fast 패션fashion'인데, 한국어에서도 '패스트패션'이라는 용어를 그대로
쓴다. 최신 유행에 발맞춰 저가에 의류를 대량 생산 및 판매하는 패션 산업 또는 그 업종
을 뜻하는 용어로, ZARA나 H&M과 같은 회사가 대표적인 패스트패션 업체이다.
SPA(Specialty Store Retailer of Private Label Apparel)라고도 한다. 그러나 SPA
라는 말을 일상 대화에서 쓰는 경우는 거의 없고 패스트패션에 대한 기사 제목에서
만 찾아볼 수 있다.

A: Whoever came up with **fast fashion** is a genius.

B: It's a really good idea, but it also leads to a lot of waste.

A: How?

B: People buy more clothes because it's cheap, and the newest fashion is
always available.

A: But how does that lead to waste?

B: Because you probably won't wear them for long. And then you end up
throwing them out to make room for even more clothes.

A: 패스트패션을 처음으로 생각해 낸 사람은 천재인 것 같아.

B: 아이디어는 정말 좋은데, 낭비가 너무 심해.

A: 왜?

B: 가격이 저렴하고 최신 유행의 제품을 항상 구입할 수 있어서 사람들이 옷을 더 많이 사게 되잖아.

A: 그런데 그게 어떻게 낭비를 초래하는 거야?

B: 왜냐하면 오래 안 입으니까. 그리고 새로 산 옷 때문에 공간을 만들어야 하는데 그러면 결국 옷을 버리게
되잖아.

✦ 참고 표현: fashion-forward (p. 135)

fast friends

빨리 친해진 친구

MP3 103

'빠른fast 친구friend'에서 '빨리 친해진 친구'라는 뜻을 알 수 있다. 그뿐 아니라 '친우', '다정한 친구', '충직한 벗' 등 다양하게 해석할 수 있다.

A: I'm gonna meet up with David for a cup of coffee. Want to join?

B: Who's that?

A: I told you about him, no? We shared a room while I was in the hospital for my broken toe. And we became **fast friends**.

B: Oh, yeah! That really affable guy. Sure, I'll go with you. I'm curious to see what he's like.

A: 나 데이비드 만나서 커피 한잔할 건데, 같이 갈래?

B: 그게 누구야?

A: 내가 얘기하지 않았나? 내가 발가락 골절로 병원에 입원했을 때 같은 병실을 쓴 사람인데, 우린 되게 빨리 친해졌어.

B: 아, 맞다! 그 상냥한 사람. 좋아, 같이 가자. 어떤 사람인지 궁금해.

fat-free

무지방의

MP3 104

문자 그대로 '지방fat이 없는free' 것이다.

A: Hey, you're here. You want some? They're really good, and the best part is they're **fat-free**!

B: You know they're not actually fat-free, right? And they still have a lot of calories.

A: Really?! I thought I can eat as much as I want and not gain weight.

B: No, you're definitely gonna gain weight if you keep eating like that.

A: That's false advertising!

A: 왔어? 좀 먹을래? 맛있고, 제일 좋은 건 무지방이라는 점이지!

B: 실제로 무지방이 아닌 거 알지? 그런 거는 여전히 칼로리가 높아.

A: 그래? 난 먹고 싶은 만큼 먹어도 살이 안 찌는 줄 알았는데.

B: 아냐. 너 계속 그렇게 먹으면 살쪄.

A: 허위 광고인 거네!

참고로 '~이 없는'이라는 뜻으로 쓰이는 free 앞에는 아무 명사나 붙일 수 있다. 해석은 맥락에 맞춰 자연스럽게 하면 된다.

I wonder what job would be the most stress-free?

가장 스트레스가 없는 직업이 뭘까?

I like this bar. It's quiet and smoke-free.

이 술집 좋다. 조용한 데다가 금연이네.

I just want to make enough money to be worry-free.

걱정 안 할 만큼 돈을 벌고 싶어.

My wish is that my family can have a phone-free dinner every night.

매일 저녁, 핸드폰 안 보고 식구들이랑 밥 먹는 게 내 소원이야.

My friend is recovering alcoholic, so we're having an alcohol-free★ party. It's gonna be a dry party in support of our friend.

친구가 알코올 중독에서 회복 중이라서 술이 없는 파티를 열려고 해. 친구를 응원하기 위한 술 없는 모임이 될 예정이야.

★ 흔히 alcohol-free 대신 dry를 쓰기도 한다.

father figure

아버지 같은 존재

MP3 105

'아버지father 인물figure'이므로 '아버지 같은 존재'를 뜻하는 표현임을 쉽게 알 수 있다. 아버지 같은 존재가 있다면 당연히 '어머니 같은 존재'도 있다. 그걸 영어로 mother figure라고 한다. father/mother figure라는 표현 대신 like(~같다)로 표현하는 경우도 많다.

His coach is a **father figure** to him.
His coach is **like a father** to him.
그의 코치는 그에게 아버지 같은 존재이다.

미국에서는 mother figure보다 father figure가 훨씬 많이 사용되는데, 이는 미국의 결손가정의 주된 형태가 어머니+자녀 구성인 영향이 큰 것으로 보인다. 아무래도 아버지 없이 자라는 아이들에게는 아버지 같은 존재가 필요하다 보니 아이들이 일상에서 자주 접하게 되는 운동 코치나 감독을 father figure로 보는 경향이 있다. 그래서 가끔은 그들에게 지나치게 아버지와 같은 역할을 하도록 요구되기도 한다.

feel free

얼마든지/편하게 ~하다

MP3 106

feel free to+동사 패턴으로 쓴다. '~하는 것을 자유롭게free 느끼다feel', 즉 '~을 마음 놓고 해도 괜찮다'라는 의미의 표현으로, 상대방이 지나치게 마음 쓰지 않고 편하게 어떤 일을 할 수 있게 해 주려는 상황에 쓴다.

Please **feel free to email** me if you need help editing your thesis.
논문을 수정하는 데 도움이 필요하시면 언제든지 저에게 이메일을 보내 주세요.

If you want to talk, **feel free to call** me anytime.
누군가와 대화하고 싶으면 언제든지 나한테 전화해.

똑같은 의미를 나타내는 표현으로 Don't hesitate to+동사가 있다.

Please **don't hesitate to email** me if you need help editing your thesis.

논문을 수정하는 데 도움이 필요하시면 언제든지 저에게 이메일을 보내 주세요.

If you want to talk, **don't hesitate to call** me anytime.

누군가와 대화하고 싶으면 언제든지 나한테 전화해.

few and far between

아주 드문, 흔치 않은

MP3 107

'거의 없거나few 사이가 멀리 떨어진far' 것이므로 가뭄에 콩 나듯 '아주 드물다'는 뜻이다.

A: It must be nice to be you. You have so many good ideas.

B: But the problem is that I never follow through with any of them.

A: That's true. Why do you think that is?

B: Paradoxically, because I have too many of them. I wish I was more like you and actually got things done.

A: Well, my ideas are **few and far between**, which is why, when I get one, I can't let it go.

A: 네가 부럽다. 좋은 아이디어가 많아서.

B: 하지만 문제는 그중 어느 하나도 제대로 끝내질 못한다는 거야.

A: 그러네. 왜 그런 거 같아?

A: 역설적으로 아이디어가 너무 많아서 그래. 나도 너처럼 한번 시작하면 끝을 볼 수 있었으면 좋겠다.

A: 난 아이디어가 거의 없어서 뭐 하나라도 떠오르면 그냥 흘려 보낼 수가 없어.

✦ 참고 표현: next to nothing (p. 223)

fight fire with fire

이열치열이다

MP3 108

직역하면 '불fire에는 불fire로 맞서 싸우다fight'로, 한국어 표현 "이열치열이다"와 같은
의미의 표현이다.

A: Whoa, what is this place, and why is it so busy? I walk by this place every
day, and I've never seen a line this long.
B: It's a samgyetang place. Chicken soup boiled with ginseng. It's a Korean
tradition to eat hot soup on the hottest day of the year.
A: Why in the world would you do that?
B: To fight fire with fire.
A: Hmm, that is so not something Americans would do.

A: 와, 여기 뭐 하는 집이야? 왜 이리 부산스러운 거고? 매일 여기를 지나가는데 이렇게 긴 줄은 처음 보네.
B: 삼계탕 집이야. 닭에 인삼 넣어서 끓인 국. 일 년 중 제일 더운 날에 뜨거운 국을 먹는 게 한국의 전통이야.
A: 도대체 왜?
B: 이열치열이지.
A: 흠, 미국인들은 하지 않을 일이네.

fight or flight

투쟁–도피 반응

MP3 109

'투쟁–도피 반응'이란 만만한 상대면 '싸움fight'을 하고 이기지 못할 것 같으면 '도피
flight'를 하는 반응으로, 보통 fight-or-flight response로 쓴다.

A: I almost got into a fight yesterday.
B: What? What happened?
A: This guy cut in line in front of me, so I told him to go to the end of the

line.

B: Okay...

A: And then these three thuggish looking guys, who I'm guessing were his friends, came out of nowhere and started cursing at me.

B: That's scary!

A: Yeah, I didn't know if I should've stayed and fought or run away.

B: That's your **fight-or-flight response**. So what did you do?

A: What do you think I did? I ran away.

B: That was wise. It was four to one.

A: 나 어제 싸움 날 뻔했어.

B: 뭐? 무슨 일 있었어?

A: 어떤 남자가 내 앞에서 새치기를 해서 뒤로 가라고 그랬거든.

B: 그랬군….

A: 그랬더니 깡패같이 생긴 남자 셋이 갑자기 나타난 거야. 친구였겠지? 그리고 나한테 막 욕을 퍼붓기 시작했어.

B: 무섭다!

A: 응, 남아서 싸워야 할지 도망가야 할지 모르겠더라고.

B: 투쟁-도피 반응이었네. 그래서 어떻게 했어?

A: 어떻게 했긴? 도망갔지.

B: 잘했어. 4 대 1이었잖아.

신체적, 정신적 위협에 대한 방어 기제로 나오는 반응에 fight-or-flight response 만 있는 게 아니다. 큰 위협을 느끼면 몸이 경직되어 움직이지 못하게 되는데, 이것을 fight-flight-or-freeze response(투쟁-도피-경직 반응)*이라고 한다. fight-or-flight response 이후 거의 백 년 후, 21세기 초반에 생긴 비교적 새로운 개념이다.

A: What do you think you would do if a wild dog started running towards you?

B: My **fight-or-flight response** would kick in, so I would probably try to fight the dog or run away.

A: Those aren't the only two options, you know. There's the **fight-flight-or-freeze response**.

B: It's a mouthful, but that makes sense. A lot of people can't move when they get scared.

A: 갑자기 들개 한 마리가 너를 향해 달려오면 어떻게 할 것 같아?
B: 투쟁-도피 반응이 발동해서 개와 싸우거나 도망가겠지.
A: 그 두 반응이 다가 아니야. 투쟁-도피-경직 반응도 있어.
B: 말이 길긴 하지만, 말은 되네. 겁먹으면 못 움직이는 사람이 많잖아.

★ fight-flight-or-freeze response 관련 출처: link.springer.com/referenceworkentry/10.1007/978-3-319-24612-3_751

finger food

핑거푸드

MP3 110

직역하면 '손가락finger 음식food', 즉 포크 같은 도구 없이 '손가락으로 쉽게 집어먹을 수 있는 음식'이다. 형태가 시선을 사로잡을 만큼 예쁜 데다가 한입에 먹을 수 있는 크기여서 영화 같은 걸 보면 호화로운 칵테일 파티 장면에서 많이 보이지만, 일반적으로는 홈파티에서도 흔히 나오는 음식이다.

A: I've been thinking about the menu for our guests. I think I'm gonna make mostly **finger foods**, so that we can eat and drink all evening without getting too full.
B: I like that idea, but that sounds like a lot of work.
A: It does, which is why I need your help.
B: At your service!

A: 손님에게 대접할 메뉴를 고민하고 있는데. 주로 핑거푸드를 만들까 해. 너무 배 안 부르면서 밤새 먹고 술을 마실 수 있게.
B: 좋은 생각이지만, 손이 너무 많이 가지 않아?
A: 그렇지. 그래서 네 도움이 필요해.
B: 무슨 일이든 시켜만 주세요!

참고로 미국에서는 finger food 대신 **hors d'oeuvre**★와 canapé라는 프랑스어 표현도 많이 쓴다. 대부분의 미국 사람들은 두 표현의 차이를 잘 모르고 혼용해서 쓰는데, 그 유사점과 차이점은 아래와 같다.

hors d'oeuvre 오르되브르	canapé 카나페
식욕을 돋운다 손으로 먹는다 (칵테일 파티에서) 식사 대신 먹을 수 있다 꼬치, 이쑤시개를 쓸 수도 있다 한입에 먹기에는 너무 클 수도 있다	식욕을 돋운다 손으로 먹는다 (칵테일 파티에서) 식사 대신 먹을 수 있다 빵 또는 크래커 위에 고명을 다양하게 얹는다 한입에 먹는다

표의 내용을 통해 카나페는 오르되브르의 한 종류라는 것을 알 수 있다. 따라서 모든 카나페는 오르되브르이지만, 모든 오르되브르가 카나페인 것은 아니다.

여담으로, 미국에서 쓰는 요리 용어에는 프랑스어로 된 표현들이 풍부하다. 일반적으로 미국인들은 제2 언어를 못 하는 것으로 유명하지만, 요리 관련해서는 프랑스어 용어를 많이 쓴다. 교양 있고 수준 높아 보이기 때문에 프랑스어를 쓰는 것으로 보인다.

★ '오르되브르' 관련 → '추가 학습 노트' 참고

first and foremost

다른 무엇보다 먼저

MP3 111

'첫 번째first이자 가장 중요한foremost'으로 직역해도 의미를 충분히 알 수 있다. 사실, first and foremost는 조금은 장황한 표현이므로 남발하지 않도록 하자. first라고만 해도 의미는 충분히 전달된다.

이와 거의 유사한 뜻의 표현으로 **first things first**가 있다. 직역하면 '첫 번째first 일부터 가장 우선으로first'인데, '가장 중요한 것부터 먼저' 하라고 할 때 쓰는 표현이다.

First and foremost, we need to talk about the elephant in the room.★
First things first. We need to talk about the elephant in the room.
가장 중요한 것부터 먼저 합시다. 우리 모두가 알고 있지만 말하기 꺼리는 문제가 있죠?

A: I'm thinking about opening up a restaurant.

B: Wow! That's exciting! What kind of food are you thinking of serving?

A: I haven't decided yet, but I want the whole restaurant in black and white.

B: Don't you think you should think about the menu first? I mean, **first things first**. It is a restaurant!

A: 나 식당을 개업할까 생각 중이야.

B: 와우! 정말? 어떤 종류의 음식을 팔 생각이야?

A: 아직 결정은 안 했는데, 식당 인테리어는 몽땅 블랙 앤 화이트로 하고 싶어.

B: 메뉴부터 생각해야 하지 않을까? 식당인데, 제일 중요한 메뉴부터 정해야지!

★ elephant in the room: (모두가 알지만) 일부러 무시하거나 다루기 꺼리는 주제

flip-flop

쪼리
(태도를) 갑자기 바꾸다

MP3 112

flip-flop에는 두 가지 뜻이 있다. 첫 번째는 '쪼리'이다. 이 신발을 신고 걸을 때 나는 소리에서 이 제품의 명칭이 생긴 것으로 보인다.

A: I'm off.

B: Is that what you're wearing? **Flip-flops** are way too casual for a first date.

A: They're very fashionable these days. And they're not just any **flip-flops**. These are designer flip-flops.

B: That makes it even worse! No woman wants to see a guy wearing those.

A: 갈게.

B: 그 신발을 신고 가게? 첫 데이트에 쪼리는 너무 캐주얼하지 않아?

A: 요새 엄청나게 유행이야. 그리고 그냥 쪼리가 아니야. 이건 명품 쪼리라고.

B: 그게 더 별로야! 그런 걸 신은 남자를 만나고 싶어 하는 여자는 아무도 없어.

두 번째 의미는 '(태도를) 갑자기 바꾸다'이다. flip의 '획 뒤집다'와 flop의 '털썩 주

저앉다'라는 뜻을 생각하면 두 번째 의미를 연상하는 것이 어렵지 않을 것이다. 대개의 경우, 정치인이 어떤 정책이나 이슈에 대해 갑자기 손바닥 뒤집듯 태도를 바꾼다고 비판하는 부정적인 맥락에 쓰는데, 정치인뿐만 아니라 힘을 행사할 수 있는 위치에 있는 사람의 갑작스런 결정이나 태도 변화를 비판할 때도 쓴다.

A: I feel as if I don't know what any of his policies are because he **flip-flops** so much.
B: But politicians are people too. Maybe he changes his mind because he's learning more about the issues. Isn't it better that he admits he was wrong?
A: You got a point there.

A: 저 사람의 정책이 정확히 뭔지 모르겠어. 손바닥 뒤집듯 너무 말을 바꾸니까.
B: 하지만 정치인도 사람이잖아. 당면한 여러 문제에 관해 더 알게 되면서 생각이 바뀌는 것인지도 모르지. 차라리 자기가 틀렸다는 걸 인정하는 게 더 낫지 않을까?
A: 일리 있어.

force-feed

(죄수에게) 음식을 강제로 먹이다
강제적으로 받아들이게 하다

MP3 113

force는 '강요하다', '억지로 하게 하다', feed*는 '음식/먹이를 주다'라는 뜻이므로 이 표현의 의미가 '강제 급유하다'라는 것을 알 수 있다.

강제 급유와 관련한 이슈 중 하나는 1909년 영국에서 발생했다. 여성 참정권을 위한 시위를 하다가 감옥에 갇힌 여성 운동가들이** 단식 투쟁을 시작했는데, 그들에게 위궤양 튜브를 사용한 강제 급유가 행해졌던 사건이다.

A: I don't get the point of a hunger strike. I mean, who cares if they don't eat?
B: It's a form of protest. They stop eating until their demands are met. And if they were to die, it would make the government look bad. And that

would further their cause. That's why the protesters are force-fed.

A: 난 사람들이 단식 투쟁을 왜 하는지 모르겠어. 음식을 먹지 않는다고 해서 누가 신경이나 쓰나?

B: 일종의 시위지. 본인들의 요구가 관철될 때까지 단식하는 거지. 만약 그들이 죽으면 정부는 입장이 곤란해지겠지? 그러면 시위자의 명분이나 대의는 더욱 강화될 거고. 그래서 시위자들에게 강제 급유를 하는 거지.

force-feed는 강제로 음식을 섭취하게 되는 것에서 '(주장, 의견 등을) 강요하다/강제적으로 받아들이게 하다'라는 뜻으로 확장되어 사용된다. 일상에서는 이 뜻으로 더 자주 쓴다.

A: Did you watch the interview of the singer that I sent you?

B: Yeah, but I stopped after he started talking about God.

A: What is it with you and religion?

B: It's probably because it was force-fed to me since I was a child.

A: 내가 보낸 그 가수의 인터뷰 봤어?

B: 응, 그런데 하나님에 대해서 말하기 시작해서 보다 말았어.

A: 넌 종교를 왜 그렇게 싫어하는 거야?

B: 내가 어릴 때부터 종교를 받아들이도록 강요당해서 그런 것 같아.

★ feed 관련 → '추가 학습 노트' 참고
★★ '여성 참정권 운동가들' 관련 → '추가 학습 노트' 참고

forgive and forget

(남이 내게 한 짓을 용서하고) 깨끗이 잊다, 마음을 풀다

MP3 114

문자 그대로 '용서하고forgive 잊다forget'로 해석해도 된다. 한국어에서도 거의 똑같이 쓴다.

A: How are things between you and your brother?

B: Not good. I haven't talked to him in months.

A: I know it's not my place to say this, but I think it's time you forgive and forget.

B: Why should I? He hasn't even apologized.

A: Do it for yourself. It's going to destroy you if you keep holding onto it.

A: 요새 네 형하고 사이는 어때?
B: 안 좋아. 서로 연락 안 한 지 몇 달 됐어.
A: 내가 이런 말을 할 입장이 아니긴 한데, 이제 형을 용서하고 잊을 때가 된 것 같아.
B: 왜 내가 용서해야 해? 형은 나한테 사과도 안 했어.
A: 너 자신을 위해서 그렇게 해. 안 그러면 너만 망가질 거야.

form follows function

형태는 기능을 따른다

MP3 115

'형태form는 기능function을 따른다follow'는 '미국 마천루 건축의 아버지'로 평가받는 루이스 설리번이 한 말이다.

19세기 말, 미국에서는 고층 건물을 지을 수 있는 기술이 발전했고, 산업의 발전에 맞춰 사무실용 빌딩이 필요한 상황이었다. 기존의 전통적인 방식의 가옥이 아닌 새로운 건축이 가능해진 시점에 "전통을 따르지 않는다면 어떤 디자인이 적절할까"를 놓고 고민하던 설리번은 건물의 용도가 디자인을 결정할 것이라고 말했다.★

설리번의 건축 미학을 바탕으로 탄생한 표현이지만, 지금은 일상의 다양한 분야에 적용되어 쓰이고 있다. 예를 들어, 어떤 제품이 디자인적으로는 예쁜데 쓰기 불편할 때 form follows function을 고려했어야 한다고 말한다.

A: Obviously this company does not believe in "form follows function." It's completely unusable.

B: But it's pretty.

A: I'll give you that, but is it too much to ask for something that looks good *and* works?

B: No, it's not too much to ask.

A: Thank you!

A: 이 회사는 '형태는 기능을 따른다'를 중요하게 생각하지 않는 게 명백하네. 전혀 쓸 수가 없어.
B: 그래도 예쁘긴 해.
A: 그건 인정. 하지만 보기 좋으면서 작동도 잘 하는 걸 바라는 게 지나친 건가?
B: 그건 아니지.
A: 동조해 주니 좋네!

form follows function이 너무 딱딱하게 느껴지면 아래처럼 풀어서 말할 수 있다.

Obviously this company focuses more on design than usability.
이 회사는 사용성보다 디자인에 더 집중하는 게 확실해.

It's pretty but impractical.
예쁜데 실용적이지 않아.

★ 루이스 설리번의 말 출처: www.thoughtco.com/form-follows-function-177237

form or fashion

어떤 형태로든

MP3 116

앞에 in any를 써서 '어떤 형태form로든 어떤 방식fashion으로든'이라는 뜻으로 쓴다. 같은 뜻을 나타내는 다른 표현으로 in one form or another도 있다. 하지만 두 표현 다 일상적으로 쓰기에는 조금 딱딱하고 격식적인 느낌이라서 in any way 또는 in one way or another를 사용하는 쪽을 추천한다.

I have no prejudice against foreigners in any form or fashion.
I have no prejudice against foreigners in any way.
나는 어떤 형태로든 외국인에 대한 편견이 없다.

In one form or another, I will get what I want.
In one way or another, I will get what I want.
나는 어떤 식으로든 원하는 것을 손에 넣을 것이다.

Founding Father

1787년 미국의 헌법 제정자
창시자

MP3 117

직역하면 '설립한founding 아버지father'로, '1787년 미국 정부를 세우면서 헌법을 제정한 대표 7인'을 가리키는 말이다.* 이때 제정된 헌법이 아직까지도 미국의 여러 법의 기초가 되고 있는데, 공화당이든 민주당이든 자신의 정치 성향과는 상관없이 대다수 미국인이 Founding Fathers에 대해 갖는 마음은 숭배에 가깝다. 이러한 마음은 워싱턴 DC의 국립 미국사 박물관에 있는 신화 속 신처럼 조각된 조지 워싱턴 조각상**을 통해 엿볼 수 있다.

A: I think it's unhealthy for us to worship the **Founding Fathers**.
B: Why?
A: Because we make them into infallible gods instead of seeing them as people.
B: But we all need heroes to worship. In the States it's George Washington; in Korea it's Sejong the Great.
A: If you put it that way…but I still think it's bad.

A: 건국의 기초를 놓은 분들을 숭배하는 건 건강하지 않은 거 같아.
B: 왜?
A: 그들을 사람이 아니라 절대적인 신처럼 만들게 되잖아.
B: 하지만 어느 나라나 숭배할 영웅은 필요해. 미국에서는 조지 워싱턴, 한국에서는 세종대왕이지.
A: 그렇게 말하면 할 말이 없지만, 여전히 별로 안 좋은 것 같아.

F를 소문자로 쓴 founding father는 '창시자'라는 뜻인데, 일반적으로 '창시자'는 founder라고만 해도 충분하다. 그렇다면 founder와 founding father의 차이는 무엇일까? '아버지'라는 단어가 들어가서 그런지, 후자는 원대한 느낌을 주고 실제 용법도 그렇다. 예를 들어, '회사를 창립한 사람'은 founder라고 하지만, '새로운 분야를 개척하거나 패러다임을 바꿔 새로운 활동 무대를 선보인 사람'은 **founding father**라고 한다.

그럼 창시자가 여자라면? 당연히 **founding mother**라고 한다. 창시자는 무조

건 '남자'일 거라고 간주하는 것은 시대착오적 생각이다. 그러므로 창시자 중에 여자가 없었다는 것이 확실할 때만 founding father라고 쓰고, 불확실한 상황에서는 founding fathers and mothers라고 하는 게 좋다.

A: Did you know that the first novel ever written was *Don Quixote*, which means Cervantes is the **founding father** of the novel.

B: Actually, *Don Quixote* was the first novel written in the West. The first novel ever written in world history was *The Tale of Genji*, written by a Japanese woman named Murasaki Shikibu.

A: I *did not* know that. So the **founding father** of the novel is actually the **founding mother**!

A: 〈돈키호테〉가 최초의 소설이라는 사실을 알고 있었어? 즉, 세르반테스가 소설의 창시자라는 거지.
B: 사실, 〈돈키호테〉는 서양의 첫 소설이야. 전 세계 역사상 최초의 소설은 무라사키 시키부라는 일본 여성이 쓴 〈겐지 이야기〉라고.
A: 그건 몰랐어. 그럼 사실상 소설의 창시자는 여성이었다는 거네?

★ '미국 헌법 제정자 대표 7인' 관련 → '추가 학습 노트' 참고
★★ '조지 워싱턴 조각상' 관련 출처: en.wikipedia.org/wiki/George_Washington_(Greenough)

free fall

자유 낙하
급락

MP3 118

'자유로운free★ 떨어짐fall'이라는 말 그대로 '자유 낙하'라는 뜻을 갖는다.

A: Have you ever experienced **free fall** before?
B: Once, when I went skydiving.
A: Jelly!★★ I've always wanted to try it.
B: Oh! Tell you what. I'll take you. Consider it your birthday present.

A: 너 자유 낙하 경험해 본 적 있어?
B: 한 번. 스카이다이빙하러 갔을 때.
A: 부럽다! 나도 늘 해 보고 싶었는데.

B: 그래? 그럼 있잖아, 내가 데려가 줄게. 네 생일 선물이라 생각해.

그러나 스카이다이빙을 하는 경우와 같은 특정 상황 외에 '자유 낙하'라는 말을 쓸 일은 별로 없기 때문에, 평소에는 '급락'의 의미로 더 많이 쓰인다.

A: Is there an asteroid headed towards earth or something?
B: What are you talking about?
A: The stock market! It's in **free fall**!

A: 지구를 향해 돌진해 오고 있는 소행성이라도 있는 걸까?
B: 무슨 소리야?
A: 주식 말이야! 다 급락하고 있어!

★ free 관련 → '추가 노트' 참고
★★ jelly: jealous(질투하는)의 말장난

frequent flyer miles

항공 마일리지

MP3 119

직역하면 '빈번한frequent 비행기 승객flyer 마일'인데, '항공 마일리지'를 뜻한다.

A: How much was your flight to L.A.?
B: Round trip, it was 200 dollars.
A: 200?! How did you get it so cheap?
B: I got lucky. And guess what? I upgraded to first class using my **frequent flyer miles**.
A: You flew from Seoul to L.A. first class? That's the life.

A: LA 가는 데 비행기 값이 얼마였어?
B: 왕복으로 200달러 들었지.
A: 200? 어떻게 그렇게 싸게 샀어?
B: 운이 좋았어. 대박인 건 뭔지 알아? 내 마일리지로 자리를 일등석으로 업그레이드했어.
A: 일등석으로 서울에서 LA까지 갔다고? 멋진 인생이다.

참고로 '마일리지'를 영어로 옮길 때 mileage로 쓰면 안 된다. 영어의 mileage 는 보통 '연비'를 뜻하기 때문이다. '차량의 연비가 좋다/나쁘다'는 good/bad gas mileage 또는 문장으로 풀어서 써 주면 된다.

A: I think I need a new car.

B: You know, I was thinking about selling my car. **The gas mileage isn't bad.** Maybe you should consider buying it from me. I'll give you a good price.

A: 나 차를 새로 살까 생각 중이야.

B: 너도 알겠지만, 내가 차를 팔까 생각하고 있었잖아? 연비도 괜찮아. 내 차 사는 걸 한번 생각해 봐. 싸게 팔게.

(as) good as gold

(아이가) 예의 바른/얌전한
(금처럼 자산) 가치가 안정적인

MP3 120

이 표현의 첫 번째 뜻은 '(아이가) 예의 바른/얌전한'이다.

A: I invited my coworker and her family over for dinner.
B: Do they have kids?
A: Just one.
B: Ugh, can we go out for dinner then? You know I hate children.
A: Don't worry about the kid. Trust me, he's good as gold.★

A: 회사 동료랑 그 가족을 저녁 식사에 초대했어.
B: 애가 있어?
A: 한 명.
B: 어휴, 그럼 나가서 먹자. 난 애라면 질색인 거 알잖아.
A: 아이는 걱정하지 마. 진짜 얌전하고 예의 발라.

두 번째 뜻은 '(금처럼 자산) 가치가 안정적인'인데, 미국 사람들은 두 번째 뜻으로 더 자주 쓴다.

The dollar is **as good as gold**. You can use it anywhere in the world.
달러는 금처럼 가치가 안정적이다. 전 세계 어디서나 쓸 수 있다.

A: Is she trustworthy?
B: Yes, her word is **good as gold**.

A: 그 여자 믿을 수 있는 사람이야?
B: 응, 자기가 한 말을 지키는 사람이야.

★ '(as) good as+형용사' 관련 → '추가 학습 노트' 참고

gain ground

(인기, 승인 등을) 얻다, 더 강(력)해지다
(경쟁 상대를) 따라잡다

MP3 121

'땅/영역/분야/화제ground를 얻다gain'라는 직역에서 이 표현의 뜻을 짐작할 수 있다.

The idea of universal basic income is **gaining ground**.
기본소득 개념이 점점 인기를 얻고 있다.

A: Chinese tech companies today remind me of Korean tech companies in the late 90s.
B: How so?
A: Korean tech companies started to **gain ground** against their Japanese competitors, and now the former leaders in consumer electronics are virtually nonexistent.
B: You think the Chinese are poised to take over?
A: I do. I firmly believe it.

A: 현재 중국의 테크놀로지 회사들을 보면 90년대 후반 한국 테크놀로지 회사들이 생각나.

B: 어떤 면에서?

A: 그때 한국 회사들이 일본 경쟁사들을 따라잡기 시작했고, 지금은 가전제품 분야에서 과거에 선두를 달렸던 일본 회사들이 거의 사라졌어.

B: 중국 회사들이 시장을 장악할 태세를 갖췄다고 생각해?

A: 응. 그럴 거라 확신해.

ground★를 얻을 수 있다면 반대로 읽을 수도 있다. gain ground의 반대말인 lose ground는 '지지/인기를 잃다', '(기반을) 내주다', '약세를 보이다' 등 다양한 것을 잃는다는 의미를 갖는 표현이다.

Trickle-down economics lost a lot of ground amid unprecedented wealth disparity.
전례 없는 빈부 격차가 지속되는 가운데 낙수 경제학은 지지를 잃었다.

If Korean tech companies aren't careful, they're going to lose a lot of ground to their Chinese counterparts.
한국 테크놀로지 회사들이 조심하지 않으면 중국 경쟁사들한테 뒤처질 거야.

★ ground 관련 → '추가 학습 노트' 참고

gentle giant

덩치는 큰데 성격은 온화한 사람/동물

MP3 122

'덩치는 산 만한데 성격은 유순한 사람/동물'을 가리켜 '온화한gentle 거인giant'이라고 한다. 2019년에 〈스타워즈〉의 츄바카 역할을 맡았던 배우 피터 메이휴가 세상을 떠났는데, 그는 마음이 따뜻하고 키가 큰(218cm) 것으로 유명했다. 그래서인지 그의 부고 소식이 전해진 후, 루크 스카이워커 역할을 맡았던 배우 마크 해밀은 자기 트위터에 이런 글을 남겼다.

He was the gentlest of giants—A big man with an even bigger heart who

never failed to make me smile & a loyal friend who I loved dearly (...)★

그는 가장 온화한 거인이었다. 늘 나를 웃게 했던 아주 큰 마음을 지닌 큰 사람이었고, 내가 진심으로 사랑했던 충직한 친구였다.

마크 해밀은 사망한 동료가 '가장 gentle giant'였다고 강조하며 그를 추모한 것이다.

★ 마크 해밀 트위터: twitter.com/MarkHamill/status/1124093358798929920

get-go

처음, 시작

MP3 123

get에는 '(~하기) 시작하다'라는 뜻이 있고, go의 첫 번째 뜻은 '가다'인데, 이 표현은 각 단어의 뜻을 따로 떼어놓고 생각하는 게 의미가 없다. 항상 from the get-go 형태로 쓰고 '처음부터/시작부터'라는 뜻이다. 1960년대 미국 흑인 사회에서 쓰기 시작한 git-go에서 나온 표현이라고 한다.★

A: I knew **from the get-go** that he was the bad guy!
B: Good for you. Let's finish the movie first, okay?

A: 난 저 남자가 악당이라는 걸 처음부터 알았어!
B: 잘났다. 일단 영화부터 끝까지 보자.

★ get-go 유래 출처: grammarist.com/phrase/from-the-get-go/#:~:text=From%20the%20get-go%20means,or%20the%20phrase%20get%20going

get going

가다, 떠나다
~하기 시작하다

MP3 124

두 가지 뜻으로 쓰이는데, 첫 번째 의미는 '가다', '떠나다'이다.

A: I should **get going**.
B: So soon?
A: Yeah, my boyfriend doesn't like it when I stay out too late.
B: This is exactly why you guys shouldn't have moved in together.

A: 나 이제 가 봐야겠다.
B: 벌써?
A: 응, 내가 너무 늦게까지 밖에 있는 걸 남자친구가 안 좋아해.
B: 이래서 동거하면 안 된다니까.

두 번째 의미는 '~하기 시작하다'로, 이때는 흔히 get *something* going 형태로 쓴다.

A: It must be so daunting to start a new project.
B: It is at first, but, once you **get it going**, it's not so bad.

A: 새로운 프로젝트를 시작하는 건 정말 힘든 것 같아.
B: 처음에는 그런데, 일단 시작하면 괜찮아져.

참고로 영어 속담 중에 when the going gets tough, the tough get going(상황이 어려워지면 강한 사람은 힘을 내기 시작한다)이 있다. 앞에 나오는 the going은 '일, 상황'이고, the tough*는 '강한 사람들', 문장 끝에 나오는 get going은 '~하기 시작하다'라는 뜻인데, 이 속담에서는 '힘을 내기 시작하다'로 해석할 수 있다. 이 속담은 종종 앞부분인 when the going gets tough으로만 쓰기도 한다.

A: My boss is driving me crazy.
B: What's he done now?
A: The usual stuff. Making unreasonable demands on me for the things he

should be doing.

B: Didn't you say he's getting transferred soon?

A: Yeah, next year. But I don't know if I can wait it out for a year.

B: I think you can. You know the saying, "When the going gets tough, the tough **get going**."

A: 상사 때문에 미치겠어.
B: 또 뭔 짓을 했는데?
A: 늘 하던 거. 자기가 해야 할 일을 나한테 부당하게 요구해.
B: 그 사람 곧 전근 간다고 하지 않았나?
A: 응. 내년에. 그런데 내가 일 년을 기다릴 수 있을지 모르겠어.
B: 할 수 있어. "상황이 어려워지면 강한 사람은 힘을 내기 시작한다"라는 속담도 있잖아.

★ the tough 관련 → '추가 학습 노트' 참고

gift of gab

말재주, 능변

MP3 125

'수다/잡담gab의 재능gift'이란 곧 '말재주', '능변'이라는 뜻이다.

A: Are your parents good at telling stories? Because both you and your brother are really good storytellers.

B: You're right! I guess it's genetic. My mom certainly has the **gift of gab**. We love listening to her tell stories.

A: 너희 부모님께서 이야기를 재미있게 잘하시니? 네 오빠랑 너랑 둘 다 이야기꾼이잖아.
B: 맞아! 아무래도 유전인 듯해. 확실히 우리 엄마는 말재주가 좋으셔. 우리는 엄마의 이야기 듣는 걸 좋아해.

참고로 gift의 형용사형인 **gifted**는 '천부적인 재능이 있는', '타고난'이라는 뜻으로, 일상에서도 자주 사용된다.

He has a **gift** for making money.
그는 돈을 버는 데 재능이 있어.

He is a **gifted** student.
그는 영재 학생이다.

She is a **gifted** athlete.
그녀는 재능 있는 운동선수이다.

go against the grain

정상적인 것에서 어긋나다, 대세를 거스르다

MP3 126

이 표현에서의 grain은 '곡식의 낱알', '곡식'이 아니라 '(목재나 천, 암석 등의) 결'이라는 뜻이다. 일정한 방향으로 향하는 '결grain에 역행한다go against'는 것은 '자연스럽고 정상적인 주류에서 벗어난다'는 말이다. 이는 한국 문화에서는 부정적으로 여겨지는 경우가 많지만, 미국 문화에서는 항상 긍정적으로 받아들여진다.

A: I don't like how Koreans all dress the same.
B: Americans do too.
A: I don't think so. Americans are way more diverse in the way they dress. I think it's because we like to **go against the grain**.
B: I see what you're getting at. True, fashion is much more diverse in America than in Korea, but even they are still dressed like each other.
A: What do you mean?
B: Hipsters with their plaid shirts and skinny jeans, the artsy type, etc.
A: So what?
B: I'm saying Americans try to be different but in the same ways.

A: 한국 사람들 옷을 다 똑같이 입는 게 별로야.
B: 미국 사람들도 마찬가지야.
A: 아닌데. 미국은 사람들의 옷차림이 훨씬 더 다양해. 우리는 대세를 그대로 따르는 걸 좋아하지 않아서 그런 것 같아.
B: 네가 말하려는 게 뭔지 알겠어. 네 말이 맞아. 미국 패션은 한국보다는 더 다양해. 하지만 여전히 다 비슷하게 입어.
A: 그게 무슨 말이야?

B: 힙스터는 체크무늬 셔츠와 스키니 진을 입고, 예술가인 척하는 사람들은 그 집단에 맞춰 옷을 입지. 다른 그룹 사람들도 마찬가지고.

A: 그래서?

B: 미국 사람들이 다르게 보이려고 노력하지만, 같은 틀 안에서 노력한다는 뜻이야.

한국에서 유행하는 옷을 입은 한국인 친구한테 왜 그 옷을 샀냐고 물으면 열에 아홉은 "유행해서"라고 말한다. 똑같은 상황에 미국 사람한테 물으면 대개는 "그냥 내 마음에 들어서"라고 답한다. 유행하기 때문에 산 게 뻔한데도, go against the grain을 좋게 보는 미국 문화에서는 유행을 따른다는 사실을 순순히 인정하기 싫어서 본인의 취향에 맞다는 식의 이유를 댄다.

앞서 말했지만, 미국은 개성, 개인주의, 독특함에 가치를 두는 사회여서 천편일률적인 몰개성에 go against the grain하는 것을 높게 평가한다. 이런 점 때문에 특정 집단들은 패션에서 자기들의 개성을 드러내려고 한다. 예를 들어, 록 음악 팬들은 지퍼가 많은 가죽 재킷을, 힙스터들은 체크무늬 셔츠에 스키니 진을 즐겨 입는 식이다.

그런데 겉으로 보면 미국에는 개성 있고 특이한 사람이 많아 보이지만, 실제로 주류 문화나 주류에서 벗어나는 사고를 하는 사람은 드물다. 예를 들어, 옷차림을 보고 어떤 음악 애호가 또는 어떤 음악을 하는 사람인지 알 수 있다는 것은 그 집단에서 인정하는 패션 코드에 맞게 옷을 입었다는 의미이기도 하다. 그것은 자신이 속한 집단의 문화나 규칙을 따른다는 것이며, 결국 진짜 개성은 없다고 볼 수밖에 없다.

go-getter

(사업에서) 성공하려고 작정한 사람

MP3 127

getter가 '획득하는 사람/것'이라는 뜻이 있지만, 직역해서는 이 표현의 의미를 짐작할 수 없다. **go get it**이 '가서 가져와' 또는 '그걸 가져'라는 뜻으로 쓰이는 걸 보면,

어떻게든 해내서 성공하라는 의미에서 이 표현이 생긴 것으로 추측된다.

A: Have we found someone to replace our graphic designer?
B: I believe we have. I interviewed this guy today, and I like him.
A: What's he like?
B: He's a real **go-getter**. He's a little on the older side, but he has great energy.
A: Great. I'll be there for the second interview.

A: 회사 그래픽 디자이너를 대체할 사람 찾았어?
B: 찾은 거 같아. 오늘 면접 봤는데, 마음에 들어.
A: 사람이 어때?
B: 일에 욕심과 열정이 있어 보여. 나이는 좀 많지만, 에너지가 넘쳐.
A: 좋아. 2차 면접은 같이 보자.

God-given

천부적인, 신이 준

MP3 128

로마 시대 이후 서양의 종교는 기독교였기 때문에 언어에도 종교의 영향을 받은 표현이 꽤 있다. '신으로부터 받은', '천부적인'이라는 뜻의 God-given이 바로 그러한 표현으로, 보통 God-given talent/abilities(천부적인 재능/능력)로 쓰인다.

A: Which celebrity's death has impacted you the most?
B: Oh, interesting question. I would have to say Amy Winehouse.
A: I'd forgotten about her! God, she was so good.
B: It's heartbreaking that she wasted her **God-given** talent on drugs.

A: 어떤 유명인의 죽음이 너한테 가장 영향을 끼쳤어?
B: 오, 참신한 질문이네. 나는 에이미 와인하우스라고 말하겠어.
A: 난 잊고 있었어! 진짜 대단했는데.
B: 신이 준 재능을 마약으로 낭비했다는 게 마음 아프지.

참고로 **god-awful**이라는 표현이 있다. God-given과는 의미가 다른데, 최악임을 강조할 때 쓰는 표현으로 '너무 불쾌한', '지독한'이라는 뜻이다. 여기서 god은 기독교의 '하나님'을 가리키는 게 아니라 한국어 표현 "개짜증"의 '개'처럼 강조 역할을 하는 것이라서 소문자 g로 쓴다.

A: I just wasted an hour watching this god-awful movie.
B: If it was so bad, why did you finish it?
A: I stopped halfway.

A: 이 개노잼 영화를 보느라 한 시간을 낭비했어.
B: 그 정도로 별로였으면 왜 다 봤어?
A: 중간에 그만뒀어.

good to go

갈 준비가 된, 준비가 잘된

MP3 129

직역하면 '가기go 좋다good'인데, '떠날 준비가 됐거나 어떤 일에 대한 준비가 끝났음'을 나타낸다. 대화 중에 **Good to go!**라고 하면 '준비 완료!' 또는 '가자!'라는 말이다.

A: Are you all packed?
B: I'm good to go.

A: 짐 다 쌌어?
B: 갈 준비가 됐어.

A: Are you ready for your presentation?
B: Yup! I'm good to go.

A: 발표 준비는 다 됐어?
B: 응! 준비 끝났어.

grand gesture

거창한 의사 표현/표시

MP3 130

직역하면 '웅장한grand 표현gesture'으로, '거창하게 의사를 표현하는 것'을 말한다. 맥락에 맞게 다양한 뜻으로 해석할 수 있다.

A: I messed up big time. I don't know what to do.

B: What you need to do is make a grand gesture if you want to win her back.

A: What kind of grand gesture?

B: Buy her flowers and surprise her at her house. You know, stuff like that.

A: I guess it wouldn't hurt to try.

A: 내가 큰 실수를 했어. 어떻게 해야 할지 모르겠네.

B: 애인을 돌아오게 하려면 네가 뭔가 거창한 걸 보여 줘야 할 거야.

A: 거창한 거 뭐?

B: 꽃을 사서 집에 깜짝 방문한다든가, 뭐 그런 거?

A: 해 봐서 나쁠 건 없지.

the gift that keeps on giving

계속 기쁨과 즐거움을 주는 선물

MP3 131

gift는 '선물', giving은 '관심 또는 애정을 주는'이라는 뜻으로, 이 표현은 1920년대 미국의 축음기 광고 캐치프레이즈*에서 시작됐다. 이 gift**에는 사람이나 제품뿐만 아니라 물질적이지 않은 것도 포함된다.

A: When you got me a gym membership a few months ago, I was a little annoyed.

B: Why? Because I implied that you needed to lose weight?

A: Yeah, but now that I've started working out, I love it.

B: It's **the gift that keeps on giving.**

A: 몇 개월 전에 네가 나를 헬스장에 회원 등록했을 때 기분이 좀 나빴어.

B: 왜? 살 빼는 의미로 한 거라서?

A: 응. 그런데 막상 운동을 시작하니까 너무 좋아.

B: 운동은 좋은 결과를 계속 주는 선물이지.

★ the gift that keeps on giving 유래 출처: www.mdpi.com/2079-3200/4/1/4#:~:text=It%20even%20keeps%20on%20giving,advertising%20the%20newly%20invented%20phonograph

★★ gift 관련 → '추가 학습 노트' 참고

the grass is always greener (on the other side)

남의 떡이 더 커 보인다

MP3 132

한국어 속담 "남의 떡이 더 커 보인다"에 해당하는 영어 속담이다. 직역하면 '이웃집 마당의 잔디grass가 더 푸르러greener 보인다'인데, 선망 및 질투의 대상을 한국에서는 '떡', 미국에서는 '마당의 잔디'로 비유하는 게 재미있다.

A: If I had his life, I would be so happy.

B: Don't do that to yourself. **The grass is always greener on the other side.**

A: But in this case, it's true.

B: Well, then don't look at it.

A: 저 사람의 인생이 내 거라면 너무 좋겠다.

B: 그렇게 생각하지 마. 남의 떡이 더 커 보이는 법이지.

A: 이 경우에는 사실이잖아.

B: 그럼 그 떡을 쳐다보지 마.

the greater good

공공의 이익, 공익

나에게 좋은 건 good, 나뿐만 아니라 타인에게도 좋은 건 greater good이다. 개인이 집단과 사회를 위해 희생한다는 개념이 바탕에 깔려 있다.

A: You want to get delivery for dinner tonight?

B: I've been thinking we should stop getting food delivered.

A: Why?

B: Because of all the plastic waste that comes with it.

A: But it's cold, and I'm tired.

B: I'm serious! It's inexcusable for there to be so much waste for a meal for two people. Think of the environment and our country. Inconvenience is a small price to pay for **the greater good**.

A: 오늘 저녁은 배달시킬까?

B: 생각을 좀 했는데, 음식은 이제 그만 배달시켜야 할 것 같아.

A: 왜?

B: 음식에 딸려 오는 플라스틱 쓰레기가 너무 많아.

A: 하지만 날도 춥고 난 피곤해.

B: 난 진심이야! 두 사람이 한 끼 먹는데 이렇게 쓰레기가 많이 나오는 건 용납할 수 없어. 환경과 나라를 생각해 봐. 공익을 위해 불편함은 감수해야 할 작은 대가야.

참고로 greater good과 비슷한 개념을 나타내는 표현으로 common good이 있다. common good도 '공익'으로 해석되지만, 용법에서 차이가 있다. greater good은 어떤 사람의 희생을 바탕에 깐 개념이지만, common good은 모두에게 좋은 혜택이다.

예를 들어, 도시의 강가 주변에 땅을 크게 소유하고 있는 사람이 있다고 치자. 정부는 그 땅을 사서 공원으로 만들고 싶어 한다. 팔고 싶지 않지만, 지역 주민들에게 좋은 일이기에 땅 주인이 땅을 팔면 그것은 greater good이고, 그 땅에 조성된 공원은 모두가 즐길 수 있기 때문에 common good이다. 이런 점 때문에 common good에는 '공유 재산'이라는 뜻도 있다.

A: I think the public transportation system is my favorite thing about Seoul.

B: It sucks the fare keeps going up though.

A: Don't even get me started.* The whole argument that it's losing money is the wrong way to approach the issue. Public transportation doesn't exist in order to be profitable in the same way that parks don't charge entrance fees.

B: Exactly! It's for the common good.

A: 서울에서 가장 내 마음에 드는 것은 대중교통 시스템인 것 같아.

B: 그런데 계속 요금이 올라서 짜증나.

A: 말도 마. 적자를 보고 있다는 주장 자체가 이 문제에 대한 잘못된 접근이야. 공원이 입장료를 받지 않는 것처럼 대중교통 또한 수익을 내기 위해 존재하는 게 아닌데 말이지.

B: 내 말이! 공공의 이익을 위한 건데.

★ don't even get me started: 이야기를 시작하면 끝도 없으니 아예 말을 꺼내지 마 (대화의 끝이 아니라 긴 불평을 시작할 때 쓰는 표현)

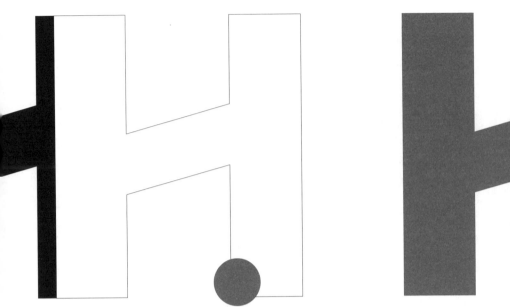

come hell or high water

무슨 일이 있어도 (반드시)

MP3 134

직역하면 '지옥hell이 오든 홍수high water가 닥치든'인 이 표현의 정확한 유래는 알 수 없지만, 성경에 나오는 지옥과 노아의 홍수 이야기를 암시하는 느낌이 있다.

A: What are you reading these days?
B: *War and Peace*.
A: Still?
B: Hey, it's over a thousand pages long!
A: I don't think you're ever gonna finish it.
B: No, I will! **Come hell or high water**, I'm gonna finish it!

A: 요새 뭐 읽어?
B: 〈전쟁과 평화〉.
A: 아직도?

B: 야, 천 페이지가 넘어!

A: 너 평생 다 못 읽을걸.

B: 아니야, 해낼 거야! 무슨 일이 있어도 다 읽을 거라고!

or 대신 and를 써서 hell and high water라고도 한다. 미래에 벌어질 일에 대해 말할 때는 or, 이미 일어난 일에는 and를 쓴다. hell and high water로 쓸 때는, 흔히 동사 go through와 묶인다.

A: I finally finished reading *War and Peace*.

B: Wow! How long did that take?

A: Over a month. I went through hell and high water to finish it.

B: Why did you even start it?

A: It was on my bucket list.* Now I can cross it off.

A: 나 드디어 〈전쟁과 평화〉 다 읽었어.

B: 와! 얼마나 걸렸어?

A: 한 달 넘었어. 다 읽느라 고생 좀 했다.

B: 대체 왜 읽기 시작한 거야?

A: 내 버킷 리스트라서. 이제 리스트에서 지울 수 있어.

참고로 같은 의미의 표현으로 rain or shine이 있다. 직역하면 '비가 오든 햇살이 비치든'이다.

A: How often do you walk your dog?

B: Every day.

A: Literally every day? Or most days?

B: Every day. Rain or shine.

A: You walk your dog in the rain?

B: Yeah! He loves it!

A: 강아지를 얼마나 자주 산책시켜?

B: 매일.

A: 문자 그대로 하루도 빠짐없이? 아니면 거의 매일?

B: 매일. 비가 오나 눈이 오나 매일 해.

A: 비가 와도 산책을 시킨다고?

B: 당연하지! 우리 강아지가 산책을 너무 좋아해!

★ bucket list 관련 → '추가 학습 노트' 참고

halfhearted

(태도가) 뜨뜻미지근한, 마음이 내키지 않는, 성의 없는

MP3 135

'절반half의 마음을 가진hearted*' 상태면 '무성의하고 뜨뜻미지근한' 태도일 수밖에 없다.

A: Do you want to go to the concert with me? The one I told you about?
B: I thought your husband agreed to go with you?
A: He did, but his response felt **halfhearted**.
B: If he's not going, sure! I would love to. Thanks!

A: 나랑 같이 콘서트 갈래? 내가 저번에 얘기했던 거.
B: 너는 남편이랑 같이 가기로 한 줄 알았는데?
A: 그랬는데 남편 반응이 뜨뜻미지근했어.
B: 네 남편이 안 간다면, 나야 좋지. 땡큐!

마음의 반만 내는 halfhearted와 달리 마음 전부를 다하는 wholehearted도 있다. '전적으로', '진심으로'라는 뜻이고, 형용사보다 부사 wholeheartedly가 더 자주 쓰인다.

A: Wouldn't it be nice if politicians were like F1 drivers?
B: In what way?
A: You know how they have stickers of all their sponsors on their jacket?
B: Yeah.
A: Well, politicians should have stickers of all the companies who've made big donations to their campaigns.**
B: I was wondering where you were going with that. Anyway, I **wholeheartedly** agree.

A: 정치인들이 F1 드라이버들 같으면 좋지 않을까?
B: 어떤 면에서?
A: F1 드라이버 보면 자켓에 스폰서들의 스티커가 붙어 있잖아.
B: 그렇지.
A: 정치인들도 자기네 선거운동에 거액을 기부한 회사들의 이름을 붙이게 하는 거지.

B: 무슨 말인지 궁금했는데, 어쨌든 네 의견에 전적으로 동의해.

★ -hearted 관련 → '추가 학습 노트' 참고
★★ 배우 로빈 윌리엄스가 스탠드업 코미디 *Weapons of Self Destruction*에서 추천한 아이디어

ham-handed

서투른

MP3 136

햄은 돼지의 엉덩이와 뒷다리를 포함해 꽤 넓은 부위로 만드는 식품이다. 넓은 부위로 만든 '햄^{ham}을 가진 손^{handed}'이므로, '손이 매우 크다'라는 것을 알 수 있는데, 손이 크면 섬세한 작업이 쉽지 않다는 편견에서 '서투른'이라는 의미도 갖게 되었다.★ 같은 의미로 ham-fisted, heavy-handed★★도 쓰인다.

A: I don't understand how someone like you can play the piano so well.
B: Someone like me? What does that mean?
A: I mean someone as big as you.
B: So fat people aren't good with their hands?
A: I feel like I'm digging my own grave here. You know the expression "ham-handed" or "ham-fisted" to mean "clumsy." That's all I meant.
B: Hey, relax. I'm just giving you a hard time. I get that all the time.

A: 너 같은 사람이 어떻게 피아노를 그렇게 잘 치는지 모르겠어.
B: 나 같은 사람? 그게 무슨 말이야?
A: 내 말은, 너처럼 덩치가 큰 사람.
B: 그 말인즉, 살찐 사람은 손재주가 없다?
A: 지금 내 무덤을 파는 느낌인데. ham-handed나 ham-fisted라는 표현이 '서투르다'라는 의미잖아. 난 그런 뜻으로 말한 게 다야.
B: 야, 진정해. 일부러 짓궂게 말한 거야. 그런 얘기 많이 들어.

참고로 hand가 들어가는 표현★★★ 중에 동사 **glad-hand**를 알아 두자. '기쁜 손'에서 반갑게 인사하는 모습을 떠올릴 수 있다. 이 단어의 뜻은 '짐짓 반가운 태도로 환영하다'로, 정치인들이 겉으로는 엄청 반가운 척 반기는 행동을 묘사할 때처럼 항

상 부정적인 의미로 쓰인다.

A: How was your interview?
B: The interview itself went well, but there's still a lot of unfinished business.
A: Like what?
B: We haven't discussed my contract yet.
A: Then what did you guys talk about?
B: Nothing much. They tried to **glad-hand** me, thinking it would be the best way for me to settle for a lower salary.
A: Ah, sneaky! Just remember that they need you more than you need them.

A: 면접 어땠어?
B: 면접 자체는 괜찮았는데, 아직 마무리할 게 많아.
A: 예를 들어?
B: 아직 계약 얘기도 안 했어.
A: 그럼 무슨 얘기를 나눴어?
B: 별 얘기 안 했어. 엄청 반갑게 맞아주는 척하더라. 잘 대접해 주면 내가 낮은 연봉을 받아들일 거라는 생각이었겠지.
A: 양아치네! 네가 그 회사를 필요로 하는 것보다 그쪽이 너를 더 필요로 한다는 것만 기억해.

★ ham-handed 유래 출처: wordhistories.net/2017/01/20/ham-fisted
★★ heavy-handed (p. 181) 참고
★★★ hand가 들어가는 표현 → '추가 학습 노트' 참고

happy hour

해피 아워, 서비스 타임

MP3 137

'술집에서 정상가보다 싼 값에 술을 파는 (이른 저녁) 시간대'를 뜻하는 happy hour는 술집을 찾는 손님들에게는 아마도 가장 행복한 시간일 것이다. 술집마다 다르지만, 보통 오후 4시부터 8시까지 할인한다.

A: Do you remember how you got home last night?

B: I was dropped off, no?

A: Yeah, and then you threw up on the lawn and fell down the stairs.

B: Oh! That's why I'm in pain.

A: How did you get so drunk?

B: I went to **happy hour** with my coworkers, and I drank on an empty stomach.

A: That explains it.

A: 너 어젯밤에 집에 어떻게 왔는지 기억해?
B: 누가 나 차로 데려다 주지 않았어?
A: 그랬지. 그리고서 마당에 토하고 계단에서 굴러 떨어졌어.
B: 아, 그래서 몸이 아프구나.
A: 어쩌다 그렇게 취한 거야?
B: 회사 사람들하고 해피 아워 가서 공복에 술을 마셨어.
A: 그래서 그랬구나.

식당에도 이와 비슷한 할인 시간이 있다. 가끔 미국 길거리를 다니다 보면 창문에 early bird special이라고 쓰여 있는 식당을 심심치 않게 볼 수 있다. 이는 the early bird gets the worm(일찍 일어나는 새가 벌레를 잡는다)에서 나온 표현인데, 식당마다 시간은 다르지만 **보통 오후 5시에 시작한다.** 참고로 early bird special은 주로 시니어를 대상으로 한다.

A: I just found this great restaurant. The food's good and cheap, but you have to get there early.

B: How early?

A: Five.

B: What are you, eighty?★

A: It's their **early bird special**! And they give generous portions, so you can take the leftovers home and have a late-night snack.

A: 방금 진짜 괜찮은 식당을 하나 찾았어. 맛있고 저렴한데, 일찍 가야 해.
B: 얼마나 일찍?
A: 5시.
B: 너 어르신이야?
A: 얼리 버드 스페셜이야. 양이 넉넉해서 남은 걸 포장해서 야식으로 먹으면 돼.

그 외에, 일찍 가면 할인을 받을 수 있는 곳은 극장이다. 이러한 '조조할인' 개념을 미국에서는 matinee[마티네이]라고 한다. 그런데 한국과 달리 미국의 matinee는 아침 일찍부터 시작해 낮 시간까지 적용되어 이 시간대의 영화나 연극을 할인가에 관람할 수 있다.

A: Even though I like doing things alone, the one thing I can't do by myself is going to the movies.
B: What's wrong with going to the movies alone?
A: I don't know. I feel lonely when everyone is there with someone.
B: If that's the problem, you should go to **matinees**. They're cheaper and the theater is usually empty.

A: 뭐든 혼자 하는 걸 좋아하는 나지만, 혼자서 못하는 게 하나 있어. 영화관 가는 거.
B: 영화관에 혼자 가는 게 뭐 어때서?
A: 잘 모르겠어. 남들 다 누군가랑 있는 곳에 혼자 있으면 외로워.
B: 그게 문제라면 낮에 가. 가격도 더 싸고 보통은 사람이 없잖아.

★ What are you, 70/80/etc.?: 한국어의 "너 할머니야/할아버지야?"와 같은 뜻의 표현 (한국어와 달리 영어에서는 꼭 연령을 넣어서 말한다.)

hard-headed

단호한, 완고한
실제적인, 현실적인

MP3 138

'단단한hard 머리를 가진headed' 사람은 좋게 말하면 '단호한' 것이지만 이를 뒤집어 생각하면 '고집스럽다'는 말이기도 하다. 또한 이 표현은 '현실적인', '실제적인'이라는 뜻도 가지므로, 맥락에 맞게 사용하고 해석하는 것이 필요하다.

A: I have news. I'm pregnant!
B: You are?! Congratulations! I didn't even know you guys were trying. I bet you're excited!
A: Yes, but I'm also scared I'm not gonna be a good parent.

B: I wouldn't be worried about that if I were you. You're loving, caring, and **hard-headed**.

A: By "hard-headed" I assume you mean "practical" and not "stubborn?"

B: Ha! That's up to you to interpret.

A: 전할 소식이 있어. 나 임신했다!

B: 정말? 축하해! 너희 부부가 임신을 시도하고 있는지도 몰랐는데. 진짜 기쁘겠다!

A: 응. 그런데 내가 과연 좋은 엄마가 될 수 있을까 무섭기도 해.

B: 나라면 그런 걱정 안 할 거야. 넌 다정하고 남을 잘 배려하고 단호하잖아.

A: 단호하다는 게 고집이 세다는 말이 아니라 현실적이라는 거지?

B: 히히, 그건 알아서 해석해.

hard-hearted

무정한, 몰인정한

MP3 139

'딱딱한hard 마음을 가진hearted' 사람은 '정이 없는' 사람이다. 같은 의미로 **heartless**(직역하면 '마음이 없는')도 쓴다.

A: Remember how my ex wouldn't visit me while I was in the hospital?

B: Yeah, he said he was scared of hospitals or something.

A: Turns out he was cheating on me.

B: Are you serious?! What kind of **hard-hearted** person would do that?

A: 나 병원에 입원했을 때 전 남친이 나 보러 오지 않은 거 기억나?

B: 응, 병원이 무섭다는 둥 그런 말 하지 않았나?

A: 알고 보니 바람을 피우고 있었어.

B: 진짜야? 얼마나 무정하면 그럴 수 있지?

마음이 딱딱할 수 있다면 반대로 부드러울 수도 있다. **soft-hearted**는 '상냥한', '마음씨 고운'이라는 뜻의 단어인데, 위 예문에 이어 soft-hearted가 사용된 아래 예문도 살펴보자.

A: Thank God I have you.

B: I thank God for that too.
A: Wait, what? You thank God for you having me in your life, or you thank God that I have you in my life?
B: Whichever one you'd like. All I know is that you need a soft-hearted boyfriend like me for once in your life.
A: I see modesty is not one of your strengths.

A: 네가 있어서 다행이야.
B: 나도 신에게 그 점에 대해 감사해.
A: 잠깐. 뭐라고? 너한테 내가 있어서 신께 감사하다는 거야, 아니면 내 인생에 네가 있다는 점이 감사하다는 거야?
B: 너 좋은 쪽으로 이해하면 돼. 내 말은, 네 인생에 한 번쯤은 나처럼 마음씨 고운 애인이 필요하다는 거야.
A: 겸손은 네 장점이 아니라는 건 알겠어.

soft-hearted가 뭔가를 너무 좋아해서 그것에 '(마음이) 약하다'라는 뜻이 아니라는 점에 주의하자. 이를 나타내는 영어 표현 방식은 두 가지다. 하나는 명사, 다른 하나는 동사로 표현하는 것이다.

[명사] a softie, a soft touch
[동사] have a soft spot for

A: He can't control himself around puppies.
B: He's such a softie! / He has a soft spot for puppies.

A: 쟤는 강아지만 보면 어쩔 줄 몰라 해.
B: 쟤는 강아지에 약해.

'마음이 약하다'라고 할 때 '약하다' 때문에 weak를 써서는 안 된다. weak은 항상 부정적인 의미로만 쓰인다.

weak, weak-minded (투지나 정서적 강함이) 약한	He's kindhearted but **weak**. 걔는 착하지만 나약해.
weakhearted/fainthearted 용기가 없는, 겁이 많은	This movie is not for the **weakhearted**. 이건 겁이 많은 사람이 보면 안 되는 영화야.

✦참고 표현: halfhearted (p. 170)

head held high

당당한 태도를 보이다, 자신감 있게 고개를 들고 걷다

MP3 140

칭찬을 듣거나 축하 받을 상황이든 힘들거나 기가 죽은 상황이든 상관없이 '고개 head를 높게high 들held' 수 있는 사람은 당당하고 자존감이 높은 사람이다.

A: Guess what? I just found out my coworker moved into the same apartment complex as mine, and I found out in the worst possible way.

B: Do tell! I can tell this is gonna be good.

A: It was six in the morning. I'd been out drinking. I was hungover, my makeup was smeared on my face. And guess who I see as soon as I get out of the taxi by the entrance?

B: Oh, God.

A: The worst thing was that she was taking her dog out for a walk.

B: So what did you do?

A: I greeted her with my **head held high** as if nothing was wrong.

B: Good for you! We all have those days.

A: 그거 알아? 방금 회사 동료가 내가 사는 아파트 단지로 이사 왔다는 사실을 최악의 방식으로 알게 됐어.

B: 자세히 말해 봐! 재미있는 얘기일 것 같은데?

A: 아침 6시였어. 난 술을 마셨고, 숙취가 했었으며, 화장은 번져 있었어. 그런데 택시에서 내리자마자 입구에서 누굴 만났게?

B: 맙소사.

A: 더 최악인 건, 그녀는 강아지 산책을 하러 나온 거였다는 거지.

B: 그래서 어떻게 했어?

A: 아무렇지 않은 듯 당당하게 인사했지.

B: 잘했어! 누구에게나 그런 날이 있어.

head honcho

대장, 두목

MP3 141

'두목', '우두머리'라는 뜻의 속어로, '(부서별) 최고 책임자'라는 의미로도 쓰인다.
head는 '머리', honcho는 일본어로 '반장班長'이라는 단어 hancho의 변형 표기다.
honcho★는 2차대전 때 미국인 포로 어니스트 놀퀘스트의 일기에 처음 등장한다.
그는 일기에 일본군 팀장이 와서 국이 맛있냐고 물어봤을 때 무조건 "네"라고 대답
하지 않으면 머리를 한 대 맞았다고 기록했다.

A: Where's the **head honcho**? I need to get final approval for the project.
B: She's not in today, but you can email her.

A: 팀장님 어디 계시지? 프로젝트의 최종 승인을 받아야 하는데.
B: 오늘 출근 안 하셨어. 하지만 이메일을 보내면 되지.

★ honcho 관련 출처: www.npr.org/sections/codeswitch/2013/10/29/241384302/talk-to-the-head-honcho-he-
   speaks-japanese

head of the household

가장, 세대주

MP3 142

'가정household의 책임자head'이므로 '가장', '세대주'라는 의미이다. 같은 의미를 나타
내는 다른 표현으로는 head of the house 또는 head of the family가 있다.

하지만 '남자=가장'이라는 전통적인 관념도 사라지고 있는 요즘, head of
household는 이제 **구식** 표현이다. 미국 인구 조사국은 1980년부터 head of
household라는 표현을 쓰지 않기로 했다. "최근 사회의 변화에 따라 가정의 성인들
이 가사 책임을 나누어서 하고 있기에 '가장'이라는 용어를 쓰는 것은 부적절하다"

라는 것이 그 이유였다.★

A: It's a big decision. I guess the **head of the household** will decide.
B: **The head of the household**? Who even uses that anymore?
A: I do! He's the person that makes all the money and makes all the important decisions.
B: Well, in my home my husband and I share household responsibilities. And I make more money than he does.

A: 중요한 결정이니까 가장이 판단을 내리겠지.
B: 가장? 요새 그런 말을 누가 써?
A: 나! 돈을 벌고 모든 중요한 결정을 내리는 사람이 가장이지.
B: 글쎄. 우리 집에서는 나랑 남편이 집안일을 나눠서 해. 그리고 내가 남편보다 돈을 더 잘 벌어.

★ 미국 인구 조사국 관련 출처: www.census.gov/programs-surveys/cps/technical-documentation/subject-definitions

head over heels

홀딱, 완전히

MP3 143

원래는 heels over head로, 직역하면 '발꿈치heels가 머리head★ 위에 있다', 즉 '거꾸로'라는 뜻이다. 시간이 지나 head와 heels의 위치가 바뀌어 사용되기 시작했다. 여전히 '거꾸로'라는 의미로도 쓰긴 하지만, 보통은 사랑에 빠져 정신을 못 차리는 상태를 나타낼 때 자주 쓴다.

A: Is it my imagination or has David been acting strange lately?
B: You haven't heard? He's in love.
A: How do you know that?
B: How do you not know that? He's been talking about it non-stop for the past week.
A: Wow, he must've fallen hard.
B: Oh, yeah. He's fallen **head over heels** for this girl.

A: 요새 데이비드가 이상해진 건가 아니면 내가 착각한 건가?

B: 못 들었어? 걔가 사랑에 빠졌대.

A: 그걸 어떻게 알아?

B: 넌 어떻게 그걸 몰라? 걔가 일주일 내내 그 얘기밖에 안 했잖아.

A: 와, 푹 빠졌나 보네.

B: 응, 그 여자한테 홀딱 반했더라고.

★ head 관련 → '추가 학습 노트' 참고

hearth and home

(단란한) 가정

MP3 144

'난로hearth'와 가족이 있는 '집home'은 '따뜻하고 화목한 가정'을 떠올리게 한다. 보통 문장 끝에서 the comforts of hearth and home으로 쓰인다.

A: Hey, are you okay? You seem kinda mopey these days.

B: It's Christmastime, and I can't spend it with my family or friends back home.

A: Feeling homesick?

B: I think so. And I miss **the comforts of hearth and home**. All of us making a big dinner together, stuff like that.

A: Why don't you come over to my house for Christmas? Have dinner with me and my husband.

B: That's very kind of you, but you should spend Christmas with your family.

A: Koreans don't really celebrate Christmas, you know. It's mostly a holiday for young couples to go out and get drunk. And, besides, my family is getting together for Seollal. It's early this year.

B: Okay, that would be nice! Thanks!

A: 너 괜찮아? 요즘 좀 다운되어 보여.

B: 크리스마스인데 고향에 가서 가족과 친구들을 못 봐.

A: 향수병이야?

B: 그런가 봐. 가족들이랑 안락하게 함께 있는 게 그립다. 다 같이 모여 음식도 만들고 이런저런 일을 하는데.

A: 크리스마스에 우리 집에 오는 건 어때? 나랑 우리 남편이랑 같이 밥 먹자.

B: 고맙지만, 너도 크리스마스는 가족과 보내야지.

A: 너도 알다시피, 한국 사람들은 크리스마스를 진짜로 기념하진 않아. 대개는 젊은 커플들이 나가서 술 취하는 휴일이지. 게다가 우리 가족은 설날에 만날 거야. 올해는 좀 이르더라고.

B: 그럼 나야 좋지! 고마워!

heavy-handed

고압적인, 냉정한
서투른, 어설픈

MP3 145

직역하면 '무거운heavy 손을 가진handed★'인데, 사전을 보면 뜻이 두 개 나온다. 첫 번째는 '고압적인', '냉정한'이다.

A: Why does work suck so much?

B: Um, mostly because of the people we work for.

A: That's true. I feel so much more free when my boss isn't at work.

B: That seems universal. If my boss weren't so heavy-handed, I would enjoy my work so much more.

A: 일하는 게 왜 이렇게 싫을까?

B: 음, 대부분 윗분들 때문이지.

A: 그러게. 상사가 회사에 없을 때 훨씬 편해져.

B: 그건 누구나 그런 것 같아. 나도 내 상사가 덜 고압적인 사람이면 훨씬 더 즐겁게 일할 것 같아.

두 번째 뜻은 '서투른', '어설픈'이다.★★

A: You're so good at putting make up on.

B: Thanks, I do try.

A: How long did it take you to learn?

B: It's a never-ending process. Believe it or not, I used to be pretty heavy-handed when it came to makeup.

A: Really?! That's hard to believe. So who taught you?

B: Friends, my mom. And I experimented a lot.

A: 너 화장 진짜 잘한다.

B: 고마워. 노력하고 있어.

A: 배우는 데 얼마나 걸렸어?

B: 끝이 없는 과정이었어. 못 믿겠지만, 전에는 화장하는 게 너무 서툴렀어.

A: 진짜? 못 믿겠는데. 누구한테 배웠니?

B: 친구들이랑 엄마, 그리고 이것저것 실험도 많이 해 봤어.

그런데 미국인들이 이 표현을 두 번째 뜻으로 쓰는 것은 한 번도 들어보지 못했다. 필자가 모르고 살아왔던 것일 수도 있지만, 일반적으로 첫 번째 뜻으로 훨씬 더 많이 쓰인다고 단언할 수 있다.

★ -handed 관련 → '추가 학습 노트' 참고
★★ ham-handed (p. 171) 참고

heavy hitter

(업계의) 거물, 중요 인물, 유력자

MP3 146

권투 등 때리는 운동에서 생긴 표현이다. 권투에서는 평균적으로 '무겁게/세게heavy 때리는 선수hitter'가 곧 승수가 높은 선수이고, 여기서 '(업계의) 거물, 중요 인물'이라는 의미가 생겨났다. (그런데 야구에서는 heavy hitter가 '강타자'라는 의미로 쓰인다.)

A: I wish we could get just one **heavy hitter** to have an interview with us for our documentary.

B: That would be nice, but who would agree to it? We're nobodies.

A: Maybe we can woo someone through a heartfelt letter.

B: It's worth a shot. Let me work on a draft this weekend.

A: 우리 다큐멘터리를 위해 인터뷰해 줄 거물급 인사를 한 명만이라도 섭외할 수 있으면 좋겠어.

B: 그러면 좋겠지만, 누가 응하겠어? 우린 무명이잖아.

A: 진심 어린 편지로 설득할 수 있을지 모르지.

B: 시도해 보자. 내가 주말에 초안 작성할게.

참고로 heavy+~하는 사람은 '무엇을 많이/자주 하는 사람'이라는 것을 의미하는데, 흔히 술이나 담배 또는 마약에 찌든 사람을 가리킬 때 쓴다.★

heavy drinker 술꾼, 술고래	He's a **heavy drinker**. 쟤 술 많이 마셔.
heavy smoker 골초, 애연가	She used to be a **heavy smoker**. 걔는 과거에 담배를 많이 피웠어.
heavy (drug) user 마약 중독자/복용자	He's friends with some **heavy users**. 걔는 마약 중독자들과 친해.

★ 'heavy+~하는 사람' 관련 → '추가 학습 노트' 참고

hellhole

거지 소굴 같은 곳, 매우 기분 나쁜 곳

MP3 147

말 그대로 '지옥^{hell}의 구덩이^{hole}'는 아무도 살고 싶지 않을 정도로 '낡고 더러우며 허름한 곳'이다.

A: I want to move out of my apartment.
B: Why?
A: It's a **hellhole**. The building's really old and smelly.
B: But the location is great! It's only a two-minute walk from the subway station.
A: Yeah… That's the one good thing.
B: But I get it. Location isn't everything.

A: 나 지금 사는 아파트에서 이사 가고 싶어.
B: 왜?
A: 거지 소굴 같아. 건물이 너무 낡았고 냄새도 나.
B: 하지만 위치가 너무 좋잖아! 지하철역까지 걸어서 2분밖에 안 걸리고.
A: 맞아…. 그거 하나가 장점이야.
B: 그래도 이해해. 위치가 다는 아니지.

'치 떨리게 싫은 곳'을 나타내는 표현이기도 하다.

A: If I don't quit my job soon, I'm gonna go crazy.

B: You really should. The sooner you get out of that hellhole, the better.

A: 나 조만간 회사 그만두지 않으면 미쳐 버릴 것 같아.

B: 그만둬. 그런 쓰레기 같은 회사는 빨리 나갈수록 좋지.

✦ 참고 표현: bare-bones (p. 27)

high hopes

큰 기대

MP3 148

영어에서는 '큰 기대'를 '높은high 희망hope'이라고 표현하곤 한다.

A: Is it true that in Korea for a child's first birthday, the parents place different items that represent her future career? And whatever she grabs, that's what she's gonna be when she grows up?

B: Yeah, it's called doljabi.

A: What items are you gonna have?

B: Well, like all parents, I have high hopes for her future. I'll probably have a gavel, stethoscope, cash, and I haven't thought of the rest.

A: What does the cash represent?

B: It means she's gonna be rich.

A: But that's not a profession.

B: Yeah, just rich.

A: Interesting. I wonder what that says about the Korean mindset.

A: 한국에서는 첫돌 때 부모가 아이의 장래 직업을 상징하는 다양한 물건을 놓고, 아이가 집은 물건으로 아이의 직업을 예상한다는 게 사실이야?

B: 응, 그걸 돌잡이라고 해.

A: 너는 어떤 물건들을 놓을 거야?

B: 음, 나도 다른 부모처럼 아이에게 거는 기대가 커. 아마 판사봉과 청진기, 돈을 놓을 것 같고, 나머지는 아직 생각 안 해 봤어.

A: 돈은 뭘 상징하는 거야?

B: 부자가 될 거라는 뜻이지.

A: 근데 그건 직업이 아니잖아.

B: 응. 그냥 부자인 거지.

A: 흥미롭네. 그게 한국인의 사고 방식과 관련해 어떤 의미인지 궁금해.

hope가 '기대'로 해석되는 또 하나의 표현은 don't get your hopes up(너무 기대하지 마)이다.

A: It's almost time to renew my contract. How much of a raise should I ask for?

B: What are you thinking?

A: Maybe 50%?

B: Isn't that a bit much?

A: I'm just aiming high.

B: Well, that's good but don't get your hopes up.

A: 이제 곧 계약을 갱신해야 할 시기인데, 얼마쯤 인상해 달라고 요구해야 할까?

B: 얼마나 요청할 생각이야?

A: 50% 정도?

B: 좀 높은 거 아니야?

A: 꿈은 크게 꾸는 거야.

B: 꿈을 크게 꾸는 건 좋은데, 너무 크게 기대하지는 마.

high horse

거만한/오만한 태도

MP3 149

중세 유럽에서 '키가 크고high' 풍채가 당당한 '말horse'을 탈 수 있는 사람은 왕족이나 귀족 아니면 부자들이었다. high horse는 그런 사람들의 '거만한 태도'를 빗대 사용되기 시작했다. 친구나 편한 사람에게 거드름 좀 그만 떨라고 할 때 Get off your high horse.라고 말하면 딱이다.

A: My brother got into a car accident.

B: Is he okay?

A: Not really. He needs facial reconstructive surgery.

B: Oh, God. How did it happen?

A: He was driving his motorcycle drunk. I can't believe he did something that stupid.

B: Oh, you're one to talk. Get off your **high horse**.

A: What are you talking about?

B: You have two DUIs. You're no better.

A: 우리 형이 교통사고를 당했어.
B: 상태는 어때?
A: 별로 안 좋아. 안면 복원 수술을 해야 해.
B: 맙소사. 어떻게 된 일이야?
A: 술 마시고 오토바이를 탔어. 그런 바보짓을 하다니 믿을 수가 없어.
B: 사돈 남 말하고 있네. 잘난 척 좀 그만해.
A: 무슨 말이야?
B: 너도 음주 운전하다가 두 번 걸렸잖아. 너도 다를 바 없어.

hit home

(상대방의 말이) 급소를 찌르다, 가슴을 후벼 파다
실감 나다, 가슴에 와 닿다

MP3 150

어떤 큰 힘이 내 '가정home을 친다면hit★' 그것은 나에게 엄청난 타격을 입힐 것이다. 이처럼 이 표현은 감정적으로 또는 심리적으로 한 대 맞은 느낌을 전달한다. 두 가지 상황에서 쓰는데, 첫 번째로는 인정하기 싫은 사실을 듣거나 지적당했을 때이다.

A: I think I'm gonna call in sick today. I don't feel like going to work.

B: Are you okay? This is unlike you.

A: That conversation I had with the CEO really **hit home**.

B: What did he say?

A: He said that I'll never get promoted to the executive level because it's a family business, and family comes first.

B: He said that?

A: Well, not in so many words, but, yeah.

B: Oh. I guess it's time for you to look for another job.

A: 나 오늘 병가를 낼까 봐. 출근하기 싫어.

B: 무슨 문제 있어? 너답지 않게.

A: 대표가 나한테 말한 게 가슴을 후벼 팠어.

B: 뭐라고 했는데?

A: 이 회사는 가족 기업이고 가족이 우선이라 난 절대로 임원급으로 승진할 수 없다고 하더라.

B: 그런 말을 했어?

A: 돌려서 말했지만, 그 말이었어.

B: 흠. 그럼 다른 일자리를 찾아봐야겠네.

두 번째로는 전체 상황을 최종적으로 이해했음을 나타낼 때이다.

A: Do you remember life during COVID?

B: It feels like a lifetime ago. The weird thing about it was that it happened so suddenly, and then it ended just as suddenly.

A: Right? When did it **hit home** for you that it was serious?

B: I guess when it started spreading all over the world.

A: It **hit home** for me when Europe went into lockdown for the first time.

A: 코로나19 때의 생활이 기억나?

B: 엄청 오래전이었던 것 같은 느낌이야. 참 신기한 게, 너무 갑자기 시작했다가 마찬가지로 갑작스럽게 끝났어.

A: 그렇지? 넌 코로나가 심각하다는 걸 언제 실감했어?

B: 전 세계로 퍼졌을 무렵부터였던 것 같아.

A: 난 유럽이 처음으로 봉쇄에 들어갔을 때 피부에 와 닿더라.

참고로 home 없이 hit만으로 '실감 나다'라는 의미를 전달할 수 있다.** "실감이 났어"는 It just hit me.로, "실감이 안 나"는 It hasn't hit me yet.으로 표현하는데, 이때 주어는 항상 it이다.

Has it hit you yet?
실감이 나?

It just hit me. I'm going to be a mom!
내가 엄마가 될 거라는 게 갑자기 실감이 났어!

A: You must be excited about traveling abroad for the first time!

B: Actually, **it hasn't hit me yet**.

A: 첫 해외여행이라 신나겠디!

B: 사실, 아직 실감이 안 나.

★ hit 관련 → '추가 학습 노트' 참고
★★ hit(실감 나다) 관련 내용 출처: 〈영어로 자동 변환! 미국영어 표현사전〉(p. 103, 다락원)

hot and heavy

치열한, 맹렬한

MP3 151

'치열하다'는 영어로 '뜨겁고hot 무거운heavy' 것이다.

A: What do you and your family talk about at dinner?
B: What we did that day, family stuff, you know. The usual.
A: You don't talk about the news or politics?
B: We can't. I mean, you know me. I love a **hot and heavy** debate, but my dad gets angry at everyone who disagrees with him.
A: I wonder if that's a middle-aged thing. My dad does that too.

A: 너는 가족들과 밥 먹을 때 무슨 얘기해?
B: 그날 우리가 한 일, 가족 관련 얘기 같은 거. 늘 하는 얘기들이지.
A: 뉴스나 정치 얘기는 안 해?
B: 못해. 너 알잖아, 내가 치열한 토론을 얼마나 좋아하는지. 그런데 우리 아빠는 자기 의견에 동의하지 않은 모든 사람한테 화를 내서.
A: 아저씨들은 다 그런가? 우리 아빠도 그러셔.

다양한 것이 치열하고 맹렬할 수 있는데, 그중 하나가 성관계를 막 시작했을 때의 상태이다. 한국어로는 '(몸이) 달아오르다'가 가장 의미가 비슷하다.

A: Do you know anyone with a smartphone addiction?
B: My ex.
A: How bad was it?
B: This actually made me break up with him. We were in bed, and things were getting **hot and heavy**. And then he got a text, so he got out of bed and checked his phone!
A: I would've been so angry.

B: Oh, I was. I dumped him soon after.

A: 너 스마트폰에 중독된 사람 알아?
B: 내 전 애인.
A: 얼마나 심했는데?
B: 사실, 그것 때문에 헤어졌어. 잠자리에서 달아오르고 있었는데, 그 사람한테 문자가 온 거야. 그랬더니 일어나서 자기 스마트폰을 확인하더라고!
A: 나였으면 엄청나게 화났을 것 같아.
B: 나도 그랬지. 얼마 안 가서 차 버렸어.

too hot to handle

다루기 까다로운, 처치 곤란한

MP3 152

'다루기handle에는 너무 뜨겁다hot'라는 말은 곧 '다루기 아주 까다롭다'라는 뜻임을 알수 있다.

A: Did you see the news about Taiwan?
B: What about it?
A: Gay marriage is legal now.
B: Really?! Is it the first Asian country to legalize it?
A: Yup. It made me wonder why gay marriage isn't legal in Korea yet.
B: It's **too hot to handle**. Most politicians never even mention it.

A: 대만에 관한 뉴스 들었어?
B: 뭔데?
A: 이제 동성 결혼이 합법이래.
B: 정말? 아시아에서 처음으로 합법화한 국가인 거야?
A: 응. 그거 보니까 왜 한국에서는 아직 동성 결혼이 합법화되지 않았는지 궁금해지더라.
B: 너무 까다로운 이슈잖아. 대부분의 정치인은 그거에 대해 언급조차 하지 않아.

여담으로 이 표현을 야한 의미로 활용한 리얼리티 쇼가 있다. 〈Too Hot to Handle〉이라는 제목의 프로그램인데, 여기서의 hot은 '섹시한'이라는 뜻이고, handle은 '성관계하다'라는 의미이다. 즉, '너무 섹시해서 성관계를 갖지 못한다'라는 모순된 발언인 셈이다.

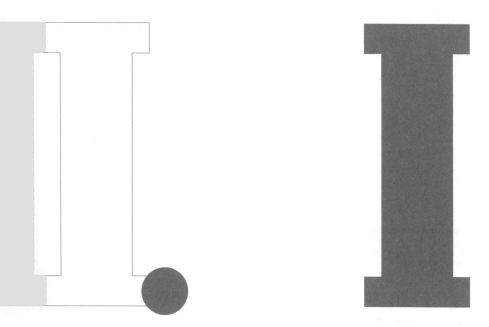

add insult to injury

설상가상으로, 엎친 데 덮친 격으로

MP3 153

직역하면 '상처injury에 모욕insult을 더하다'인데, 한국어에도 "상처에 소금 뿌리기"라는 비슷한 의미의 속담이 있다. **add fuel to the fire***나 **fan the flames****와 뜻은 비슷하지만, add insult to injury는 '사람을 상처 주고 거기에 모욕까지 더하다'라는 의미로 쓴다.

　이 표현은 플라톤이 지은 〈파이드로스 우화〉에서 유래했다. 파리가 대머리 남자의 머리를 물자 남자는 파리를 잡으려고 파리가 있는 자리를 세게 친다. 하지만 파리는 유유히 날아 도망쳐서 남자를 놀린다. "쏘였다고 나를 죽여서 내게 복수하려 했는데, 오히려 상처에 굴욕까지 더해졌으니 이제 어떻게 하실 거요?"(You want to avenge an insect's sting with death; what will you do to yourself, who have added insult to injury?) 이후 1700년대부터 '엎친 데 덮친 격'이라는 뜻으로 쓰이게 되었다고 한다.

A: Why did you bring up the thing about the stocks?
B: What thing?
A: How you made money and I lost money.
B: Oh, that. What about it?
A: You rubbed it in my face when you were right and I was wrong. And then, to **add insult to injury**, you told my friends about it.
B: I really didn't think it was a big deal.
A: I think you did. And deep inside, you know it's true.

A: 너 그 주식 얘기 왜 꺼냈어?
B: 무슨 얘기?
A: 넌 돈 벌고 난 손해 본 거.
B: 아, 그거? 그게 어쨌단 말이야?
A: 네가 옳고 내가 틀렸을 때 넌 그거 갖고 사람 염장을 지른 데다가 설상가상으로 친구들한테도 말했어.
B: 난 그게 진짜 별일 아니라고 생각했어.
A: 넌 분명히 알았어. 속으로는 너도 알아.

★ add fuel to the fire (p. 120) 참고
★★ fan the flames (p. 121) 참고

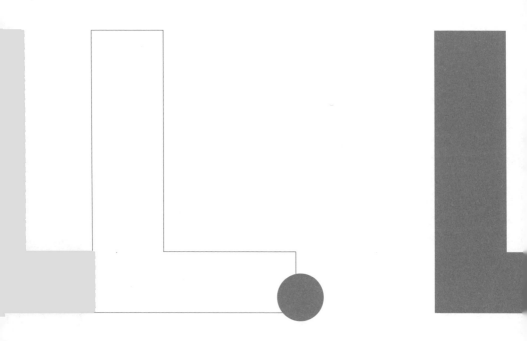

labor of love

보수를 받지 않고 좋아서 하는 일

MP3 154

노동은 노동인데 '사랑love의 노동labor'이므로 '좋아서 하는 일'을 뜻한다. 하지만 '취미 활동'은 labor of love가 아니다. 취미는 일이 아니기 때문이다.

A: Why are you writing an English education book? There's no money in that.

B: I'm not doing it for the money. It's a labor of love.

A: You actually enjoy it?

B: Most of the time, yeah.

A: When do you not enjoy it?

B: When I get writer's block. Especially the examples, they're hard to come up with.

A: 넌 영어 교육책을 왜 써? 돈벌이가 안 되잖아.
B: 돈 때문에 하는 게 아니야. 좋아서 하는 거지.
A: 진짜 즐기는 거야?
B: 대부분은.
A: 언제가 안 즐거운데?
B: 글이 막힐 때. 특히 예문을 생각해 내는 게 힘들어.

✦ 참고 표현: love language (p. 208)

lackluster

신통치 않은, (눈 등이) 흐리멍덩한

MP3 155

'부족'이라는 뜻의 lack, '광택', '윤기'라는 뜻의 luster가 합쳐진 이 단어는 '활기가 없거나 신통치 않은' 상태를 나타내는 형용사로, 흔히 공연이나 발표 등이 별로일 때 쓴다.

A: How was the concert?
B: Eh.
A: Not great?
B: It was lackluster at best. I think she had a cold or something.

A: 콘서트는 어땠어?
B: 어휴.
A: 별로였어?
B: 잘 쳐 줘도 신통치 않았어. 감기였거나 컨디션이 안 좋았나 봐.

Lady Luck

행운의 여신

MP3 156

'행운luck'을 '여성lady'으로 의인화한 표현이다.

Lady Luck is on my side today!
나 오늘 운이 너무 좋다!

Lady Luck smiled on us, and we won the game.
행운의 여신이 우리에게 미소를 지어서 우리가 경기를 이겼어.

Lady Luck was against me. I didn't get promoted.
행운의 여신은 내 편이 아니었어. 난 승진을 못 했어.

Don't blame everything on Lady Luck. You didn't try hard enough.
모든 걸 운 탓으로 돌리지 마. 네가 충분히 노력을 안 했잖아.

　서양에서 행운을 여성으로 의인화한 것은 역사가 깊은데, 로마 시대로 거슬러 올라가면 "포르투나"라고 불린 행운의 여신이 있었다. 과거에는 여자를 비이성적이고 변덕스럽다고 생각했고, 바로 그 점이 '운'의 속성과 비슷하다고 여겼다. 그들은 여자가 변덕스러운 이유가 몸 안에서 자궁의 이동으로 발생하는 '히스테리hysteria'★ 혹은 '발작' 때문이라고 믿었다.★★

★ hysteria 관련 → '추가 학습 노트' 참고
★★ 관련 내용 출처: www.mcgill.ca/oss/article/history-quackery/history-hysteria

landlady / landlord

(땅이나 집의) 주인, 건물주

영국의 봉건제도에서 생겨난 단어들이다. '귀족'을 칭할 때 남자는 lord★, 여자는 lady라고 불렀다. 그 당시 귀족들이 땅을 소유하며 자기 땅을 소작농에게 빌려주었던 데에서 현재의 뜻이 생겼다.

A: Can you help me fix a leaky faucet in my bathroom?
B: I can, but wouldn't it better to call your landlord?
A: She's out of town right now.
B: But you can still call her and ask her to send someone. It's not because I don't want to help. It's just in case something goes wrong.
A: I hadn't thought of that. I'll call her right now.

A: 우리 집 화장실 수도꼭지가 물이 새는데, 고치는 거 도와줄 수 있어?
B: 도울 수는 있는데, 집주인한테 연락하는 게 좋지 않아?
A: 지금 이 도시에 없어.
B: 그래도 전화해서 사람을 불러 달라고 해. 내가 도와주기 싫어서 그런 게 아니라, 혹시라도 일이 잘못될까 봐 그래.
A: 그 생각은 안 해 봤다. 바로 연락할게.

예문에서 알 수 있듯이, landlord는 성 중립적으로 쓰인다. 즉, landlord는 집주인이 남자든 여자든 상관없이 쓸 수 있다. 하지만 landlady는 반드시 여자일 때만 쓴다.

참고로 '빈민가의 집주인'을 slumlord라고 한다. 그런데 꼭 빈민가가 아닌 '악덕 집주인'을 말할 때도 이 단어를 쓴다. 위 예문과 연결해 아래 대화를 살펴보자.

A: I just got off the phone with my landlady. She said it's not her responsibility to fix it.
B: What the hell is she talking about? How is it not her responsibility?
A: According to her, it wasn't like that when I moved in, which means that I caused the problem. So it's my job to fix it.
B: She sounds like a slumlord.★★

A: 방금 집주인랑 통화했어. 수리는 자기 책임이 아니라는군.
B: 어이가 없네. 어떻게 자기 책임이 아니야?
A: 그 사람 말로는, 내가 이사 왔을 때는 안 그랬으니까 내가 문제를 일으킨 거라서 내가 고쳐야 하는 거래.
B: 악덕 집주인 아니야?

★ lord: 기독교의 '신' 또는 '예수'는 Lord로 표기한다.
★★ landlord/landlady는 있어도, slumlady라는 말은 없다.

landlocked

육지에 둘러싸인

MP3 158

'짜맞춘/잠긴locked 땅land'이라는 것에서 '육지에 둘러싸인'이라는 뜻임을 짐작할 수
있다.

A: Did you know that 11.4% of all the countries in the world are
landlocked?
B: Why do you know that, and why are you telling me?
A: I ended up on a Wikipedia page about landlocked countries. And I
thought you'd like to know.

A: 전 세계 11.4%의 나라가 내륙국이라는 사실을 알고 있었어?
B: 넌 그걸 왜 알고 있고, 나한테 그 얘기를 하는 이유가 뭐야?
A: 어떻게 하다가 내륙국에 대해 설명하는 위키피디아 페이지를 보게 됐거든. 혹시 너도 알고 싶을까 봐.

나라뿐만 아니라 주(state)도 landlocked일 수 있다.

A: If I lived near the ocean, I would go to the beach every day.
B: You think that because you've lived in a landlocked state your whole
life. But trust me. The novelty wears off pretty quickly.

A: 바다 근처에 산다면 난 매일 해변에 갈 것 같아.
B: 넌 평생을 육지에 둘러싸인 주에서 살았으니까 그렇겠지. 근데 내 말 들어. 새로움은 금방 시들해져.

larger than life

허풍을 떠는, 과장된

MP3 159

'삶/생명life보다 더 큰larger'이라고 직역해서 의미를 짐작하기가 어려운 표현이다. 누군가를 가리켜 "(성격이) larger than life하다"고 하면 개성이 있어서 남의 이목을 끌거나, 인상적인 면이 있거나, '허풍을 떨고 과장된' 면이 있다는 말이다. 눈에 띄고 활발한 성격이어서 사람에 따라 호불호가 갈릴 수 있지만, 거의 항상 좋은 의미로 쓴다.

A: Why don't you introduce me to your new friend you've been telling me about?

B: I'm a little hesitant. He has a **larger than life** personality. And I know you don't like that, but he has a lot of energy and is a lot of fun.

A: He sounds exhausting to be around.

B: Yes and no. I wouldn't want to live with him, but a night out together? That's a good night.

A: You've piqued my curiosity. I want to meet him.

B: Okay, I'll set up a dinner.

A: 네가 계속 이야기하는 새로운 친구를 왜 소개해 주지 않는 거야?

B: 좀 망설여져. 걔가 성격이 많이 활발하고 허풍이 좀 심한데, 넌 그런 성격 별로 안 좋아하잖아. 하지만 에너지가 넘치고 아주 재미있는 사람이야.

A: 어울리기 피곤한 타입 같아.

B: 그렇기도 하고 아니기도 하고. 같이 살고 싶은 사람은 아닌데, 하룻밤 같이 노는 걸로는 아주 좋아.

A: 호기심이 자극되는걸. 만나 보고 싶어.

B: 그래. 저녁 식사 자리를 마련해 볼게.

lay it on the line

까놓고 말하다/밝히다

직역하면 '그것을 선^{line} 위에 두다^{lay}'인데, 상대방이 듣기 싫어할 소식, 제안, 이야기 등을 말하기 직전에 쓴다.

A: I want a snack.
B: How about a fruit salad?
A: I was thinking more like fried chicken.
B: I don't know if I would call that a "snack."
A: Well, I would. Should I order one or two chickens?
B: I'm going to **lay it on the line**. Your eating is out of control. You're eating yourself to death.

A: 나 간식 먹고 싶어.
B: 과일 샐러드 어때?
A: 난 치킨이 더 당기는데.
B: 그걸 간식이라고 할 수 있나?
A: 나한테는 간식이야. 한 마리 시킬까 두 마리 시킬까?
B: 그냥 대놓고 말할게. 너 너무 많이 먹어. 그렇게 먹다가는 죽는다.

참고로 무언가가 be on the line이면 '위태롭다'는 뜻이다.

A: Do you think they'll be able to finish construction on time?
B: They have no choice. Their reputation **is on the line**.

A: 그들이 기한에 맞춰 공사를 끝낼 수 있을까?
B: 그럴 수밖에 없지. 자기네 명성이 걸려 있어.

I have to find more clients. Otherwise, my job will **be on the line**.
클라이언트를 더 찾지 못하면 난 해고될 거야.

We have to stage an intervention.★ His life **is on the line**.
우리가 개입해야 해. 쟤 목숨이 위태로운 상태야.

★ intervention: 마약이나 알코올 중독 등 다양한 문제에 대한 상담/개입. 가족과 친구들이 모여 중독자에게 도움을 주는 행동 계획/절차 (유튜브에서 여러 영상 참고 가능)

let loose

풀어 주다
마음대로/제멋대로 (하게) 하다, 전권을 주다, (말을 마구) 내뱉다

MP3 161

'느슨하게loose 해 주는let 것'은 '(자유롭게) 풀어 주다'라는 뜻이다. 강아지가 맘껏 뛰어놀 수 있게 목줄을 풀어 주는 상황을 떠올려 보자.

A: I wish there were more places in Seoul where we can let our dogs off the leash.
B: That's one of the main reasons I got a car.
A: What does a car have to do with it?
B: Every weekend I go to the countryside with my husky to let him loose and run around.

A: 서울에 강아지 목줄을 풀어 줄 수 있는 데가 더 많았으면 좋겠어.
B: 그게 내가 차를 산 가장 큰 이유지.
A: 그게 차랑 무슨 상관이야?
B: 난 주말마다 허스키를 데리고 교외로 가서 맘껏 뛸 수 있게 풀어 줘.

또한 자유롭게 풀어 준다는 것은 '전권을 주거나, 폭주하듯이 말을 내뱉거나, 걱정을 다 잊어버리고 실컷 노는' 등 다양한 의미로 해석할 수 있다.

A: I feel suffocated in this company. My boss needs to let me loose and let me do my own thing.
B: Good luck with that. He's afraid you'll outshine him.

A: 나 이 회사에서는 질식할 것 같아. 내 방식대로 할 수 있게 상사가 좀 풀어 놔 주면 좋겠어.
B: 잘 되길 바라. 그 사람은 네가 자기보다 두각을 나타낼까 봐 걱정하고 있는 거야.

A: Can I stay at your place? I had a big fight with my wife.
B: Sure you can stay. But did you try talking to her?
A: You know her. Once she gets started, she's like a machine gun. She lets loose a torrent of complaints.
B: I don't want to pick sides, but if she has that much to complain about, you're probably in the wrong.

A: 너희 집에서 자도 돼? 와이프랑 한바탕 했거든.
B: 당연히 되지. 그런데 와이프랑 대화는 해 봤어?
A: 너도 알지? 그 사람 한번 시작하면 따발총인 거. 불평이 폭주해.
B: 누구 편드는 건 아닌데, 너희 와이프가 그렇게 불평을 쏟는다면 아마 네가 잘못을 했겠지.

A: I thought that running my own company would be easier than being an employee. Boy, was I wrong.
B: When was the last time you had a day off?
A: I don't even remember. Let's go out tonight. I need to **let loose**.

A: 내 회사를 운영하는 게 남 밑에서 일하는 것보다 더 쉬울 거라 생각했는데, 내 생각이 틀렸어.
B: 너 마지막으로 쉰 게 언제야?
A: 기억도 안 나. 우리 오늘 술 마시자. 자유롭게 좀 놀아야겠어.

---

lie low

(조용히) 숨어 지내다, 남의 눈에 띄지 않게 하다

MP3 162

'낮게low 누워lie' 있으면 남의 눈에 잘 띄지 않는다. '잠시 사라져서 숨어 지내는' 것인데, 흔히 스파이나 사기꾼과 같은 범죄자들이 lie low한다.

A: I've always wondered if the police would be able to catch me if I murdered someone.
B: Why on earth have you been thinking about that?
A: Just out of curiosity. Most people get caught because they have a motive or a pattern. But what if I killed randomly?
B: I'm sure a pattern would develop once you start killing.
A: But say I kill a homeless person. And then I would **lie low** for a while and then kill someone else in a different city?
B: Uh, I guess that could work. I think you've been watching too many crime dramas.

A: 내가 누구를 죽이면 경찰이 과연 나를 잡을 수 있을지가 난 항상 궁금했어.
B: 대체 그런 생각은 왜 해?

A: 그냥 궁금해서. 대부분은 동기나 범행 패턴 때문에 걸리잖아. 그런데 무작위로 사람을 죽인다면?

B: 살인하기 시작하면 패턴이 생기겠지.

A: 예를 들어, 내가 노숙자를 죽였어. 그리고 한참 동안 사라졌다가 다른 도시에서 또 다른 사람을 죽이면?

B: 어, 그러면 안 걸리겠지? 넌 범죄 수사물을 너무 많이 보는 거 같아.

참고로 lie low가 아니라 lay low로 쓰는 경우가 많은데, 이것은 **틀린** 표현이다. lie는 '눕다'란 뜻의 동사로 lie–lay–lain으로 형태가 변한다. lay는 '놓다/두다'라는 뜻의 동사로 변화형은 lay–laid–laid이다. 미국인도 lie와 lay를 헷갈려서 잘못 쓸 때가 많다. 각각의 예문을 보면서 두 동사의 형태 변화를 확실하게 익히자.

lie — lay — lain	I love to lie in bed all day.
	나는 하루 종일 침대에 누워 있는 걸 좋아해.
	I lay in bed all day yesterday.
	나는 어제 하루 종일 침대에 누워 있었어.
	I've lain in bed all day today.
	나는 오늘 하루 종일 침대에 누워 있었어.

lay — laid — laid	Lay the baby on the floor.
	아기를 바닥에 내려 놔.
	I laid the baby on the floor.
	나는 아기를 바닥에 놨어.
	I've laid the baby on the floor many times.
	나는 아기를 바닥에 놓은 적이 여러 번 있어.

lifelike

실물과 똑같은, 살아 있는 듯한

MP3 163

life에는 '생명', '살아 있는 것'라는 뜻뿐만 아니라 '실물'이라는 뜻이 있고, like에는 '같은', '닮은'이라는 뜻이 있다. 그림, 조각상, CG로 만든 이미지 등이 실물과 너무 똑같고 살아 있는 것처럼 보일 때 쓴다.

[Text message]

A: Hey, I just uploaded some of my new paintings on my Insta. Would love to hear what you think about them.

B: I'll check it right now. Exciting!

[...]

B: Wow, it's vibrant. And it's so **lifelike** that I feel like I can almost touch it.

A: Thanks! That's what I was going for!

[문자]

A: 내가 방금 인스타에 새로 그린 그림을 올렸거든? 한번 보고 감상 좀 말해 줘.

B: 지금 볼게. 기대된다!

[…]

B: 강렬하다. 진짜 같아서 만질 수 있을 것 같은데?

A: 고마워! 그걸 노린 거야!

lifeline

구명 밧줄
생명줄

MP3 164

'목숨life 줄line'이라는 말 그대로 생명을 지키는 줄이므로 '구명 밧줄'을 뜻하는 단어다.

You should always clip on the **lifeline** to your life jacket when you're on a boat.

배에 타면 구명 조끼에 반드시 구명 밧줄을 걸도록 해.

그런데 일상에서는 이 뜻으로는 거의 쓰지 않고 보통은 '생명줄'이라는 비유적인 뜻으로 쓴다.

A: Hey guys, I have to go home.
B: It's only 10!
A: My curfew is at 11.
B: Can't you go home a little past your curfew just this one night?
A: I really can't. They're gonna take away my allowance if I do.
B: Oh, okay. We get it. That's your lifeline. What can you do?
A: Yeah. See you later.

A: 얘들아, 난 집에 가야 돼.
B: 10시밖에 안 됐는데?
A: 통금 시간이 11시야.
B: 오늘 하루만 좀 늦게 가면 안 돼?
A: 진짜 안 돼. 그랬다간 용돈을 안 주실 거야.
B: 아, 그렇군. 알겠어. 네 생명줄인데 할 수 없지.
A: 응, 다음에 봐.

lifelong

평생의, 일생 동안의

MP3 165

직역하면 '삶life의 오랫동안long'인 이 형용사는 lifelong+명사 패턴으로 쓴다. 아래 예문을 보면 알 수 있듯이 아주 다양한 상황에 쓸 수 있다.

Losing weight has been a lifelong problem for him.

저 친구의 평생 고민은 살 빼는 거야.

Do you have a **lifelong goal?**
넌 평생의 목표가 뭐야?

She's Hindu, so she's been a **lifelong vegetarian.**
쟤는 힌두교인라서 태어나서 한 번도 고기를 먹은 적이 없어.

My grandpa and his neighbor are **lifelong friends.** They met in elementary school and still hang out together every day.
우리 할아버지와 옆집 분은 평생 친구셔. 초등학생 때 만나서 아직도 매일 만나셔.

live and learn

살면서 그럴 수 있다, 살다 보면 여러 가지를 배운다

MP3 166

직역하면 '살고live 배운다learn'이므로, 맥락에 따라 '살면서 그럴 수도 있지'라고도 해석한다. 예를 들어, 실수한 사람에게 다음부터 같은 실수를 반복하지 않으면 된다고 위로할 때 쓸 수 있다.

A: I messed up big time.
B: **Live and learn.** Just don't do it again.
A: That's good advice. I'm just gonna put it out of my mind.

A: 나 진짜 큰 실수를 했어.
B: 살면서 그럴 수도 있지. 다음에는 그런 실수 안 하면 되잖아.
A: 훌륭한 충고다. 그냥 잊어야겠어.

live *one's* life

(~의) 삶/인생을 살다

MP3 167

'~의 인생life을 살다live'라는 이 표현은 영화에서 많이 들을 수 있다. 예를 들어, 병에 걸려서 죽어 가는 환자가 배우자에게 "Go live your life."라고 말하는 장면인데, 이 짧은 문장은 "그동안 내 병 간호하느라 너무 고생했지? 이제부터는 당신 하고 싶은 거 다 하면서 당신 인생을 살아"라는 말이다. 이처럼 live *one's* life는 전에 하고 싶었지만 못했던 것을 한다는 것을 나타낸다.

You don't need to worry about everyone so much. Go live your life.
다른 사람들 걱정은 그렇게 안 해도 돼. 네 삶을 살아.

I think my parents are happy I moved out. They can finally live their lives.
내가 이사 나가니까 우리 부모님이 좋아하시는 거 같아. 드디어 두 분하고 싶은 대로 다 하실 수 있어서.

The best part of breaking up is that I can live my own life.
이별의 가장 좋은 점은 내가 살고 싶은 대로 살 수 있다는 거야.

명령·지시할 때는 첫 번째 예문처럼 앞에 go를 넣을 수 있다. 두 번째 예문에서는 parents가 복수라서 life 또한 복수형인 lives로 썼다. 세 번째 예문의 own은 특별한 의미가 있다기보다 '자기' 인생임을 강조하는 것이다.

하고 싶었지만 못했던 걸 하기보다 '인생을 완전히/충분히 즐기다'라는 의미를 나타내고자 할 때는 live life to the fullest를 쓴다. 같은 의미로 더 많이 쓰이는 표현은 carpe diem인데, 종종 두 표현을 나란히 쓰기도 한다.

A: I have a coupon for skydiving. It's half price. Do you want to go?
B: Oh, no thanks... Skydiving is a little too dangerous for me.
A: That's exactly why people do it. It's exciting!
B: It's not really for me.

A: You really should try new things more. **Live life to the fullest. Carpe diem!**

A: 나 스카이다이빙 쿠폰이 있는데, 반값에 할 수 있어. 같이 갈래?
B: 아니, 난 됐어. 내가 봤을 때 스카이다이빙은 좀 위험한 것 같아.
A: 그래서 사람들이 하는 거지. 신나잖아!
B: 별로 내 스타일 아니야.
A: 너도 새로운 걸 더 해 보는 게 좋아. 인생을 즐겨야지. 카르페 디엠!

get a life라는 표현도 알아 두자. live *one's* life나 live life to the fullest는 진지하게 건네는 말이지만, **get a life**는 명령문으로 써서 "인생 좀 따분하게 살지 매"라고 농담처럼 건네는 말이다. 본인은 빈둥거리는 백수면서 열심히 일하며 사는 친구에게 "맨날 일만 하면서 지루하게 살지 말고 다른 재밌거리도 찾아서 인생을 좀 즐겨!"라고 말하는 것 같은 상황에 쓴다.

[On the phone]
A: Hey! Long time no talk!
B: I know! It's been almost a year!
A: What have you been up to?
B: Actually, I've been quite busy. I started my own restaurant, and we recently opened up two new branches.
A: Jesus! **Get a life!** I've been unemployed all year.
B: Oh, okay. Sounds like I need to get my life in order.*

[통화 중]
A: 야! 오래간만이다!
B: 그러게! 거의 일 년 됐네!
A: 어떻게 지냈어?
B: 사실 좀 바빴어. 식당을 차렸는데, 최근에 지점 두 곳을 새로 오픈했거든.
A: 세상에! 넌 왜 그렇게 재미없게 사냐? 난 올해 내내 백수였어.
B: 아이고, 그러네. 내 인생을 좀 정리할 필요가 있는 것 같아.

물론, 상대를 모욕하는 의도로도 get a life를 쓴다. 이때는 맥락에 따라 자연스럽게 해석하면 된다.

Get a life! Do something useful for once.
할 게 없어도 그렇게 없나? 한 번이라도 뭔가 도움이 되는 일을 해 보라고.

He needs to **get a life**.

쟤는 정신 좀 차려야 해.

★ get *one's* life in order보다 get *one's* shit together를 더 자주 쓴다.

living legend

살아 있는 전설(적인 인물)

MP3 168

누구나 알 만한 living legend로는 농구계의 마이클 조던, 골프계의 타이거 우즈, 축구의 리오넬 메시, 이스포츠의 페이커 등이 있다. 스포츠뿐만 아니라, 어떤 분야에서든 '전설legend'로 인정받는 '생존living' 인물을 가리키는 표현이다.

A: Do you remember when he won the Oscar for Best Director?
B: Of course. Why do you ask?
A: It made me think that he may well be on his way to becoming a **living legend**.
B: I think he already is. He won an Oscar! Actually, several of them!
A: You know, the Oscars isn't some holy grail. I mean, it is, but it shouldn't be. People care so much more about the Oscars just because it's American.

A: 그 사람이 오스카 감독상 받은 거 기억나?
B: 당연하지. 왜?
A: 그걸 보면서 그가 살아 있는 전설의 반열에 오르는 중이라는 생각이 들었어.
B: 이미 전설이지 않아? 오스카상을 탔잖아! 그것도 여러 개나!
A: 야, 오스카상이 성배는 아니지. 아니, 다들 그렇게 생각하지만, 그래선 안 돼. 오스카상이 미국에서 주는 거다 보니 사람들이 지나치게 높게 평가하는 것 같아.

long-lost

오랫동안 보지 못하거나 소식을 듣지 못한

MP3 169

'오랫동안long 놓친/잃어버린lost'는 것은 '오랜 기간 만나거나 소식을 전해 듣지 못한'이라는 뜻이다.

A: Hey, did you hear about the story about the long-lost twin sisters who were separated at birth and found each other online twenty-five years later?

B: That's interesting. But not to nitpick, but, technically, they weren't long-lost. They were separated at birth, so they'd never met.

A: I think you're missing my point. It's just a cool story.

A: 야, 오랜 세월 서로 만나지 못했던 쌍둥이 자매 이야기 들었어? 태어났을 때부터 헤어져서 25년 뒤에 온라인에서 서로를 찾았대.

B: 신기하네. 그런데 꼬투리 잡으려는 건 아닌데, 엄밀히 말해서 오랫동안 만나지 못했던 건 아니지. 태어났을 때부터 헤어졌으니까 만난 적이 없는 거잖아.

A: 넌 내 말의 요점을 잘못 짚은 것 같아. 그냥 멋진 이야기라고.

love language

사랑의 언어

MP3 170

'사랑을 표현하는 방식'을 의미하는 바유적 표현이다. 작가 게리 채프먼이 만든 말은 아니지만, 1992년에 출간된 그의 책 〈5가지 사랑의 언어〉를 통해 지금은 누구나 아는 표현이 되었다. 이 책에서 말하는 다섯 가지 사랑의 언어는 아래와 같은데, 사람마다 애정을 표현하는 방식이 다르기 때문에 개개인의 사랑의 언어가 무엇인지 아는 게 중요하다.

words of affirmation 인정하는 말

quality time 함께하는 시간

receiving gifts 선물

acts of service 봉사

physical touch 스킨십

A: What is your **love language**?

B: I think mine is acts of service. I like to do things for people I love.

A: Such as?

B: Mostly cooking.

A: So like a mom?

B: Oh, yeah. I'm a mom in the body of a 30-year-old man.

A: 너의 사랑의 언어는 뭐야?

B: 나는 '봉사'인 것 같아. 난 사랑하는 사람들에게 뭘 해 주는 걸 좋아해.

A: 예를 들어?

B: 대개의 경우, 맛있는 걸 요리해 주지.

A: 마치 엄마처럼?

B: 아, 그래. 난 서른 살 남자 몸을 가진 엄마야.

✦ 참고 표현: labor of love (p.192)

---

on *one's* last legs

고장 나기 직전의, 거의 망가진, 기진맥진한, 다 죽어 가는

MP3 171

험한 산을 올라갔다가 내려올 때 거의 '마지막last' 즈음이 되면 보통은 너무 힘들어서 '다리legs'가 후들거리게 된다. 이런 상황과 연결하면 뜻을 기억하기 쉽다.

A: Let's get a new couch.

B: Why? It's fine.

A: No, it's not. The sofa is **on its last legs**. I can feel the spring poking me when I sit down.

B: You're exaggerating. I don't feel anything.

A: That's because you have more meat on your butt than I do.

A: 우리 소파 새로 사자.

B: 왜? 멀쩡한데.

A: 멀쩡하긴? 거의 수명이 다해 가는데. 앉으면 스프링이 엉덩이를 찌르는 게 느껴져.

B: 오바하기는. 나는 아무것도 못 느끼겠는데.

A: 그건 나보다 네 엉덩이가 더 살쪄서 그래.

the law of the land

국법

MP3 172

'그 땅land의 법law'이라는 말 그대로의 의미이다. the law of this country라고도 표현할 수 있지만, 두운을 이루기 위해 land를 쓴다.

A: Is there anything that you haven't gotten used to about living in Korea?

B: In this country, you have to separate your recycling into different categories and throw them out in separate bags.

A: And what happens if you don't separate them?

B: I was told I would be fined.

A: But how would they track you down?

B: No idea, but I'm a law-abiding citizen, and I follow the law of the land.

A: 한국에서 살면서 아직 적응 못 한 게 있어?

B: 이 나라에서는 쓰레기를 분리수거해서 별도의 봉지에 버려야 해.

A: 분리수거 안 하면 어떻게 돼?

B: 과태료를 문다고 들었어.

A: 하지만 그 쓰레기가 우리 집 건지 어떻게 찾아내?

B: 몰라. 하지만 난 법을 준수하는 시민이니까 이곳의 법을 지키는 거야.

✦ 참고 표현: the lay of the land (p. 211)

the lay of the land

형세, 상황

MP3 173

말 그대로 해석하면 '땅land의 지형lay'이다. 이 뜻으로도 쓰긴 하지만, 일상에서는 거의 항상 '형세'나 '상황'을 나타내는 표현으로 쓴다. 무엇을 어떻게 할지 판단하기 위해서는 주변 상황부터 파악해야 한다고 할 때 자주 쓰는 표현이다.

As you know, I'm new to this job. Would you please explain to me the basics first so that I can get **the lay of the land**?
알다시피, 저는 이 업무가 처음이에요. 제가 상황을 파악할 수 있게 먼저 기본적인 것부터 설명해 주시겠어요?

✦ 참고 표현: the law of the land (p. 210)

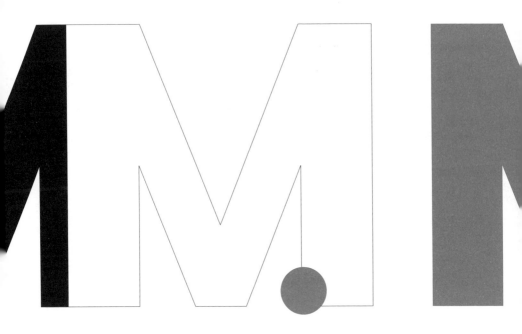

make mountains out of molehills

(작은) 일을 크게 너무 생각하다/만들다, 너무 걱정하다

MP3 174

두더지가 파서 만든 '흙 두둑molehill으로 산mountain을 만드는make' 것은 '별거 아닌 일을 크게 확대해서 걱정하는' 것을 나타내는 표현이다.

A: Hey, honey. I'm home.

B: Where were you?

A: I met up with David.

B: Your ex-boyfriend David?

A: Yeah, he found my bracelet at his house and wanted to give it back to me.

B: You shouldn't have gone to see him. Or you should've asked me to go with you.

A: We met up on the platform of a subway station! It's no big deal.

B: Don't tell me what's not a big deal. When you're in a relationship you need to tell each other these things.

A: You're making a mountain out of a molehill. We said, "hello," he gave me my bracelet, and then I got back on the next train. The whole thing lasted about five minutes in a public place.

B: Then why didn't you tell me you were going?

A: It was very last minute.

B: Fine. Just tell me next time.

A: 자기야, 나 왔어.

B: 어디 갔다 온 거야?

A: 데이비드 만나고 왔어.

B: 네 전 남자친구 데이비드?

A: 응, 집에서 내 팔찌를 찾았대. 그걸 돌려주고 싶다고 해서.

B: 그 놈을 만나지 말았어야지. 아니면 나한테 같이 가자고 물어봤던가.

A: 우린 지하철역 승강장에서 만났어! 별거 아니야.

B: 뭐가 별거 아니야? 애인 사이에선 이런 얘기를 해 줘야 하는 거야.

A: 너 지금 별일도 아닌 걸 너무 크게 만들고 있어. 우린 서로 인사하고, 팔찌 받고, 난 다음 열차를 탔어. 공공장소에서 5분 정도만에 끝난 일이라고.

B: 그럼 간다는 얘길 왜 안 했어?

A: 너무 갑작스럽게 일어난 일이었어.

B: 그만하자, 다음에는 알려 줘.

mastermind

(복잡한 계획을 짜고 조종하는) 지도자/기안자/조종자
(범죄, 전략 등을 계획하고) 지휘하다/조종하다

MP3 175

'대가', '마스터'라는 뜻의 master와 '정신', '생각'이라는 뜻의 mind가 합쳐진 단어 mastermind는 명사뿐 아니라 동사로도 쓰이며, 긍정적인 의미로 쓸 때는 '(~의) 천재/달인/대가', '계획을 세우고 지휘하다'라는 식으로 해석하면 자연스럽다.

She's a financial mastermind. She knows how to play the stock market.
저 사람은 금융 천재야. 주식 투자를 진짜 잘해.

He **masterminded** the whole plan.

그 사람이 계획을 다 짜고 지휘했지.

그러나 많은 경우, '치밀하고 복잡한 범죄를 계획하다/주도하다' 또는 그 '주모자'라는 부정적인 의미로 쓰인다. 그래서 mastermind of the scheme(책략의 흑막/배후)와 같은 표현을 많이 쓴다.

A: You know what's annoying about the news in Korea? They never show the face of the perpetrator.
B: Yes! What's up with that? They always show the face in the States.
A: There was one exception. Remember the Nth Room case?
B: Is that the one where he blackmailed girls via Telegram?
A: Yeah, they showed the face of the **mastermind** behind the whole scheme.

A: 한국 뉴스의 짜증나는 점이 뭔지 알아? 가해자 얼굴을 절대로 안 보여 줘.
B: 맞아! 왜 그러는 거야? 미국에서는 항상 얼굴을 공개하는데.
A: 예외가 하나 있긴 했지. N번방 사건 기억나?
B: 텔레그램으로 여자들을 협박했던 사건인가?
A: 응. 그 책략을 배후에서 주도한 범죄자의 얼굴을 공개했어.

meet *one's* maker

죽다, 죽음을 맞이하다

MP3 176

사람이 '죽으면' 자기를 만든 '신maker을 만나게meet' 된다는 종교적 믿음에 기반한 표현이다. 여기서 maker는 '창조주', '조물주'를 의미하는데 왜 대문자 M을 쓰지 않는지 궁금할 수 있다. 미국 사전에서는 소문자, 영국 사전에서는 대문자로 쓰는데, 표기 차이에 큰 의미를 둘 필요는 없어 보인다. (이 책에서는 항상 미국식으로 쓴다.)

그런데 meet the devil이라고는 하지 않는 걸 보면, 아무리 나쁜 사람이라도 죽어서는 모두 천국에 간다고 착각하거나 하고 싶어 하는 것 같다.

A: How's your grandmother doing?
B: Not too well. The doctor said she has about a month left.
A: Oh, no...
B: It's time for her to **meet her maker**.

A: 너희 할머니께서는 좀 어떠셔?
B: 별로 안 좋으셔. 의사 말로는 한 달 정도 남으셨대.
A: 저런.
B: 때가 되신 거지.

종종 농담으로 사람이 아니라 '물건'에도 쓴다.

A: You need a new TV.
B: Not yet. I'll get a new one when it really stops working.
A: It's already gone to **meet its maker**. You need to pull the plug.★

A: 너 TV 새로 사야겠다.
B: 아직 아냐. 진짜로 고장 나면 새로 사려고.
A: 이미 맛이 갔어. 이제 그만 보내 줘.

✦ 참고 표현: pull the plug (p. 249)

method to *one's* madness

(이상해 보여도) 자기만의 방식이 있다

MP3 177

'(누군가의) 광기madness로 향하는 방식/체계method'라고 직역해도 이 표현의 의미를
이해하는 데 무리가 없다. 흔히 there's a method to *one's* madness라고 한다.

A: I don't understand how my husband is so bad at doing housework.
B: Do you redo it every time or something?
A: No, I mean, the house gets clean, but the way he does it is so inefficient.
B: I guess he has a **method to his madness**.
A: Oh, he's mad all right.

A: 우리 남편은 어쩜 그렇게 집안일을 못하는지 모르겠어.

B: 매번 네가 다시 해?

A: 그런 건 아냐. 집이 깨끗해지기는 하는데, 너무 비효율적으로 해.

B: 자기만의 방식이 있나 보네.

A: 있긴 있지.

예문에서 B의 마지막 말은 앞에 나온 **madness**와 연결한 말장난이다. 해석에는 "있긴 있지"로 의역했는데, 농담으로 '진짜 미치긴 했지'라는 의미로 말한 것이다.

middleman

중개인, 중간 상인

MP3 178

'중개middle 사람man'이라고 직역해도 이 단어의 뜻을 짐작할 수 있다. '중개인'이 낄수록 단가도 확 뛰기 때문에 많은 사람이 중개인을 거치고 싶어 하지 않는다. 그래서 말할 때 middleman과 동사 cut out을 함께 쓰는 경우가 많다.

A: How much do you spend on dog food?

B: A little less than 50 a month.

A: 50 dollars? How do you get it for that cheap? Your dog's so big he must eat a lot.

B: My friend introduced me to a wholesaler.

A: Ah, you **cut out the middleman**.

B: Mmhmm, I can't ever go back to paying retail price.

A: 너 강아지 사료에 얼마 써?

B: 한 달에 50달러 조금 안 돼.

A: 50달러? 어떻게 그렇게 싸게 사? 너희 개는 엄청 커서 많이 먹을 텐데.

B: 친구가 도매상을 소개해 줬어.

A: 아, 중간 상인을 건너뛰었구나.

B: 응. 다시는 소매가격으로는 못 살 것 같아.

mind over matter

정신력에 달린 문제, 정신/마음이 몸을 지배함

MP3 179

matter에는 '문제', '사정'이라는 뜻뿐 아니라 '물질'이라는 뜻이 있고, mind는 '마음, 정신(력)'이라는 뜻을 갖는다. 직역하면 '문제/물질을 뛰어넘는 정신'으로, 맥락에 따라 다양하게 해석할 수 있다.

[Doing a strenuous exercise]

A: Oh, my God! This hurts! It's too much.
B: You can do it. Push yourself.
A: No, I can't. I need to stop.
B: Mind over matter! Just two more!

[격렬한 운동을 하는 중]
A: 아, 아, 아파요! 너무 힘들어요.
B: 할 수 있어요. 힘을 내세요.
A: 못 해요. 그만할래요.
B: 정신력으로 극복하세요! 두 개만 더!

---

mob mentality

군중심리

MP3 180

'군중/무리mob의 사고방식mentality', 즉 '군중심리'를 뜻한다. herd mentality라고도 한다.

[On a plane that has just landed]

A: Why are you getting up?
B: To get our luggage.

A: But we're in the last row. It'll be at least ten minutes before we can get off the plane.

B: But everyone else is doing it.

A: That's classic **mob mentality**. Just because everyone else is doing doesn't mean you have to.

[막 착륙한 비행기에서]

A: 왜 일어나는 거야?

B: 짐 꺼내려.

A: 우린 맨 마지막 줄인데? 비행기에서 내리려면 적어도 10분은 걸릴 텐데.

B: 하지만 다른 사람들은 짐을 내리고 있어.

A: 전형적인 군중심리야. 남들이 다 한다고 해서 너도 꼭 해야 하는 건 아니지.

이러한 군중심리는 사람들이 실제로 모여 있는 장소에서만 발현되는 것이 아니다. 어느 지역에 호재가 있다고 하면 일대 땅이나 아파트, 빌라 등을 마구잡이로 사들이는 부동산 투자 광풍 또한 주변에 자극 받아 선동된 군중심리에서 비롯된 것이기도 하다.

A: Do you wonder how long real estate prices are gonna go up in Seoul?

B: That thought has crossed my mind. Why do you ask?

A: It doesn't seem to end. Perhaps I made a mistake not investing in it.

B: It's gonna have to come down at some point.

A: Of course. All this speculation is driven by **mob mentality**. But it keeps going up and up.

B: If only we knew for how long.

A: 서울 부동산 가격이 언제까지 오를까 궁금하지 않아?

B: 생각해 본 적 있지. 그건 왜 물어?

A: 끝이 없어 보여서. 내가 투자를 안 한 게 실수인가 싶어.

B: 언젠가는 떨어지겠지.

A: 당연하지. 이 모든 투기는 군중심리에 휩쓸린 거니까. 그런데 부동산 가격은 계속 오르고 있어.

B: 언제까지 오를지 알면 좋겠다.

moneymaker

돈벌이가 되는 사람/제품/행동

MP3 181

직역하면 '돈money을 만드는 사람/제품maker'으로, cash cow와 비슷한 의미인데, moneymaker는 사람 또는 행동일 수도 있다는 것에서 차이가 있다. 예를 들면, '돈을 잘 버는 투자자'는 moneymaker이고, 그 사람이 투자해서 '안정적인 수익을 창출해 내는 수익원'은 cash cow다.

A: We need to talk about Mom and Dad.
B: Yes, we do. They can't continue doing manual labor anymore.
A: I agree. They should retire.
B: Since they own the house, they should be okay with a monthly allowance.
A: I'll do that, and you can contribute what you can.
B: Why you? Shouldn't we go 50/50?
A: I'm the moneymaker in the family. And you have no talent for making money.
B: Thanks for understanding. Maybe one of these days, I'll become a famous painter.

A: 엄마 아빠에 관해 얘기 좀 하자.
B: 그래야지. 계속 힘들게 일하시면 안 돼.
A: 나도 동의해. 은퇴하시는 게 나을 것 같아.
B: 집은 있으시니까, 다달이 용돈만 드리면 되지 않을까?
A: 그건 내가 할게. 넌 네가 보탤 수 있는 만큼만 드려.
B: 왜 형이 다 해? 반반씩 해야지.
A: 우리 가족 중에서 내가 돈을 잘 벌잖아. 그리고 넌 돈 버는 재능이 없고.
B: 이해해 줘서 고마워. 언젠간 나도 유명한 화가가 되겠지.

참고로 미국 영화나 드라마를 보면 종종 등장인물이 자기 얼굴이나 엉덩이를 가리켜 "moneymaker"라고 하는 걸 들을 수 있다. 본인이 잘생겼다고 하거나 신체의 특정 부위가 유난히 예쁘다고 농담할 때 쓴다.

A: It's really sunny out. You should wear sunglasses.

B: Thank you, no. I don't want to cover up my moneymaker.

A: 밖에 완전 눈부셔. 선글라스를 쓰는 게 좋겠어.

B: 고마워, 근데 싫어. 이 잘생긴 얼굴을 가리고 싶지 않아.

[At a club dancing with friends]

Shake your moneymaker!

[친구들과 클럽에서 춤추는 중]
엉덩이 흔들어 봐!

✚ 참고 표현: cash cow (p. 63)

muscle memory

머슬 메모리, 근육기억

MP3 182

'근육muscle기억memory'이란 어떤 동작을 반복해서 연습하다 보면 나중에는 근육이 기억해서 그 동작을 저절로 할 수 있게 되는 현상을 말한다. '몸이 기억하다'라는 의미를 나타내는 명사 표현이라고 할 수 있다.

A: How are you playing the piano without looking at the keys?

B: It's not me. It's my fingers playing.

A: And you're talking to me at the same time!

B: It's all muscle memory. I've practiced this piece so much that I can play it in my sleep.

A: 피아노 건반을 보지도 않고 어떻게 치는 거야?

B: 내가 하는 게 아니라 손가락이 치고 있는 거야.

A: 게다가 동시에 나랑 말도 하면서!

B: 몸이 기억하는 거지. 연습을 엄청 많이 한 곡이라 눈 감고도 칠 수 있어.

연습을 통해 근육에 각인된 기억으로 특정 신체 활동을 잘할 수 있게 되는 것처럼, 근육인 혀도 단련할 수 있다. 모국어를 말할 때 문법이나 억양 등을 신경 쓰지 않아도 자연스럽게 나오는 이유는 자라면서 쌓인 수많은 연습의 결과이다. 외국어인 영어를 습득할 때도 꾸준한 반복 연습이 필요하다. 언어 교환 또는 개인 과외 도중에 영어 원어민과 나눈 대화를 적은 후 상대방에게 녹음을 부탁하라. 그 녹음을 매일 20번 읽고, 듣고, 따라 말하자. 이렇게 연습하다 보면 혀가 기억하게 되면서 어느새 자연스럽게 영어로 말할 수 있게 될 것이다.

the meat of the matter

문제/사건의 핵심

MP3 183

meat에는 '고기'라는 뜻 말고도 '요점', '골자'라는 뜻도 있다. 이 표현의 meat를 '고기'라는 뜻으로 생각해도, 서양 상차림에서 일반적으로 메인 요리가 고기라는 것을 떠올리면 뜻을 짐작할 수 있을 것이다.

A: Look what I got. It's a book on dog training written by that guy on TV.
B: But you watch his show every week. What more is there to learn?
A: You know, just in case I missed something.
B: Is it good?
A: Eh. I'm just flipping through it to get the meat of the matter. The rest is just filler.
B: Like what?
A: His childhood, his career, stuff I don't give a crap about.

A: 내가 뭘 샀는지 봐 봐. 지금 TV에 나오는 남자가 쓴 강아지 훈련서야.
B: 그런데 넌 저 사람 방송을 매주 보는데 더 배울 게 있어?
A: 혹시라도 놓친 게 있나 해서.
B: 책은 어때?
A: 별로⋯. 훑어보면서 핵심만 파악하려고. 나머지는 그냥 분량 채우기 용이네.
B: 예를 들어?
A: 자기 어린 시절 이야기, 경력 등 내 관심사가 아닌 것들.

the more, the merrier

많을수록 좋다, 다다익선

MP3 184

직역하면 '더 많을more 수록 더 즐겁다merrier'로, 같은 의미를 나타냄에 있어서 한국어와 영어의 표현 방식이 거의 유사하다. '다다익선'을 나타내는 또 다른 영어 표현인 the more, the better와의 차이점은 the more, the merrier는 사람에게만 해당한다는 것이다.

A: Do you mind if I invite my friend to dinner?
B: Of course not. **The more, the merrier**!

A: 저녁에 내 친구 초대해도 돼?
B: 당연하지. 사람은 많을수록 좋아!

next to nothing

없는 것과 다름없는, 아주 약간

MP3 185

'아무것도 없는 것nothing 옆에next' 있으면 '거의 없는' 것과 같다.

A: What do you know about Russian history?
B: **Next to nothing.** Why do you ask?
A: I was curious about how the Russian Revolution started.
B: That sounds like a question for Google.

A: 러시아 역사에 대해 아는 거 있어?
B: 거의 없어. 그건 왜 물어?
A: 러시아 혁명이 어떻게 시작됐는지 궁금해서.
B: 구글에게 물어볼 말한 질문인 것 같군.

참고로 next to nothing과 비슷한 뜻을 갖는 표현으로 slim to none(가능성/확

룰이 희박한)이 있다. 거의 항상 chance라는 단어와 함께 쓰인다.

A: What are the **chances** our dog will be as well-trained as that dog in the video?
B: Slim to none.
A: So there's still hope.
B: I'd say the odds are pretty much zero.

A: 우리 강아지가 저 영상 속 개처럼 잘 훈련될 가능성은 얼마나 될까?
B: 희박하지.
A: 그래도 여전히 희망이 있네?
B: 거의 없다고 봐.

✦ 참고 표현: few and far between (p. 140)

no-nonsense

허튼 짓을 용납하지 않는, 현실적인, 간단명료한

MP3 186

'허튼소리나 터무니 없는 생각/일nonsense이 아니다/없다no'라는 직역에서 이 표현이 접근하거나 처리하는 방식이 '직접적이거나 현실적'이며, '간결하다'라는 의미임을 알 수 있다.

A: I think David called me, because he's not happy with the report I turned in.
B: You're right. Let me give you some advice, since you're new.
A: Please.
B: He's a **no-nonsense** boss, so just own up to your mistake. Don't try to make up some BS* excuse, or he'll come down hard on you.
A: Okay, thanks. I'd better go in.

A: 제가 제출한 보고서가 마음에 안 들어서 팀장님이 절 호출한 것 같아요.
B: 맞아요. 신입이니까 조언 하나 해 드릴게요.
A: 좋죠.

B: 팀장님은 허튼 소리를 싫어하는 스타일이에요. 그러니까 실수는 바로 인정하세요. 섣불리 허튼 핑계를 대면 호되게 혼날 거예요.

A: 그렇군요. 고맙습니다. 이제 가 볼게요.

참고로 한국어에서도 nonsense를 소리 그대로 받아들여 '넌센스'라고 쓰고 있다. 문답식 말장난을 가리켜 '넌센스 퀴즈'라고 했는데, 2010년 넘어서는 넌센스 퀴즈보다는 '아재 개그/드립'이라는 말을 더 많이 쓴다. '아재 개그'는 영어로 dad jokes인데, 예를 하나 들어 보겠다.★★

Q: What do a tick and the Eiffel Tower have in common?
진드기와 에펠 탑의 공통점은?

A: They're both Paris sites.

답을 보면 '기생충'을 뜻하는 parasite와 '관광지'를 뜻하는 tourist site를 합친 언어 유희(Paris site)임을 알 수 있다. 위의 예에서 알 수 있듯이, 농담하는 사람만 재미있어 하는 아재 개그는 단어의 뜻과 소리 등에 관한 어휘력과 배경지식이 충분하지 않으면 즐길 수가 없다.

★ BS: bullshit(헛소리)의 약자
★★ 퀴즈 출처: www.reddit.com/r/dadjokes/comments/my0lcy/what_does_a_tick_and_the_eiffel_tower_have_in

now or never

지금 아니면 안 된다, 지금이야말로 절호의 기회다

MP3 187

직역하면 '지금now 또는 결코 없는never'으로, '절호의 기회'니까 당장 결정하라고 독려하는 상황에 쓴다.

A: I found this great package tour to Turkey. Are you interested?

B: You know I'm not a big fan of package tours.

A: Yeah, but it's only a thousand dollars, everything included! But the deal ends tonight, so you have to decide really soon. It's **now or never.**

B: Then why are you telling me this now?!

A: 튀르키예 여행 알짜 패키지 상품을 찾았는데, 같이 갈래?

B: 내가 패키지 여행 별로 안 좋아하는 거 알잖아.

A: 알지. 하지만 이건 다 포함해서 천 달러밖에 안 해! 그런데 이 행사가 오늘 밤에 끝나기 때문에 진짜 빨리 결정해야 해. 지금 아니면 안 돼.

B: 그럼 왜 이제서야 얘기하는 거야?

알파벳 n으로 시작하지 않지만, 첫소리가 [n]인 kn-으로 이루어진 대표적인 두운 표현은 다음과 같다.

knick-knack

(집 안에 놓는 쓸데없는) 작은 장식품

MP3 188

여기서 knick은 아무 의미 없고 뒤에 나오는 knack과 두운을 맞추기 위해 붙인 말이다. knack★은 '(타고난) 소질/재주', '비결'이라는 뜻이지만, 옛날에는 '정교한 장치', '(독창적인) 고안품'이라는 뜻이 있었다.

A: I've been looking for a place for myself.

B: Really? Why? Your parents have a big house.

A: It's big, but my mom's a bit of a hoarder. And I can't live like that.

B: What kind of stuff does she collect?

A: Mostly **knick-knacks.** The house is full of them, and I can't get her to throw them out.

A: 나 요새 이사 가려고 집 보고 있어.

B: 그래? 왜? 너희 부모님 집은 넓잖아.

A: 넓긴 한데, 엄마가 물건을 버리지 않고 계속 모으시기만 하는 분이야. 난 그렇게는 못 살아.

B: 뭘 모으시는데?

A: 대부분은 쓸모 없는 장식품 나부랭이지. 집이 꽉 차서 내다 버리라고 하는데, 엄마는 못 버리시겠대.

★ knack 관련 → '추가 학습 노트' 참고

know no bounds

끝이 없다, 한계가 없다

MP3 189

이 표현은 긍정과 부정 양쪽의 의미로 쓸 수 있다.

A: What's something you would do if you were God?

B: If I were God, I would redistribute the wealth of all the billionaires in the world to the poor.

A: That's a good one. It seems the only point of being filthy rich is to become even wealthier.

B: Right? You would think that at some point, you'd be satisfied with having more money than 99.99 percent of the population.

A: I guess greed knows no bounds.

A: 만약 네가 신이라면 뭘 할 거야?
B: 내가 신이라면 나는 전 세계 억만장자들의 부를 가난한 사람들에게 재분배할 거야.
A: 그거 좋은 생각이다. 지나치게 돈이 많은 사람의 목표는 돈을 더 버는 것뿐인 것 같아.
B: 그렇지? 어느 순간에는 인구의 99.99%보다 많은 돈을 가진 것에 만족하게 될 것도 같은데 말이야.
A: 탐욕에는 끝이 없나 봐.

His kindness knows no bounds.
그의 다정함은 끝이 없다.

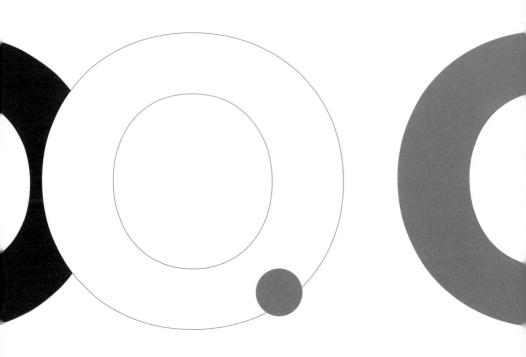

out of the ordinary

색다른, 비정상의

MP3 190

'일상적인ordinary 것의 바깥에out' 있는 것은 '색다른' 것이다. 거의 대부분 부정문에서 '색다르지 않은', 즉 '평범한'이라는 뜻으로 쓰인다.

A: How was your weekend?
B: It was nothing **out of the ordinary**. I stayed home, played with the kids, did some housework. You know how it is.

A: 주말 잘 보냈어?
B: 평범한 주말이었어. 집에서 쉬고, 얘들하고 놀고, 집안일 좀 하고. 어떤 건지 알지?

예문에서의 out of the ordinary는 중립적인 의미이지만, 맥락에 따라 부정적인 의미를 강하게 전달하기도 한다.

A: How was the movie?

B: It sucked. It was nothing **out of the ordinary**.

A: That must've been disappointing. You were looking forward to it for so long.

A: 영화 어땠어?

B: 별로. 너무 평범했어.

A: 실망스러웠겠다. 오랫동안 기대한 영화였는데.

in for a penny, in for a pound

일단 시작한 일은 끝을 봐라

MP3 191

처음에는 '1페니를 빌리면 1파운드를 빌리는 것과 다름이 없다', 즉 '작은 돈을 쓰기로 했다면 더 큰 금액을 쓰는 게 낫다'라는 뜻으로 사용되던 표현인데, 시간이 지나면서 '어떤 일에 작게라도 관여되었다면 그 일을 완전히 끝내는 게 좋다'라는 뜻으로 쓰이게 되었다.

　pound와 penny(1/100파운드) 모두 영국의 화폐 단위로, 영국에서 만들어진 이 표현은 미국에 건너와서도 pound를 dollar로 바꾸지 않고 그대로 사용되었다. penny, pound라는 두운을 맞추기 위함인 것 같다.

　'시작을 했으면 끝을 봐라'로 번역하는 게 가장 무난하지만, 맥락에 따라 다양하게 번역할 수 있다. 예를 들어, 영화 〈Knives Out〉을 보면 살인자가 범죄 사실을 들킨 후에 경찰 앞에서 또 다른 사람을 칼로 죽이려고 하면서 "In for a penny..."라고 중

얼거리는데 이것을 "칼을 뽑았으면…"으로 번역했다. 〈Knives Out칼이 나오다〉라는 영화의 제목과 잘 맞는 번역이라고 할 수 있겠다.

A: I don't think I can finish this 72 ounce steak.
B: I told you.
A: Maybe I should get a doggy bag.
B: No! We are not getting a doggy bag at a fancy restaurant like this. You ordered it; you finish it.
A: Okay, okay. **In for a penny, in for a pound.** I can do this!

A: 나 이 2킬로짜리 스테이크 다 못 먹을 거 같아.
B: 내가 뭐랬어?
A: 포장해 달라고 할까?
B: 안 돼! 이런 고급 식당에서 포장을 한다고? 네가 주문한 거니까 다 먹어.
A: 알았어, 알았어. 시작을 했으면 끝을 봐야지. 할 수 있다!

✦ 참고 표현: dime a dozen (p. 106), pinch pennies (p. 243), pretty penny (p. 247)

pack a punch

(긍정적 의미의) 강렬한 효과를 가지다

MP3 192

직역하면 '강력한 펀치punch를 먹이다pack'로 주먹으로 강하게 한 대 맞은 것 같은 강렬한 느낌을 긍정적인 의미로 나타내는 표현이다. 다양한 상황에 쓸 수 있지만, 가장 일반적으로 쓰이는 것은 두 가지 경우다.

첫 번째, 음식이나 술이 pack a punch할 수 있다. '음식이 맵다' 또는 '술이 독하다' 라는 뜻을 나타내는데, 이때는 긍정적 의미로 쓰인다.

A: You want to get chicken feet for dinner? It's delicious.
B: Okay, I'll try anything once.
A: You can handle spicy food, right?
B: Why? Are chicken feet spicy?

A: Oh, yeah. It **packs a punch**.

B: Sounds good. Hey, we're drinking tonight, right?

A: Duh. Soju and chicken feet go hand in hand.

B: You know, soju **packs** quite **a punch** as well. You think it's a good idea to drink something so strong with something so spicy?

A: I've never had a problem with it. Just try it.

A: 우리 저녁에 닭발 먹을까? 진짜 맛있어.

B: 좋아. 뭐든지 한 번은 시도해 볼게.

A: 너 매운 거 잘 먹지?

B: 왜? 닭발이 매워?

A: 응, 아주 강렬히 매워.

B: 난 괜찮아. 그나저나, 우리 오늘 술 마시는 거지?

A: 그럼. 소주하고 닭발은 잘 어울리는 조합이지.

B: 근데 소주도 꽤 독하잖아. 그렇게 매운 거랑 같이 엄청 독한 거를 마시는 게 괜찮을까?

A: 난 그렇게 먹어서 문제된 적이 한 번도 없었어. 그냥 먹어 봐.

둘째, 감정적으로 혹은 심리적으로 영향을 주는 작품이나 경험 등도 pack a punch 로 표현할 수 있다. 이런 맥락에서는 '인상 깊다'로 해석한다.

A: I heard Bong Joon-ho is working on a new movie.

B: That's good news! I hope it's good.

A: He's probably at a point where he has full artistic control over any movie he wants to direct, so you know it's going to be good.

B: True. He must be under a lot of pressure though.

A: Yeah...my theory is that *Snowpiercer* was so good that he wasn't able to follow it up with another good movie. That's why *Okja* didn't **pack a punch**.

B: But he came back with *Parasite*.

A: But it still wasn't as good as *Snowpiercer*.

B: I agree.

A: 봉준호 감독이 새로운 영화 준비에 들어간다고 들었어.

B: 좋은 소식이네! 영화가 잘 나오면 좋겠다.

A: 봉준호 감독은 자기가 연출하고 싶은 영화에 대한 예술적 통제권을 온전히 갖고 있을 테니 영화는 잘 나오겠지.

B: 맞는 말이야. 봉 감독이 엄청 부담을 많이 느끼고 있을 게 분명해.

A: 그렇겠지…. 〈설국열차〉를 너무 잘 만들었기 때문에 그에 준하는 정도의 후속작을 찍지 못한 것 같다는 게 내 가설이야. 그래서 〈옥자〉가 그닥 인상 깊지 않았던 거지.

B: 그래도 〈기생충〉으로 컴백했잖아.

A: 하지만 〈설국열차〉만큼 좋진 않았어.

B: 동의해.

pack a punch로 표현할 수 없는 것은 **사람** 혹은 그 **사람**의 **행동**이다. '어떤 사람이 인상 깊었다고 하거나 그의 행동이 감동적이었다'고 할 때는 make an impression/ moving/move를 쓴다.

A: How was the meet-and-greet?
B: It was fantastic. He **made** quite **an impression** on me.
A: Did you get to talk to him?
B: Yeah, he stayed hours after the scheduled time to answer all our questions and to take pictures with him.
A: What questions did people have for him?
B: This and that. But it was the depth of his answers that **moved** me.
A: I thought he was just a pretty face.
B: I thought so too, but he's very intelligent.

A: 팬미팅 어땠어?
B: 너무 좋았어. 내게 깊은 인상을 남겼어.
A: 같이 대화도 했어?
B: 응, 팬들 질문에 답하고 같이 사진 찍느라 원래 예정된 시간을 넘기고 몇 시간 더 있었어.
A: 사람들이 어떤 질문을 했어?
B: 이것저것. 그런데 그의 대답의 깊이에 감동 받았어.
A: 난 그냥 얼굴만 잘생긴 줄 알았는데.
B: 나도 그렇게 생각했는데, 상당히 똑똑하더라.

peak performance

최고의 성과

MP3 193

말 그대로 자기가 낼 수 있는 '**최고**peak의 **수행/성과**performance'라는 의미의 표현이다. 그런데 사실 이 용어는 회사의 보고서나 자기계발서에서나 자주 등장하지 일상에서는 듣기 힘들다.

A: My boss sent us an email about how to reach peak performance at work.
B: That sounds like something he would do.
A: He said that we need to change the way we view work. He said our work is our legacy.
B: I'm curious how often that bastard reaches peak performance.
A: Probably never. He's lazy and delusional.

A: 상사가 우리한테 회사에서 최고의 성과를 내는 방법에 대한 이메일을 보냈어.
B: 그 사람이 할 법한 짓이네.
A: 업무를 바라보는 우리의 관점을 바꿔야 한대. 일은 우리의 유산이라는군.
B: 그 인간은 얼마나 자주 최고의 성과를 내는지 궁금하다.
A: 전혀 없을걸? 게으르고 망상에 빠진 사람이야.

이처럼 peak+명사*로 '최고조에 이른+명사'를 나타낼 수 있다. 그중 많이 쓰는 표현이 peak condition^{최고의/최대 상태}이다.

A: Remember when Brazil lost to Germany 7–1 in the 2014 World Cup?
B: Yeah! And wasn't the World Cup in Brazil?
A: It was. I wonder what happened to them?
B: My guess is that the German players were in peak condition to beat the Brazilians that badly.

A: 2014 월드컵에서 브라질이 독일에 7대1로 진 거 기억나?
B: 당연하지! 그때 브라질에서 월드컵이 열리지 않았나?
A: 맞아. 어쩌다 그렇게 됐을까?
B: 브라질 선수들을 그렇게 크게 깨부술 만큼 독일 선수들의 컨디션이 최고였겠지.

참고로 대화할 때는 종종 peak+형용사도 쓴다.

He's reached peak crazy.
그는 미쳐서 제정신이 아니야. / 그는 미칠 지경에 이르렀어.

He can't get any stupider. He's reached peak stupid.
걔는 이보다 더 멍청할 수 없어. 최고의 멍청이야.

★ 'peak+명사' 관련 → '추가 학습 노트' 참고

peer pressure

MP3 194

동료/또래 압력, 동료/또래 집단으로부터 받는 사회적 압력

peer의 뜻이 '또래/동료'이고, pressure의 뜻이 '압력/압박'이라는 것만 알면 그 의미를 쉽게 이해할 수 있는 표현이다. 많은 경우 부정적인 맥락에서 쓰이지만, 긍정적인 압력도 있을 수 있다.

A: You know how when we were kids, our parents would always tell us not to fall for peer pressure?

B: Yeah, my dad, especially, said that a lot to me.

A: I didn't really understand it then, but peer pressure really works.

B: Definitely. I got together with a few friends last weekend. I promised myself beforehand that I wouldn't drink. But they kept suggesting I drink, and so I did.

A: I have the same problem at work. I usually go along with everyone even though I don't agree with their decisions.

A: 어릴 때 부모님들이 항상 친구들의 압박에 넘어가지 말라고 말씀하셨던 거 기억나?

B: 응, 특히 아빠가 자주 나한테 그렇게 말하셨어.

A: 그때는 잘 이해하지 못했는데, 동료 압박이란 게 진짜 영향이 있더라.

B: 완전. 내가 지난 주말에 몇몇 친구들하고 모임이 있었거든. 술을 안 마시기로 작정하고 갔는데 친구들이 계속 술을 권해서 결국 마시게 됐지.

A: 난 회사에서 그래. 사람들 의견에 찬성하지 않더라도 보통은 동의하게 돼.

참고로 우리가 생활하면서 겪는 '압력'에는 peer pressure 말고도 group pressure집단 압력나 social pressure사회적 압력가 있다. group pressure나 peer pressure는 대부분의 경우, 가해지는 압력의 정도에서 큰 차이가 없다. 자기가 속해 있는 집단이 또래나 동료로 구성되는 경우가 많기 때문이다. social pressure는 사회에서 받는 압력이라 범위가 더 크다.

'00 압력'이라고 용어를 정확하게 표현하고 싶을 때는 셋 중에 하나를 골라 쓰면 된다. 그러나 '압력을 주거나 받았다'라고 표현하고 싶을 때는 동사 pressure를 쓰

는 게 자연스럽다.

If you don't conform to any social pressures, you look like a crazy person.
사회적 압력을 하나도 따르지 않으면 미친 사람으로 보인다.

A: **Why did you go if you didn't want to?**
B: **Group pressure forced me to go. / They pressured me to go. / I was pressured to go.**

A: 가기 싫은데 왜 갔어?
B: 집단 압력 때문에 억지로 가게 됐어. / 그들이 같이 가자고 나를 압박했어. / 같이 가자고 압박 받았어.

예문에서 B의 대답을 세 가지로 제시했는데, 뒤로 갈수록 실제 구어에서 많이 쓰는 표현이다.

people pleaser

남의 비위를 잘 맞추는 사람

MP3 195

이 표현은 말 그대로 '사람들people의 비위를 잘 맞추는 사람pleaser'이라는 뜻인데, 분위기를 맞추려고 지나치게 주변의 눈치를 보고, 무조건 남의 의견에 따르거나 아부 떠는 사람을 가리키기 때문에 늘 부정적인 의미로 쓰인다. 또한 남의 부탁을 거절하지 못하는 사람도 people pleaser다. 한국어로는 이런 사람을 "호구"라고 부른다.

A: **My friends are going on a trip, and they want me to go with them.**
B: **Are you going to?**
A: **Yeah, but I really don't want to go.**
B: **Then why are you going?**
A: **Because they want me to.**
B: **You really don't know how to say no.**
A: **I know, I know. I'm a people pleaser. I have to work on that.**

^{B:} Call them and tell them that you're busy and tired.

^{A:} 친구들이 여행 가는데, 나보고 같이 가자고 하네.
^{B:} 갈 거야?
^{A:} 응, 그런데 정말 가기 싫어.
^{B:} 그럼 왜 가?
^{A:} 친구들이 내가 같이 가길 바라니까.
^{B:} 넌 너무 거절할 줄 몰라.
^{A:} 알아, 알아, 내가 호구라는 거. 고쳐야 돼.
^{B:} 전화해서 바쁘고 피곤하다고 그래.

참고로 맛있는 음식이나 유명 가수의 멋진 콘서트 등 '사람들을 즐겁게 하는 음식이나 공연/이벤트'를 가리켜 crowd-pleaser라고 한다. 사람을 대상으로도 쓰긴 하지만 보통은 '사물'을 가리키며, 항상 긍정적인 의미로 쓰인다.

^{A:} I'm not sure what to make for your parents.
^{B:} Don't stress out about it. You're a good cook, and they're not picky eaters.
^{A:} I still want to make something good. It's their first time coming over since we moved into this apartment.
^{B:} How about Vietnamese spring rolls? That's a **crowd-pleaser**.
^{A:} Ooh! That's a good idea. It's healthy, and I can prep all of it ahead of time.

^{A:} 자기 부모님한테 뭘 만들어 드려야 할지 모르겠어.
^{B:} 그걸로 스트레스 받지 마. 자기는 요리를 잘하잖아. 그리고 우리 부모님은 입맛이 까다롭지 않아서.
^{A:} 그래도 맛있는 걸 만들어 드리고 싶어. 우리가 이 아파트로 이사 오고 나서 처음으로 오시는 건데.
^{B:} 월남쌈 어때? 그건 모든 사람이 좋아하잖아.
^{A:} 오! 좋은 생각. 몸에도 좋고 모든 걸 미리 준비할 수도 있지.

period piece

(연극, 영화 등의) 시대물
특정 시대의 양식을 드러내는 장식

MP3 196

직역하면 '시대/기간^{period}의 조각/작품^{piece}'이라는 이 표현은 일반적으로 배경이 과거이고, 그 배경이 중요한 작품을 가리킨다. 역사적인 인물에 대한 내용을 담은 작품도 period piece이다. 영화나 연극과 같은 작품이 아니더라도, 과거 특정 시대의 양식을 보여 주는 의상 또는 장식품 등도 period piece라고 한다.

A: I like how a lot of kung fu movies take place in the Tang dynasty.
B: Me too. I love **period pieces**. Everything is so picturesque—the clothes, the architecture.

A: 난 많은 쿵푸 영화가 당나라 시대를 배경으로 하는 게 좋더라.
B: 나도. 난 시대물이 정말 좋아. 모든 게 그림 같이 고풍스럽잖아. 옷도 그렇고, 건축물도.

다음은 서양 영화 중에 유명한 period pieces다.

제목	개봉 연도	영화의 배경/시대
Ben-Hur 〈벤허〉	1959년	로마 제국 시대(예수의 생애 관련)
Gandhi 〈간디〉	1982년	인도, 독립운동, 1930년대
Chindler's List 〈쉰들러 리스트〉	1993년	폴란드, 2차대전, 1940년대
Pride and Prejudice 〈오만과 편견〉	2005년	영국, 18세기 말
Lincoln 〈링컨〉	2012년	미국, 남북 전쟁, 1860년대 초
The Imitation Game 〈이미테이션 게임〉	2014년	영국, 2차 대전, 1940년대
Little Women 〈작은 아씨들〉	2019년	미국, 1860년대

personal property

동산, 사유 재산

MP3 197

직역하면 '개인의/사적personal 소유물/재산property'인 personal property는 움직일 수 있는 소유물을 가리킨다. 흔히 남의 물건에 손대지 말라고 할 때 이 용어를 사용한다.

A: Look, David left his bag here.

B: Oh, he did. I wonder what's inside.

A: Hey, don't be a snoop.

B: I'm just curious.

A: That's his **personal property**. Have some respect.

A: 저거 봐. 데이비드가 가방을 두고 갔어.

B: 어, 그렇네. 안에 뭐가 들어 있을까?

A: 야, 기웃거리지 마.

B: 그냥 궁금해서 그래.

A: 데이비드의 개인 물건이잖아. 남의 프라이버시를 존중해야지.

참고로 personal property, private property, prized possession 모두 '재산'을 나타내는 표현이다. property에는 '부동산'이라는 뜻도 있는데, private property는 '사유지'를 뜻한다. **My home is my castle.**(내 집은 나의 성이다)라는 인식이 매우 강한 미국에서는 개인 소유의 땅이나 주택에 대한 관리가, 마치 왕이 자기 성이나 영토를 지키는 것처럼 철저하다. 그래서 유튜브에 미국인들이 이웃과 싸우는 동영상을 보다 보면 **"Get off my property!"**(내 땅에서 나가!)라고 외치는 것을 종종 들을 수 있다. 원래 '사유지'를 뜻하는 용어는 private property지만, 땅 주인을 구체적으로 밝힐 때는 private를 빼고 *one's* property로 쓴다.

A: Can we park here?

B: Are you crazy? This is **private property**. We're going to get towed.

A: 여기다 주차해도 되나?

B: 정신 나갔어? 여긴 사유지야. 견인될걸?

A: Excuse me, hi. I live next door.

B: Yes? Can I help you?

A: Yes, your music is really loud, and it's late. Could you please turn it down?

B: This is **my property**. I can have the music as loud as I want.

A: Okay, then I'll have to call to police for a noise violation.

B: Whatever. Get off **my property**.

A: 실례합니다. 저 옆집에 사는 사람인데요.

B: 그러세요? 무슨 일이시죠?

A: 밤늦게 음악 소리가 너무 커서 그런데요, 소리 좀 낮춰 주실 수 있을까요?

B: 여긴 내 집인데, 어쩌라고요? 난 내가 원하는 만큼 크게 음악을 틀 수 있어요.

A: 그렇게 말씀하시면 소음 위반으로 경찰에 신고할 수밖에 없네요.

B: 알아서 하세요. 내 땅에서 나가세요.

prized possession은 상으로 받은 것은 그 물건의 금액과는 상관없이 소중하게 여긴다는 점에서 '개인적으로 소중히 여기는 보물'을 가리킨다.

A: What is your most prized possession?

B: My shoes. They're like my babies.

A: Do you have a favorite pair or do you love them equally?

B: I take turns loving them.

A: 네가 가장 소중히 여기는 물건이 뭐야?

B: 내 신발. 내 새끼들이나 마찬가지야.

A: 제일 좋아하는 신발이 있어, 아니면 모든 신발을 똑같이 사랑해?

B: 번갈아서 사랑해 주지.

pet peeve

불쾌하게/화나게 하는 것, 극혐 대상

MP3 198

'반려동물', '총애하는 것'이라는 뜻의 pet과 '불쾌한 기분', '화남'이라는 뜻을 가진 peeve를 묶어 '싫어하는 것 중에서 총애하는 것', 즉 '가장 화나게 하는 것'이라는 반어적 뜻을 나타낸다.

흔히 pet peeve는 승객이 다 내리지 않았는데 지하철 승강장 문 앞에 버티고 서 있는 행위 같은 아주 사소한 일이다.

[On the subway platform]

A: You wanna know my pet peeve? This.

B: What?

A: People blocking the doorway.

B: They're not. Look, they're standing on the sides of the door.

A: But they're still blocking the door enough that only one person can exit at a time.

B: Ah, that's true.

A: Don't they realize that the faster everyone gets off, the faster they can get on?

[지하철 승강장에서]

A: 날 진짜 짜증 나게 하는 게 뭔지 알아? 바로 이거.

B: 뭔데?

A: 사람들이 출입문을 막고 있는 거.

B: 안 막고 있는데? 봐, 문 양쪽에 서 있잖아.

A: 그래도 여전히 문을 막고 있어. 한 번에 한 명씩만 내릴 수 있을 정도만큼.

B: 그건 그래.

A: 사람들이 빨리 내릴수록 자기들이 더 빨리 탈 수 있다는 걸 모르나?

참고로 pet이 들어가는 표현 중에 **pet project**가 있다. '특히 좋아하는 일/사업' 이라는 뜻의 표현으로, 필요하거나 유용하기 때문에 즐겨서 하는 일 또는 사업을 가리 킨다.

A: What are you up to these days?

B: I've been busy with my pet project.

A: Which is?

B: Building a miniature house.

A: Cool! How'd you get started on that?

B: You know how I've always been pretty good with my hands?

A: Yeah.

B: I happened to find a YouTuber who makes them, and I thought I would give it a try.

A: That would make a great conversation piece. I would love to see it once you're done.

A: 요새 뭐 하고 지내?

B: 푹 빠진 취미 때문에 바빠.

A: 무슨 취미?

B: 미니어처 집 짓기.

A: 멋지네! 어떻게 시작하게 됐어?

B: 나 원래 손재주가 좀 좋잖아?

A: 그렇지.

B: 미니어처 만드는 유튜버를 우연히 보게 됐는데, 한번 해 보고 싶더라고.

A: 좋은 이야깃거리가 되겠다. 완성되면 나도 꼭 보고 싶어.

piece of the puzzle

퍼즐의 조각(미스터리나 문제를 푸는 실마리)

MP3 199

'한 조각piece'씩 맞춰 전체 '퍼즐puzzle'을 완성하는 것처럼, '미스터리나 문제를 해결하는 조각'이 바로 piece of the puzzle이다. 예를 들어, 어느 날 갑자기 남편이 밤늦게 걸려 온 전화를 받기 위해 자리를 뜬다. 그것이 a piece of the puzzle이다. 그다음부터 매일 밤 야근을 한다며 집에 늦게 들어오는데, 그게 another piece of the puzzle이다. 그러다가 하루는 옷에 여자 향수 냄새가 난다. 그것이 the final piece of the puzzle이 된다. 그 모든 조각을 모았을 때 의혹의 결론은 하나, 바로 남편의 바람이다.

A: I think my husband's coworkers wear a lot of perfume.

B: How do you know?

A: Because his clothes always smell of perfume.★

B: Uh... that might be a **piece of the puzzle**.

A: What do you mean?

B: Does he work late often?

A: Yeah.

B: I don't know how to break this to you, but it would be natural to suspect that he's having an affair.

A: 남편의 직장 동료들이 향수를 많이 뿌리는 것 같아.

B: 어떻게 알아?

A: 옷에서 항상 여자 향수 냄새가 나.

B: 흠… 그거 퍼즐의 한 조각 아닐까?

A: 무슨 말이야?

B: 남편이 자주 야근해?

A: 응.

B: 이런 말을 어떻게 해야 할지 모르겠는데, 네 남편이 바람을 피운다고 의심하는 게 자연스러울 것 같아.

★ perfume: 여성용 향수 ('남성용 향수'는 cologne[커로운])

pinch pennies

절약하다, 돈을 최대한 아끼다

MP3 200

별 가치도 없는 '1센트 동전들pennies★을 꼭 집고pinch' 놓지 않는 모습을 그려 보라. 치열하게 '한푼이라도 아끼는' 상황임을 알 수 있을 것이다. 이 표현은 원래 구두쇠한테 쓰는 게 아니라, 돈이 궁해서 어쩔 수 없이 알뜰하게 사는 사람한테 쓴다.

A: My wife and I are thinking about going abroad for vacation this summer. I was wondering if you and your wife wanted to come along.

B: That sounds nice, but I'm having to **pinch pennies** these days.

A: Oh, is everything okay?

B: Yeah, it's just that we bought a new car and an apartment. So most of our spending is on paying back the loans.

A: I get you.

B: But thanks for the offer. Maybe next year.

A: 우리 부부는 이번 여름에 해외로 휴가를 갈 생각인데, 너희 부부가 같이 갈 의향이 있는지 궁금해.

B: 그러면 좋겠는데, 요새는 한 푼이라도 아껴야 해.

A: 아, 별다른 일은 없지?

B: 응. 별건 아니고 차를 새로 뽑고 아파트도 샀거든. 돈의 대부분을 대출금 갚는 데에 쓰고 있어.

A: 무슨 말인지 알겠어.

B: 그래도 같이 가자고 해 줘서 고마워. 아마 내년에는 될 거야.

★ penny 관련 → '추가 학습 노트' 참고

✛ 참고 표현: dime a dozen (p. 106), in for a penny, in for a pound (p. 230), pretty penny (p. 247)

pinky promise

(새끼손가락 걸고 한) 약속

MP3 201

한국에서는 아이들끼리나 사귀는 사이에서 흔히 '약속할promise' 때 "약속!"이라고 말하며 '새끼손가락pinky'을 걸곤 한다. 유사하게, 미국인들도 제스처만 하지 않고 "Pinky promise!"라고 말하는 경우가 많다. 짧아서 말하기 편한 데다가 귀엽기 들리기 때문으로 보인다.

한국은 약속할 때 새끼손가락을 거는 것만으로는 부족해서 서로의 엄지를 꾹 눌러 도장을 찍고 손바닥에 사인까지 한다. 재미있는 문화인데, 미국에는 한국과 동일한 개념의 도장은 없다. 도장을 찍는다는 한국식 제스처에 관해 영어로 설명할 때는 동사 seal을 쓰면 된다.

A: Promise me you're going to be back home on time.
B: I promise.
A: Pinky promise!
[A and B lock fingers. B sticks his thumb out]
A: What are you doing?
B: Press your thumb against mine.
A: Why?
B: It's a Korean thing. You have to seal the promise.

A: 오늘 집에 늦게 안 올 거지? 약속해.
B: 약속.
A: (새끼손가락 걸고) 약속해!
[A와 B가 새끼손가락을 건다. B가 엄지손가락을 내민다.]
A: 뭐하는 거야?
B: 네 엄지손가락으로 내 엄지를 눌러.
A: 왜?
B: 한국식이야. 도장을 찍어야 돼.

참고로 promise를 알맞지 않은 상황에 쓰는 사람들을 간혹 본다. 이에 '약속'의 범주에 포함될 수 있는 영어 단어들을 아래 표에 정리했다. 예문을 통해 각 단어의 용

법 차이를 알아 보자.★

promise 약속 (특정 행동이나 일을 하겠다는 약속)	If you're not sure you can make it, don't make any **promises**. 네가 할 수 있을지 없을지 모르겠다면 아무 약속도 하지 마.
appointment 약속, 예약 (시간 약속 또는 업무 약속. 가고 싶어서 가는 게 아님)	I have a doctor's **appointment** later today. 나 이따가 병원 예약이 있어.
meeting 회의, 미팅	There's a **meeting** at nine tomorrow morning. 내일 아침 9시에 회의가 있어.
plans 예정/계획 (재미있어서 가고 싶은 약속)	I have **plans** with a friend tonight. 오늘 저녁에 친구랑 약속이 있어. ◐ plans를 쓰지 않고도 표현할 수 있다. I'm drinking with a friend tonight. 저녁에 친구랑 술 마실 거야. My friend and I are going out for drinks tonight. 저녁에 친구랑 술 마시러 나가기로 했어.
schedule (셀 수 없는) 일정	What's your **schedule** like next week? 다음 주에 스케줄 어때? ◐ schedule을 쓰지 않고도 표현할 수 있다. I'm busy tomorrow. 내일 바빠. / 내일 스케줄이 많아.

참고로 각 손가락의 영어 명칭은 다음과 같다. thumb(엄지손가락), forefinger/index finger(집게손가락), middle finger(가운뎃손가락), ring finger(약손가락), pinky (finger)(새끼손가락).

'발가락'은 모두 toe인데, 그중 '엄지발가락'은 big toe이다.

★ '약속'에 관한 내용 출처: 〈Common Mistake〉 (종이와 나무)

porch pirate

집 앞에 배송된 물품이나 우편물을 훔치는 도둑

MP3 202

porch는 '지붕이 얹혀 있는 돌출 현관'이고, pirate는 '해적'이라는 뜻의 단어로, 현관 앞에 배송된 물건을 해적이 어떻게 할지 생각해 보면 이 표현의 뜻을 알 수 있다. 어떤 기사에 따르면 미국인의 36%가 택배를 도둑맞은 경험이 있다고 한다.★

A: Did you get the gift I sent you?

B: You sent me something?

A: Yeah, a week ago. You should've gotten it by now.

B: No, I haven't. That's weird. I'll ask my husband.

A: I hope you weren't the victim of a **porch pirate**.

B: Maybe that's it! I'll check my security camera.

A: I really hope that's not it. The chance of getting that back is slim to none.

A: 내가 선물 보낸 거 잘 받았어?

B: 나한테 뭘 보냈어?

A: 응, 일주일 전에. 지금쯤 받았어야 하는데.

B: 못 받았어. 이상한데. 남편한테 물어볼게.

A: 문 앞에 두고 간 택배를 누가 훔친 거 아니야?

B: 그럴지도! CCTV 확인해 볼게.

A: 그게 아니었으면 좋겠다. 물건을 돌려받을 가능성이 희박하잖아.

★ 미국의 택배 도난 비율 출처: www.cnbc.com/2019/12/13/over-a-third-of-americans-are-porch-pirate-victims-dont-become-one

practice what you preach

언행을 일치시키다

MP3 203

말 그대로 '자기가 설교하는preach 가르침을 실천하다practice', 즉 '언행 일치'의 중요성을 나타내는 말이다. 신약성경에 나오는 예수의 가르침에서 유래한 표현인데, 본인이 주장하는 가치나 신념을 자기가 실천해야 한다는 메시지를 담고 있다.

A: I hate it when he tells me that I should lose weight.
B: He says that to me too! It'd be better if he **practiced what he preached**.
A: Seriously. He weighs more than you or me.

A: 걔가 나한테 살 빼라고 말할 때 진짜 짜증 나.
B: 걔는 나한테도 그러더라! 남을 지적하기 전에 자기나 제대로 할 것이지.
A: 그러게. 너나 나보다 자기 몸무게가 더 나가면서.

I respect people who **practice what they preach**.
난 언행이 일치하는 사람을 존경해.

pretty penny

큰 액수의 돈

MP3 204

"티끌 모아 태산"이라고, '1센트penny'도 '꽤pretty' 많이 모이면 '제법 큰 돈'이 되는 법이다.

A: Are those new sunglasses?
B: Yeah! Thanks for noticing.
A: It's hard not to notice. How much were they?
B: Let's just say it cost a **pretty penny**.

A: 선글라스 새로 샀어?
B: 응! 알아봐 줘서 고마워.
A: 못 알아보기가 힘들겠다. 얼마였어?
B: 구입하는 데 꽤 큰돈을 들였지.

✦ 참고 표현: dime a dozen (p. 106), in for a penny, in for a pound (p. 230), pinch pennies (p. 243)

pull *(one's)* punches

일부러 힘을 빼고 살살 치다, 사정을 봐주다

MP3 205

누구를 세게 '칠punch' 때는 그 상대를 향해 주먹을 힘껏 뻗어야 하는데 오히려 주먹을 '당긴다pull'고 하니 이는 '힘을 빼고 살살 친다', 즉 '사정을 봐주다'라는 뜻이다.

A: I can tell the interviewer is a fan of the president.
B: How can you tell?
A: Look at all the easy questions he's asking him.
B: Oh, you're right. He's really **pulling his punches**. He's normally much more aggressive.

A: 인터뷰하는 사람이 대통령의 팬인가 보네.
B: 뭘 보고 알아?
A: 쉬운 질문만 하는 것 좀 봐.
B: 아, 그러네. 살살 치는 게 보이네. 저 사람 원래는 훨씬 더 공격적이잖아.

예문에서는 pull *(one's)* punches를 긍정형으로 썼지만 이것은 예외적인 경우고, 대개는 부정형으로 쓴다.

A: I can tell the interviewer is a fan of the president.
B: How can you tell?
A: Look at all the easy questions he's asking him.
B: Oh, you're right. He's really **going easy on him**.
A: He normally **doesn't pull punches**.

A: 인터뷰하는 사람이 대통령의 팬인가 보네.
B: 뭘 보고 알아?
A: 쉬운 질문만 하는 것 좀 봐.
B: 아, 그러네. 진짜 살살 다루고 있군.
A: 원래는 사정을 봐주지 않는 사람인데.

pull the plug

생명 유지 장치를 떼다
~에서 손을 떼다

MP3 206

두 가지 의미로 쓰이는데, 첫 번째는 말 그대로 '(생명 유지 장치의) 플러그plug를 뽑다pull' 즉, '생명 유지 장치를 떼다'이다.

A: My grandma isn't getting any better.
B: I'm sure the doctor did everything she could.
A: She suggests that we **pull the plug**, and let her die a natural death.
B: Perhaps that's for the best. It would be cruel to prolong her suffering.
A: That's how my family and I see it too.
B: And I bet your grandma wants to go home and be with her family.

A: 우리 할머니 상태가 나아지지 않고 있어.
B: 의사가 할 수 있는 건 다 했겠지.
A: 의사는 생명 유지 장치를 떼고 자연스럽게 죽음을 맞이하시도록 내버려 두는 게 좋겠다고 말하더라.
B: 그게 최선일지도 몰라. 고통을 연장하는 게 더 안 좋을 수도 있지.
A: 우리 가족도 그렇게 생각해.
B: 그리고 너의 할머니도 댁에 가셔서 가족들과 있고 싶으실걸.

두 번째 의미는 비유적 표현으로 '~에서 손을 떼다'이다.

A: How are the negotiations coming?
B: The deal fell through.
A: Why?
B: Our client was worried about their image, so they **pulled the plug** on

the project.

A: Can't blame them. They recently got caught dumping waste water from their factory into the river.

A: 협상은 잘 돼 가고 있어?
B: 협상이 결렬됐어.
A: 왜?
B: 클라이언트가 자기네 이미지가 안 좋아질까 봐 프로젝트에서 손을 뗐어.
A: 이해된다. 최근에도 공장 폐수를 강에 버리다가 걸렸잖아.

✚ 참고 표현: meet *one's* maker (p. 214)

the proof is in the pudding

백문이 불여일견이다, 해 봐야 알 수 있다

MP3 207

원래 the proof of the pudding is in the eating라는 속담에서 변형된 표현이다. 원 속담에서의 pudding은 요즘 우리가 아는 디저트가 아니라 '소시지의 일종'으로, 창자 안에 여러 가지 재료를 넣어 만든 음식이어서 눈으로 겉만 봤을 때에는 어떤 재료가 안에 들어갔는지 알 수 없었다. 여기서 이 표현은 '직접 먹어 봐야 속의 재료를 알 수 있다'를 의미하는 속담이 되었다.★

A: Did you practice a lot this week?
B: Yes.
A: You said that last week too.
B: But it's true this time.
A: Show me. The proof is in the pudding.

A: 이번 주에 연습 많이 했니?
B: 네.
A: 너 지난주에도 똑같이 말했어.
B: 이번에는 사실이에요.
A: 보여 줘. 백문이 불여일견이지.

★ the proof is in the pudding의 유래 출처: www.npr.org/2012/08/24/159975466/corrections-and-comments-to-
stories

✦ 참고 표현: taste test (p. 311)

two peas in a pod

매우 닮은, 공통점이 많은

MP3 208

'한 꼬투리pod 안에 든 두 완두콩pea'은 크기나 색 등이 굉장히 흡사한 경우가 많다.
'외모 또는 성격 등이 매우 닮거나 공통점이 많은' 사람을 같은 꼬투리 안에 든 완두콩
으로 묘사한 재미있는 두운 표현이다.

A: How are things with you and your girlfriend?
B: It's a bit early to say, since we're in our honeymoon phase.
A: I take it things are going well?
B: Oh, yeah. We have so much in common, and our personalities are
similar.
A: And you girls even look alike.
B: We've gotten that so many times, you don't even know!
A: You and your girlfriend are like **two peas in a pod**!

A: 너 여자친구랑 잘 지내지?
B: 아직 서로에게 콩깍지가 씌어 있는 단계라서 뭐라 말하기엔 일러.
A: 그 말은 잘 되고 있다는 거지?
B: 응, 완전. 우리 공통점이 많고 성격도 비슷해.
A: 심지어 둘이 외모도 닮았어.
B: 우리가 그 얘기를 얼마나 많이 듣는지 넌 모를걸!
A: 너희 커플은 서로 판박이구나!

참고로 two peas in a pod 앞에 전치사 like를 붙일 때도 있고 안 붙일 때도 있는
데, 이것은 의미 차이보다는 개인의 언어 습관이다. 그래서 위 예문의 마지막 말을
You and your girlfriend are two peas in a pod.라고 해도 된다.

rags to riches

무일푼에서 부자로, 신데렐라 이야기 같은

MP3 209

'넝마/누더기rag에서 풍요함/부riches로'라는 말에서, '무일푼에서 부자로'라는 의미의 표현임을 알 수 있다. 흔히 rags to riches tale/story(개천에서 용 난 이야기)로 많이 쓰고, '자수성가하다/벼락부자가 되다'를 나타낼 때는 go from rags to riches로 쓴다.

A: You know what I like about Oprah? She came from nothing, and she's now a billionaire. She's a classic Horatio Alger story.

B: Horatio who?

A: You know, the author. All his novels are rags to riches stories.

B: Oh, I'd never heard of him. Anyway, so Oprah was really poor growing up?

A: Dirt poor. She had a tough childhood too. She literally went from rags to riches.
B: Wow, that's admirable.

A: 내가 오프라 윈프리를 왜 좋아하는지 알아? 바닥에서부터 시작해서 지금은 억만장자잖아. 전형적인 허레이쇼 앨저의 이야기야.
B: 허레이쇼 뭐?
A: 왜, 작가 있잖아. 그 사람이 쓴 소설은 다 개천에서 용 난 이야기야.
B: 그 작가는 처음 들어봐. 아무튼 오프라가 진짜 가난한 집에서 자랐다고?
A: 찢어지게 가난했어. 아주 힘든 유년 시절을 보냈고. 말 그대로 무일푼에서 거부가 된 거지.
B: 와, 존경스럽다.

rat race

(극심한) 생존 경쟁, 무한 경쟁 (사회)

MP3 210

'쥐rat'가 쳇바퀴 위에서 죽어라 뛰는 모습을 떠올려 보자. '경주race'하듯이 질주하지만, 실상은 끝없이 같은 자리에서만 맴돈다. 이런 모습은 우리가 먹고 살기 위해 펼치는 '극심한 생존 경쟁'을 연상시킨다.

소모적인 시스템에 자기 인생을 갈아 넣기를 거부하는 사람들, 자신의 내면에 집중해서 '내가 무엇을 해야 행복할까'가 인생에서 가장 중요한 사람들은 rat race를 포기하는 경우가 많다. 끝이 없는 무한 경쟁의 굴레 속으로 들어가는 대신, 농사를 지으며 자연을 벗삼아 살거나 대의를 위해 일하는 활동가 또는 자원봉사자의 삶을 택하기도 한다.

A: I'm thinking about quitting my job and working on a farm.
B: What? Why? I thought you were making good money.
A: I am, but I'm tired of the rat race. I'm starting to realize it's meaningless and soul-sucking.
B: Okay, I get that. But why work on a farm?
A: Something about growing food feels natural and appealing to me.

A: 하던 일 때려치우고 농장에서 일할까 생각 중이야.

B: 뭐? 왜? 너 돈 잘 벌지 않아?

A: 벌이는 좋아. 하지만 극심한 생존 경쟁에 지쳤어. 이런 경쟁이 무의미하고 영혼이 빨리는 일이라는 걸 깨닫기 시작했거든.

B: 그건 알겠어. 그런데 왜 농장에서 일하려고 해?

A: 식량을 재배하는 게 자연스럽고 매력적으로 느껴지거든.

read the room

분위기를 파악하다

MP3 211

'방room을 읽는다read'는 것은 곧 '방 안의 분위기를 읽다', 즉 '분위기를 파악하다'라는 뜻이다. room은 진짜 '방'뿐만이 아니라 크게는 한 나라까지도 포함하는 '특정 공간의 분위기'를 뜻하며, room 대신 table을 쓰기도 한다.

A: I can't believe that that billionaire is complaining about how hard he has it.

B: Unbelievable. Can he not **read the room**? Most of us are struggling to stay afloat.

A: 난 저 갑부가 사는 게 얼마나 힘든지 불평한다는 게 충격이야.

B: 말도 안 돼. 저 사람은 분위기를 파악 못 하나? 대부분의 사람들은 빚지지 않으려고 발버둥치며 사는데.

분위기를 파악한다는 것은 '분위기를 눈치★ 채는' 것이라고 할 수 있다. '눈치 채다'를 뜻하는 적절한 영어 표현은 get the signal 또는 take a hint인데, 간접적인 의사 표시에 담긴 그 사람의 감정이나 의도, 생각을 파악할 때 쓰는 표현이다. 반면, read the room은 전반적인 상황과 분위기를 이해하는 것이다.

A: Maybe we should go somewhere else.

B: Why? I like this place.

C: It's a bit too loud. We haven't seen each other in months. It would be nice to be somewhere we can hear each other talk.

A: I think that's a good idea.

B: Let me get another drink.

A: Hey! Take a hint! We all want to go somewhere else.

B: Sorry! I didn't get the signal.

A: How much more obvious does it need to be?

B: Okay, okay. Let's go.

A: 우리 다른 데 갈까?
B: 왜? 여기 좋은데?
C: 좀 시끄럽다. 우리 몇 달 만에 만나는 건데, 말하는 게 들리는 데로 가는 게 좋지 않을까?
A: 좋아.
B: 난 한 잔 더 주문할게.
A: 야! 눈치 좀 챙겨! 우린 다 다른 데로 옮기고 싶다고.
B: 미안! 눈치를 못 챘어.
A: 얼마나 더 분명하게 말해야 하는데?
B: 알았어, 알았어. 나가자.

참고로 '사람의 생각이나 감정을 파악하는' 것은 동사 read만으로 간단히 나타낼 수 있다. 한국어에도 '누구의 생각을 읽다'라고 표현한다.

A: Did you tell your mom the news?

B: Yes, finally.

A: How did she react?

B: She didn't react at all.

A: What do you think she was thinking?

B: You know she's a hard person to read.

A: But still. There must've been some signs.

A: 어머님께 그 소식 말씀드렸어?
B: 응, 드디어.
A: 어떤 반응을 보이셨어?
B: 아무 반응도 안 하셨어.
A: 자기 생각에는 어머님께서 무슨 생각을 하셨던 거 같아?
B: 자기도 알지만, 우리 엄마는 파악하기 힘든 분이잖아.
A: 그래도. 무슨 사인이 있으셨을 거 아니야.

★ '눈치' 관련 → '추가 학습 노트' 참고

reap the rewards

보상을 거두다

MP3 212

동사 reap이 나오는 대표적인 표현인 you reap what you sow는 기독교 성경 〈갈라디아 6:7〉 "For whatsoever a man soweth, that shall he also reap(사람이 무엇을 심든지 그대로 거두리라)"에서 유래한 표현으로, 이전의 선택 또는 행동에 따라 결과가 달라진다는 의미를 포함한다. reap the rewards를 직역하면 '보상reward을 거두다reap'이므로 항상 좋은 결과를 얻을 때 쓰는 표현이라는 것을 알 수 있다.

A: Do you think your success has changed you?
B: I think about that a lot actually. I'm sure I have a little bit. I mean, how could it not? But in most cases I feel like an impostor.
A: You think you have impostor syndrome?
B: Yeah! I'm scared people are going to find out that I don't deserve it.
A: Oh, wow. You don't need to worry about that. You put in the hours and now you're **reaping the rewards**.
B: Can't deny that I worked hard. I guess the proverb's true: "You reap what you sow."

A: 성공한 것 때문에 네가 변한 거 같아?
B: 사실 나도 그 생각 많이 해. 조금은 변했겠지? 아니, 어떻게 안 변할 수가 있겠어? 그런데 대개의 경우, 내가 사기꾼 같이 느껴져.
A: 가면증후군이 있다는 말이야?
B: 그래! 내가 그럴만한 가치가 있는 사람이 아니란 걸 들킬까 봐 걱정돼.
A: 와. 넌 그런 걱정 안 해도 돼. 쏟아 부은 시간에 대한 보상을 지금 받는 거지.
B: 열심히 일한 건 인정. "뿌린 대로 거둔다"라는 속담이 맞긴 맞나 봐.

rhyme or reason

그럴싸한 까닭/이유

MP3 213

대개 no rhyme or reason 또는 without rhyme or reason 형태로 쓰이고 '~할 만한 (그럴싸한) 이유가 없다'라는 뜻을 나타낸다.

A: You know what I don't like about gun violence? You never know when it's going to happen. That's why I hate walking to places.

B: Are you really worried you're going to get shot every time you go out?

A: Maybe! If you're in the wrong place at the wrong time. The worst part is that there seems to be **no rhyme or reason** to it. These crazy people shoot randomly at innocent people.

A: 총기 폭력에 대해 싫은 게 뭔지 알아? 언제 발생할지 결코 알 수 없다는 점이야. 그래서 여기저기 걸어 다니는 게 싫어.

B: 밖에 나갈 때마다 총에 맞을까 봐 진짜 걱정돼?

A: 그럴 수도 있어! 잘못된 시간에 잘못된 장소에 있다간. 제일 무서운 건, 그런 짓을 하는 명확한 이유가 없다는 거야. 이 미친 인간들은 죄 없는 사람들 아무한테나 총을 쏜다고.

right to repair

수리권

MP3 214

'수리권'이란 전자제품을 소비자 또는 제3자가 직접 '수리할repair' 수 있게 허용하는 '권리right'로, 이 권리를 법으로 제정해야 한다는 움직임이 전 세계적에서 일어나고 있다. 미국 매사추세츠 주에서 소비자가 직접 차를 수리할 수 있게 필요한 서류와 정보를 자동차 제조업체들이 소비자에게 제공하는 법으로부터 시작됐다.

A: I have to get my phone fixed, but it's so expensive.

B: There's a reason for that. Electronics companies make it so that we're forced to go to their stores to get it fixed. Actually, there's a movement to change that. It's called "right to repair."

A: It's my first time hearing of it.

B: The supporters want to make it law so that consumers can fix their electronics by themselves or through an unauthorized third party.

A: I didn't know we couldn't do that.

B: Electronics companies don't provide replacement parts to unauthorized repair shops, so even if you get it fixed at a repair shop, they have to use products from China that are technically illegal to import.

A: But don't the companies have a right to not provide them?

B: That's their argument, but it wasn't always like this. In the past if your car had problems, you could go to any body shop to get it fixed. Not anymore.

A: That's true. I guess you should be able to do whatever you want with the stuff you buy.

B: That's what the movement's about.

A: 핸드폰을 수리해야 하는데 너무 비싸.

B: 비싼 이유가 있어. 소비자를 억지로 전자기기 회사들이 운영하는 수리점에 가게 해서 그래. 사실, 그걸 바꾸려고 하는 운동이 있는데, 그 운동의 이름이 '수리권'이야.

A: 난 처음 들어.

B: 이 운동을 지지하는 사람들은 소비자나 공인되지 않은 제3자가 직접 전자제품을 수리할 수 있는 법을 입법화시키고 싶어 해.

A: 그걸 못 하는지 몰랐어.

B: 전자기기 회사들은 교환할 수 있는 부품을 공인되지 않은 수리점에 제공하지 않아. 그래서 수리점에서 고친다고 해도 중국에서 불법으로 수입한 제품을 써야 해.

A: 그런데 기업에게도 부품을 제공하지 않아도 되는 권리가 있지 않나?

B: 기업들은 그렇게 주장하지. 그런데 처음부터 그랬던 건 아니야. 과거에는 차에 문제가 생기면 아무 데나 가지고 가서 고칠 수 있었잖아. 지금은 안 되지만.

A: 맞아. 내가 산 제품을 내 맘대로 할 수 있어야지.

B: 그게 이 운동의 목표야.

몇 년 전, 수리권과 관련한 이슈로 애플이 집중 공격을 받았다. 2016년에 아이폰 6를 공인되지 않은 업체에서 수리 받은 소비자들이 얼마 안 있어 전화기를 못 쓰게 된 사건이 생겼다. 수리하고 몇 주 또는 몇 개월 동안 잘 썼는데, 업데이트하니 "알 수 없는 오류가 발생했습니다(53)"라는 표시가 뜬 것에서 이 사건은 "Error 53"라고

불렸다.

격렬한 항의가 빗발치자 애플은 공장에서 하는 보안 테스트였을 뿐 소비자에게 영향을 미치려는 의도는 없었다고 사과했다.★ 비록 새 아이폰을 사게 하려는 의도는 아니었다고 했지만, 애플을 포함해 많은 대기업이 수리권의 입법화 반대를 위해 로비를 하고 있다는 사실이 밝혀졌기 때문에 사과의 진정성이 의심받고 있다.

한편, 카일 윈스와 루크 소울즈는 iFixit내가 고친다★★라는 회사를 차려 소비자가 혼자서도 제품을 수리할 수 있게 각종 전자제품의 수리법 매뉴얼을 제공하는 웹사이트를 열었다.

수리권을 요구하는 목소리가 점점 커지고 있는 만큼, 앞으로 어떤 결론이 날지 살펴봐야 할 흥미로운 이슈임에 틀림없다.

★ 관련 기사: techcrunch.com/2016/02/18/apple-apologizes-and-updates-ios-to-restore-iphones-disabled-by-error-53/?guccounter=1
★★ iFixit: www.ifixit.com

rinse, repeat

같은 행동을 무한 반복하다

MP3 215

식당 주방에서는 식당 영업이 끝날 때까지 그릇을 씻고 '헹구고rinse 또 씻고 헹구는 일이 반복된다repeat'. 이처럼 rinse, repeat는 '같은 일을 계속 반복하거나 그 일이 끝임없이 반복되는' 것을 나타내는 표현이다.

A: Did I tell you I'm moving?
B: Why would you do that? You live in a great location.
A: I don't like my roommate's dog. No, it's not so much the dog but my roommate. He's not good about cleaning up after her.
B: Oh, that's sucky.
A: And she's a big dog. She sheds a lot.

B: And you clean it all up?

A: Yes. Every damn day! I clean the floors as soon as I come home from work.

B: Rinse, repeat.

A: Exactly. Enough is enough.

A: 나 이사한다고 말했나?

B: 이사를 왜 해? 위치 좋은 데서 살잖아.

A: 룸메이트가 키우는 개가 싫어. 아니, 개보다는 룸메이트가 문제야. 개털 청소를 안 해.

B: 힘들겠다.

A: 개도 커서 털이 많이 빠지고.

B: 그걸 다 네가 청소해?

A: 응. 매일매일! 퇴근하고 집에 오자마자 바닥을 청소한다니까.

B: 매일 반복되는구나?

A: 그렇지. 더는 못 참아.

rinse, repeat는 일상에서 반복되는 사소한 행동 하나하나뿐 아니라 뻔하디 뻔한 판에 박힌 하루를 묘사할 때도 쓸 수 있다. 또한 권력을 쥐었을 때 어떻게 할지가 뻔히 보이는 사람을 대통령으로 뽑아 놓고서는 다음에도 그와 비슷한 사람을 대통령으로 또 뽑는 것과 같은 스케일이 큰 상황의 반복을 나타낼 때도 쓴다.

road rage

운전자의 분노, (운전 중) 일어나는 각종 폭력 행동/사건

MP3 216

한국에서도 영어 그대로 '로드 레이지'라고 하기도 한다. '도로road'에서 운전자의 '분노rage'로 일어나는 '각종 폭력 사태rage'는 미국뿐만 아니라 전 세계적으로도 심각한 사회문제이다.

A: Did you see the news about the road rage incident?

B: No, what happened?

A: They got out of their cars and started fighting with baseball bats.

They both had bats in their cars?

^{A:} Apparently.

^{A:} 운전 분노 사건 뉴스에서 봤어?
^{B:} 아니, 무슨 일이 있었는데?
^{A:} 운전사들이 차에서 내려서 야구 방망이로 싸웠어.
^{B:} 둘 다 차에 방망이가 있었다고?
^{A:} 그런가 봐.

미국에서 이런 로드 레이지가 많이 일어나는 도시는 LA인데, LA 사람들이 얼마나 운전을 험하게 하는지 직접 본 사람이라면 이러한 폭력 사건이 발생하는 이유를 알 수 있을 것이다.

road to recovery

회복 중

MP3 217

'회복_{recovery}으로 가는 길_{road}'로 직역해도 건강뿐만 아니라 국가적 위기 등 다양한 어려움을 지나 '나아지고 있음'을 나타내는 표현임을 알 수 있다. 항상 be on the road to recovery로 쓴다.

^{A:} How'd your mom's surgery go? Is she okay?
^{B:} Yeah, thanks for asking. The surgery went well, and she**'s on the road to recovery.**

^{A:} 어머니 수술 잘 됐어? 어떠셔?
^{B:} 물어봐 줘서 고마워. 수술은 잘 됐고, 회복 중이셔.

Korea **was on the road to recovery** soon after the Asian financial crisis.
아시아 금융 위기 이후에 한국은 곧 회복 과정에 진입했다.

road to recovery 대신 동사 **recover**를 활용하여 짧게 쓸 수도 있다.

The surgery went well, and she's recovering well.

수술은 잘 됐고, 그녀는 잘 회복 중이야.

Korea started recovering soon after the Asian financial crisis.

아시아 금융 위기 이후에 한국은 곧 회복 과정에 진입했다.

---

role reversal

역할 전환

MP3 218

말 그대로 '역할role의 반전reversal' 또는 '역할이 바뀌는 것'을 말한다. 예를 들면, 퇴직 후 본인은 집에 있고 배우자가 일을 나가 경제적 가장이 되면 역할 전환이 일어난 것이다.

A: Ever since my dad retired, he's become a different person.

B: In what way?

A: He's become really childish. He complains a lot, everything has to be done his way, everything has to be to his liking.

B: And you think this change is related to his retirement?

A: Yeah. Now that my mom is making all the money, he can't handle the role reversal.

B: Sounds like he needs to come out of retirement.

A: Yeah, or just shut up.

A: 아빠가 은퇴 이후로 사람이 완전히 변하셨어.
B: 어떻게 변하셨는데?
A: 어린아이 같아지셨어. 불평도 많아지시고, 원하는 대로만 하셔. 모든 게 당신 마음에 들어야 해.
B: 그 변화가 은퇴와 관련이 있다고 생각해?
A: 응. 인제는 엄마가 돈을 다 버시거든. 두 분의 역할이 바뀐 것을 못 견뎌하셔.
B: 은퇴 생활을 접으셔야겠네.
A: 아니면 입을 다무시든가.

run a risk

(손실, 실패의) 위험을 무릅쓰다

MP3 219

'위험risk을 운영한다run'는 것은 '되든 안 되든 한번 해 보다' 또는 '위험을 무릅쓰다'라는 뜻이다. take a risk도 비슷한 뜻인데, 둘은 미묘한 의미 차이가 있다.

첫 번째로는 실행 가능성에 대한 확실함의 정도다. run a risk는 위험을 짊어져야 하는 상황이라는 말이지 확실하게 위험을 감수한다는 것은 아니다. 하지만 take a risk는 그러한 상황이라는 것을 나타내는 것에서 나아가 위험을 감수하기로 결정을 내리는 경우에 쓴다.

두 번째로는 부정/긍정의 정도다. run a risk는 항상 부정적인 의미로 쓰인다. 물론, take a risk도 부정적인 의미를 깔고 있다. 하지만 너무 안전 노선만 추구하면 인생은 틀에 박힌 채로 흘러갈 뿐이다. 짜릿한 스릴이나 놀라움, 반전을 경험하기 위해서 위험을 감수하는 것이 take a risk이다. 따라서 take a risk는 부정과 긍정 두 가지 의미를 다 나타낸다.

A: But is it worth it? Do you really want to run the risk of getting fired?
B: I don't know, but sometimes you have to take risks in life.

A: 그럴 만한 가치가 있나? 해고당할 위험을 무릅쓰고 싶어?
B: 모르겠어. 하지만 살면서 가끔은 위험을 감수해야 할 때도 있지.

참고로 일상에서 '(~한) 위험이 있다'라고 표현하는 경우가 많은데, 이때는 there is the risk of ~이라고 하면 된다.

A: But is it worth it? There's the risk of getting fired.
B: I'm aware of the risk, but I'm gonna take it.

A: 그럴 만한 가치가 있나? 해고될 위험이 있잖아.
B: 그런 위험이 있다는 건 아는데, 그래도 할 거야.

Russian roulette

러시안 룰렛

MP3 220

'러시안 룰렛'은 회전식 연발 권총에 총알을 한 발만 넣고 탄창을 돌린 후 몇 사람이 차례로 자기 머리에 총구를 대고 방아쇠를 당기는 방식의 목숨을 건 내기이다. 동사 play와 함께 쓰여 '러시안 룰렛을 하다' 또는 '위험한 짓을 하다'라는 뜻을 나타낸다.

　미친 게 아닌 이상 러시안 룰렛을 실제로 하는 사람은 없기 때문에 **play Russian roulette**은 어떤 일을 죽도록 하기 싫다는 감정을 과장해서 말할 때 쓰는 경우가 대부분이다.

A: Let's play Truth or Dare.★
B: Please, no. We're not in high school anymore.
A: How about Mafia?
B: I would rather **play Russian roulette**.
A: What game do you want play then?
B: Nothing. Let's just drink.

A: 우리 진실게임 하자.
B: 하지 말자. 우리가 아직도 고등학생이야?
A: 마피아 게임은?
B: 그거 할 바엔 러시안 룰렛을 하겠다.
A: 그럼 넌 무슨 게임을 하고 싶은데?
B: 아무것도 안 하고 싶어. 그냥 술이나 마시자.

　이 표현의 유래는 분명하지 않다. 이 표현이 처음 등장한 것은 죠르주 수르데즈라는 작가의 단편소설인데, 소설에서 주인공은 러시아 장교들이 러시안 룰렛을 하는 장면을 목격한다. 허구의 이야기 속에서 하필 이런 위험한 게임을 하고 있던 캐릭터들이 러시아인인 것에는, 러시아인을 거칠고 극단적이라고 생각하는 서방 세계의 편견이 녹아 있는 것일 수 있다.

　또한 미국을 비롯해 서방 세계는 러시아인을 운명론자라고 보는 시각도 있었다.

러시아어 avos는 '순수한 운' 또는 '운에 달려 있는 믿음'이라는 뜻으로, 미래와 결과를 자신의 노력보다는 운명에 맡기는 러시아인의 성향을 드러내는 단어라고 할 수 있다. "하늘에 맡긴다" "어떻게든 풀리겠지" 식의 태도는 어느 나라에서나 볼 수 있지만, 서방 세계 사람들은 이 성향이 특히 러시아 문화권에서 두드러지게 나타난다고 여겼다.

'러시안 룰렛'이라는 표현이 생겨난 배경에 대한 명확한 증거는 없지만, 러시아인에 대한 서방 세계의 편견이 녹아 있는 표현이라는 개인적 의견을 다시 한번 피력하는 바이다.

★ Truth or Dare 관련 → '추가 학습 노트' 참고

better safe than sorry

나중에 후회하는 것보다 조심하는 편이 낫다

MP3 221

'후회하는sorry 것보다는 안전한/신중한safe 게 더 나은'이므로, '나중에 후회하는 것보다 조심하는 게 낫다'라는 말이다.

A: I don't know if I should charge my car now or do it when I get there.
B: What's the battery at?
A: It's at 29 percent.
B: And how much will you have left when you arrive?
A: It says 2 percent.
B: Do it now. Better safe than sorry.

A: 차 배터리를 지금 충전해야 할지 아니면 도착한 뒤 해야 할지 모르겠어.
B: 배터리 얼마나 남았어?
A: 29%.

266

B: 도착하면 몇 프로 남는데?

A: 2%라고 나와.

B: 지금 해. 나중에 후회하는 것보다 낫지.

born with a silver spoon in *one's* mouth

유복한 가족에서 태어나다, 금수저 출신이다

MP3 222

'입에 은silver 숟가락spoon을 물고 태어나다'라는 뜻의 이 표현과 유사하게 한국어에는 "금수저 출신"이라는 말이 있다.

은보다 금이 더 비싼데 영어에서는 왜 '은 숟가락'이라고 할까? 이 표현의 유래에 관해 영국의 귀족들이 은식기를 사용한 데에서 나왔다, 부자들이 자기가 대부 또는 대모가 되어 주는 아이에게 세례식 때 은 숟가락을 선물하는 전통에서 유래했다★ 등의 가설이 있지만, 결국 silver와 spoon으로 두운 표현을 만들기 위해서였다고 생각한다.

A: I think no rich person should ever be able to become a politician.

B: Then the whole system would collapse. Anyway, why do you think that?

A: Because if you're born with a silver spoon in your mouth, you have no idea how hard life is for the average person.

B: Don't hate them too much. They didn't choose to be born into rich families.

A: But they should still try to understand the plight of the less fortunate.

A: 부자가 정치인이 되면 안 된다고 생각해.

B: 그럼 전체 시스템이 붕괴될걸. 그나저나 왜 그렇게 생각하는데?

A: 왜냐면 금수저들은 평범한 소시민이 얼마나 힘들게 사는지 모르잖아.

B: 그 사람들을 너무 미워하지 마. 자기가 선택해서 부유한 가정에서 태어난 게 아니잖아.

A: 그래도 불우한 사람들의 어려움을 이해하려고 노력은 해야지.

★ 가설의 출처: www.phrases.org.uk/meanings/72200

✦ 참고 표현: blue blood (p. 39)

sad to say

유감스럽게도, 슬픈 이야기지만

MP3 223

직역하면 '말하기say에는 슬프지만sad'이라는 이 표현은 슬픈 소식을 전할 때 문장 앞에 쓴다.

A: **Sad to say**, my dog died.
B: Oh, no. I'm so sorry.

A: 슬픈 이야기지만, 우리 강아지가 죽었어.
B: 어머, 너무 안 됐다.

safe and sound

무사히, 별 탈 없이

MP3 224

흔히 '안전하고safe 이상 없는/건강한sound' 상태로, 즉 '무사히' 어느 장소에 도착했음을 나타낼 때 쓴다.

[At the airport]
A: Text me when you land.
B: Okay. Thanks for everything. Bye!
[Three hours later]
B: I just got home **safe and sound**.
A: Good!
B: Thanks again for everything!
A: Of course! Come back anytime.

[공항에서]
A: 도착하면 문자 해.
B: 응, 다 고마웠어. 갈게!
[3시간 후]
A: 무사히 집에 잘 도착했어.
B: 굿!
A: 다시 한번 고마워!
B: 아니야! 언제든 또 와.

또 '별 탈 없이'라는 뜻으로도 자주 쓴다.

[On the phone]

A: Hey! Where have you been? I've been trying to reach you for over a week.
B: Sorry, I was really busy.
A: I was getting worried. Everything good?
B: Yeah, yeah. Nothing's wrong. It's been crazy at work.
A: Well, thank God you're safe and sound.

[통화 중]
A: 야! 너 어디 갔었어? 일주일 넘게 연락했는데.
B: 미안, 너무 바빴어.
A: 걱정했잖아. 별일 없고?
B: 응, 응. 잘 지내고 있어. 일하느라 정신 없었어.
A: 암튼, 별 탈 없어서 다행이다.

---

safe space

안전 지대, 안전한 영역

MP3 225

'안전한safe 공간space'은 '주류와 다른 인종, 성 정체성, 성적 취향, 종교 등의 배경을 가진 사람들이 차별과 편견 등을 피할 수 있게 마련된 공간/환경'이다. 오늘날은 대부분 '미국 내 대학교에 있는 소수 민족 또는 소문화에 속한 사람들이 모여서 이야기를 나

눌 수 있는 공간'을 뜻하는데, 1960년대에는 '게이/레즈비언 바'를 가리키는 표현이었다. 사회와 대중문화로부터 차별과 비판, 박해를 받는 사람들이 탈출하여 모일 수 있는 공간이었던 것이다.★

1960년대에는 동성애자들이 신체적 가해를 피해 safe space로 모였지만, 대부분 대학교 내에 설치되는 오늘날의 safe space에는 충돌과 격론을 피하고자 하는 학생들이 모인다. 즉, 자기의 생각 또는 신념이 다른 사람과의 토론이나 연설을 피하고 싶어 하는 학생들의 도피처인 셈이다.

한 예로, 2015년에 아이비리그 브라운 대학교에서 초대 연설자 둘 사이에 강간 문화와 성폭행 주제로 토론이 있었다. 논란이 많은 주제라 연설자의 의견을 못 받아들이는 학생들이 있을 것을 대비하여 학교에서는 safe space를 설치했다.★★ 방 안에는 간식, 컬러링 그림책, 점토, 조용한 음악, 뛰어놀고 있는 강아지 동영상이 준비되어 있었다. 토론 중에 20명 넘는 사람들이 와서 안정을 취했다고 알려졌다.

safe space의 필요성에 대해서는 미국 내에서도 의견이 분분하다. 어떤 이들은 학생들이 너무 예민해졌다고 말하고, 다른 이들은 누구에게나 이러한 공간이 필요하다고 주장한다.

A: I heard there's going to be a safe space during the speech next week.
B: Who's the speaker?
A: I forgot her name, but she's very controversial. But isn't it crazy that they're making a safe space?
B: I really don't want to get into the whole "safe space" debate. My position is, "if you want to go, go. If you don't, don't." But I also don't think safe spaces harm anyone.
A: Some people think they do cause harm.
B: How?
A: People need to learn how to deal with opinions that are dissimilar to their own. You can't just run away whenever you feel uncomfortable.
B: I agree the world doesn't work like that. But maybe they're too young?

A: 다음 주에 있을 연설 시간에 세이프 스페이스가 생길 거래.
B: 연설자가 누군데?
A: 이름은 기억이 안 나는데, 논란이 많은 사람이야. 아무튼, 세이프 스페이스를 만든다는 건 미친 거 아니야?

B: 세이프 스페이스 논쟁에 끼기 싫어. 내 입장은 "가고 싶으면 가고, 가기 싫으면 가지 말고"야. 하지만 그런 게 있어서 해를 끼치는 건 아니라고 생각해.

A: 해를 끼친다고 생각하는 사람들도 있어.

B: 어떻게?

A: 자기 생각과 다른 아이디어를 다룰 줄도 알아야지. 불편하다고 매번 도망치면 어떡해?

B: 세상이 그렇게 돌아가지 않는다는 건 알겠는데, 사람들이 너무 어릴 수도 있잖아?

★ 1960년대의 safe space 관련 출처: www.vox.com/2016/7/5/11949258/safe-spaces-explained
★★ 브라운 대학교의 safe space 관련 출처: slate.com/human-interest/2015/03/hypersensitive-campus-progressives-judith-shulevitz-is-half-right-but-takes-her-criticisms-too-far

scratch the surface

수박 겉핥기로 처리하다, (문제 등을) 겉핥다

MP3 226

'표면surface★을 긁다scratch'라는 이 표현은 흔히 부정적인 의미로 쓰인다.

A: Have you thought of a topic for your thesis?
B: I've been doing some research, but I couldn't find any materials on it.
A: Where are you looking?
B: Wikipedia.
A: You call that research? That's scratching the surface.
B: Where should I look?
A: Start with scientific journals.

A: 논문 주제 생각했어?
B: 조사를 좀 했는데, 자료가 별로 없더라.
A: 어디서 조사했는데?
B: 위키피디아.
A: 그걸 조사라고 해? 위키피디아 보는 건 수박 겉핥기나 마찬가지야.
B: 그럼 어디를 봐야 돼?
A: 과학 저널부터 찾아봐.

하지만 아직도 배우고 발견할 게 많아서 신난다는 감정이 담긴다면 긍정적인 의미로도 사용될 수 있다.

A: I think one good thing about getting older is that you learn more about the world.

B: I agree. When I was younger I used to think I knew everything. Now I realize I've only just scratched the surface.

A: Exactly. The older you get, the more you realize how much you don't know.

B: Although some people never get there.

A: Yeah, those are the really confident idiots that you see sometimes.

B: Sometimes?

A: 나이 드는 것의 좋은 점 중 하나는 세상에 대해서 더 많이 알아가게 된다는 거야.

B: 동의해. 어릴 때에는 다 안다고 생각했는데, 지금은 내가 수박겉핥기만 했다는 걸 깨달았어.

A: 딱 그거야. 나이가 들수록 자신이 얼마나 모르는지 깨닫게 되지.

B: 하지만 그걸 절대 깨닫지 못하는 사람들도 있고.

A: 그런 자신만만한 바보들을 가끔 만날 때가 있지.

B: 가끔?

★ surface 관련 → '추가 학습 노트' 참고

secondhand smoke

간접흡연

MP3 227

말 그대로 '간접적인secondhand 흡연smoke'이다. secondhand 대신 indirect를 써도 되지만, 미국인들은 smoke와 두운을 이루는 secondhand를 쓰는 것을 선호한다.

A: There's something that always feels weird when I watch old movies.

B: What?

A: How normal it was for people to smoke indoors.

B: You're right! It looks so inappropriate now.

A: I mean what's the point of having a smoking and non-smoking section?

B: Maybe they didn't know about secondhand smoke.

A: Judging from all those people smoking, I doubt they knew about firsthand smoke.

A: 옛날 영화를 볼 때마다 이상하다고 생각되는 게 하나 있어.
B: 뭔데?
A: 실내 흡연이 정상이었다는 거.
B: 맞아! 지금 보면 완전 부적절한데.
A: 저럴 거면 흡연 구역과 금연 구역이 따로 있을 이유가 없잖아?
B: 그때는 간접흡연에 대해 몰랐던 것 같아.
A: 영화에서 담배 피우는 사람들 모습을 보면 저 때는 직접 흡연이 뭔지도 몰랐던 것 같은데?

예문에 나온 firsthand smoke라는 말은 공식적으로는 없는 말로 secondhand smoke를 이용한 말장난이다. firsthand가 '직접의'라는 의미의 형용사로 쓰일 때는 특히 experience나 knowledge와 묶이는 경우가 많다. (secondhand도 마찬가지이다.) 부사로 쓰일 때 자주 묶이는 동사는 know이다.

Before you think about opening a restaurant, you need firsthand experience in running one. I know firsthand how difficult it is, and you're not ready.
식당을 차리기 전에 어떻게 운영하는지 직접 경험해 봐야 해. 난 직접 겪어 봐서 가게를 운영하는 게 얼마나 힘든지 알아. 그리고 넌 아직 준비가 안 됐어.

This is secondhand knowledge, so don't take my word for it.
나도 다른 사람한테 들은 얘기야. 곧이곧대로 믿지 마.

참고로 secondhand에는 '중고의'라는 뜻도 있어서 '중고차(used car)'를 secondhand car라고도 한다.

I can only afford a secondhand car.
난 형편상 중고차밖에 못 사.

Secret Santa

비밀 산타, 지정된 사람에게 몰래 선물을 주는 방식

MP3 228

'비밀secret 산타클로스Santa'는 '정해진 사람에게 몰래 선물을 주는 사람' 또는 '몰래 주는 선물 교환 프로그램'을 뜻한다. 주로 크리스마스에 교회의 신도, 작은 회사의 동료, 친구들끼리 한다.

A: Is that a new band for your Apple Watch?
B: Yeah, I got it from my Secret Santa.
A: I like it. It's very Christmasy.★

A: 그거 애플워치의 신형 밴드야?
B: 응, 비밀 산타한테 받았어.
A: 마음에 든다. 크리스마스 분위기가 물씬 나네.

★ Christmasy: 크리스마스 분위기가 나는 (명사 Chirstmas에 −y를 붙여 귀엽게 들리게 만든 형용사)

seismic shift

지각 변동

MP3 229

지진학에서 온 표현으로 직역하면 '지진에 의한seismic 이동shift'이다. 지구의 판이 서로 충돌하여 큰 지진이 생기면 판 위에 있는 대륙에 엄청난 변화가 생기는데, 이처럼 '어떤 분야나 업계의 판을 뒤흔든 큰 변화'를 가리킨다.

A: I wonder when gay marriage will be legal in Korea.
B: I can't even imagine that happening. That would be a seismic shift in Korean society.
A: I bet it's going to happen earlier than we think. I remember when it

happened in the States. It was so quick that it caught everyone by surprise.

A: 한국에서는 동성결혼이 언제쯤 합법이 될까?

B: 그런 상황은 상상도 안 돼. 그게 합법화된다면 한국 사회에 지각 변동이 일어난 거지.

A: 우리 생각보다 더 빨리 될걸? 미국에서 동성결혼 합법화가 됐을 때가 기억나. 너무 빨리 진행돼서 사람들이 다 놀랐잖아.

sell *someone* short

(누구를) 하찮게 여기다/과소평가하다

MP3 230

주식의 공매도空賣渡와 관련 있는 표현으로 보인다. '공매하다'를 영어로 **sell short**라고 하는데, 2008년 금융 위기 직전을 배경으로 하는 영화 〈빅쇼트〉를 보면 미국 주택 거품이 터질 걸 예상한 사람들이 주식을 **short**한다.

참고로 공매도의 한자를 풀면 '없는 것을 팔다'인데, 특정 주식이 없는 투자자가 남에게 주식을 빌려서 판 다음, 해당 주식 가격이 하락하면 다시 그 주식을 사서 빌린 주식을 반환하는 것으로 주가 하락 시 발생하는 차액을 노리는 행위다.

그렇다면 '사람을 부족하게/짧게short 팔다sell'란 무슨 의미일까? 공매도는 주식 가격이 '내려갈' 거라고 예상할 때 한다. 여기서 착안해 '사람의 가치를 낮춰 평가하는' 것이라고 이해할 수 있다.

A: Why did that team trade him for such a low price?

B: They **sold him short**. They didn't see his potential.

A: 저 팀은 그 선수를 왜 그렇게 헐값에 트레이드한 거야?

B: 그를 과소평가했어. 그의 잠재력을 못 봤어.

부정문 형태로 써서 누군가를 위로하고 격려하기도 한다.

A: I know why I can't find a girlfriend. I'm a failure, a loser.

B: **Don't sell yourself short.** You have a lot to offer. You're smart, kind, and romantic. Any girl would be lucky to have you.

A: 내가 왜 여자친구가 없는지 알겠어. 난 실패자야, 루저라고.
B: 너 자신을 과소평가하지 마. 넌 줄 수 있는 게 많은 사람이야. 머리도 좋고, 착하고, 로맨틱하잖아. 너와 사귈 여자는 복 받은 사람이야.

set in stone

확정된, 변경 불가한

MP3 231

'돌stone에 박아 넣은set' 것은 돌을 훼손하지 않는 이상 바꿀 수 없다는 점에서 이 표현의 뜻을 짐작할 수 있다. 흔히 부정형인 **not set in stone**으로 쓴다.

A: I think there are two types of travelers in the world. People who plan everything to the last detail, and people who don't make any plans at all.
B: I think I'm somewhere in between. I make plans but not everything is **set in stone**.

A: 세상에는 두 가지의 타입의 여행자가 있는 것 같아. 어떤 사람은 사소한 것까지 세세하게 다 계획하고, 어떤 사람은 계획을 전혀 안 세우고.
B: 난 그 중간에 있는 것 같은데. 계획을 짜긴 하지만 모든 걸 확정 짓지는 않거든.

settle a score

보복하다, 복수하다

MP3 232

settle은 '(돈을) 계산하다', '정산하다'라는 의미이고, score는 오늘날에는 '점수', '득점'이라는 뜻으로 쓰이지만 과거에는 '계산서'라는 뜻으로 썼다. 한국 영화나 드라마를 보면 원수에게 "계산은 철저히 해야지. 내가 당한 대로 똑같이 갚아 줄게"처럼 복수를 계산과 연관지어 표현하는 것을 종종 볼 수 있는데, 유래를 정확하게 알 수 없는 이 영어 표현 또한 이 같은 개념으로 접근하면 이해하기가 쉬울 것이다.

A: You remember David? The one you got fired so that you could get promoted?
B: Of course, I do. What about him?
A: He's back as our boss, and I think he wants to settle a score with you.
B: How do you know he wants to get revenge on me?
A: After the interview, he asked me if you still worked here.
B: Oh, damn. Sure sounds like he wants to avenge himself.

A: 너 데이비드 기억나? 네가 승진하려고 해고당하게 한 사람.
B: 당연히 기억하지. 그 사람이 왜?
A: 우리 상사로 돌아왔어. 그리고 아무래도 너에게 복수하려는 것 같아.
B: 나에게 복수하고 싶어 한다는 걸 어떻게 알아?
A: 면접 후에 네가 아직도 여기서 일하는지 내게 물어봤거든.
B: 빌어먹을. 확실히 복수하고 싶은가 보다.

참고로 '복수'라는 뜻의 영어 표현으로 한국인들에게 익숙한 것은 revenge일 것이다. 대개 명사로 쓰이는 revenge를 활용해 '~에게 복수하다'라는 뜻을 나타낼 때는 get/take revenge on+복수의 대상으로 쓴다. '복수하다'를 나타내는 또다른 표현으로는 위 예문에도 나온 avenge가 있다. avenge는 나 자신이나 가족, 친구에게 해를 끼친 대상에게 그 잘못에 대해 보복하는 것이다. 흔히 avenge his father(아버지의 복수를 하다)처럼 avenge+*someone* 형태로 쓴다.

shitshow

엉망진창, 개판

MP3 233

직역하면 '똥shit 같은 쇼show'이므로 '난리법석' 또는 '개판'으로 해석하면 된다. 비속어인 shit이 쓰였으므로 친한 사이가 아닌 다른 사람들 앞에서는 쓰지 않는 게 좋다.

A: Looking back now, Korea in the 90s seems unreal to me. It was definitely a decade of Korea's growing pains.

B: Did something bad happen?

A: Oh, a lot of bad things happened. For example, a bridge in Seoul collapsed…

B: Really? Which one?

A: Seongsu, the one near Seoul Forest. And a department store collapsed. And there was a huge fire on the subway in Daegu, although that was in the early 2000s.

B: Wow, I had no idea Korea was such a **shitshow** back then. You guys have come a long way.

A: 지금 돌이켜 보면 한국의 90년대는 비현실적인 것 같아. 확실하게 한국이 성장통을 겪은 10년이었지.

B: 안 좋은 일이 있었어?

A: 안 좋은 일이 많았지. 서울에 있는 다리가 무너졌고….

B: 진짜? 어느 다리?

A: 서울숲 근처에 있는 성수대교. 백화점도 무너졌고. 그리고 대구 지하철 화재가 있었구나. 그건 2000년대 초의 일이었지만.

B: 와, 그 시절 한국은 그 정도로 엉망이었구나. 정말 많이 발전한 거네.

shopping spree

흥청망청 물건을 사들이기

MP3 234

이 표현은 '흥청망청spree 쇼핑하기|shopping'라고 직역해도 충분히 이해할 수 있는데, 비슷한 의미의 표현으로 spending spree가 있다. 하지만 spending spree는 물건을 마구 사들이는 쇼핑보다 돈을 쓰는 행위에 초점이 맞춰져 있다. 비싼 식당에서 밥을 먹고 여행하는 등 '호사스럽게 돈을 소비하는 행위'가 spending spree이다.

A: Where's your husband?
B: He's on a **shopping spree**.
A: What's the occasion?
B: There's a going-out-of-business sale at the outlet mall.
A: It's funny that you hate shopping while your husband loves it.
B: Yeah, our gender roles are reversed.

A: 네 남편 어디 갔어?
B: 쇼핑 삼매경에 빠져 있어.
A: 뭐가 있어?
B: 아울렛에서 폐업 세일이 있대.
A: 너는 쇼핑을 싫어하는데 너희 남편은 좋아한다는 게 재미있다.
B: 응, 우리는 성 역할이 바뀌었어.

한 가지 주의할 점은 예문에 나온 것처럼 spree를 하는 도중이면 be동사와 함께 쓰고, spree를 시작한 순간을 나타낼 때는 동사 go를 쓴다는 것이다. 예를 들어, go on a killing spree처럼 쓸 수 있다.

He **went on a killing spree** and killed eight people in just a few hours.
그는 살인 행각을 벌여 몇 시간 만에 여덟 명을 죽였다.

short and sweet

간결하게, 짧고 명쾌하게

MP3 235

직역하면 '짧고short 달콤한sweet'인데, 회의나 설교, 면접 등 일반적으로 '(원래는 길고 지루한 게 의외로) 짧고 간결할' 때 쓰는 표현이다.

A: How was the meeting?
B: It was **short and sweet**.
A: That's the best kind!
B: Yup! Although it could've been an email.

A: 회의는 어땠어?
B: 짧고 간결했어.
A: 그게 제일 좋은 회의지.
B: 응! 하지만 이메일로 해도 됐을 거야.

sight for sore eyes

보기만 해도 좋은 것/사람

MP3 236

'아픈sore 눈을 위한 보기sight'로 직역해도 '봤을 때 아픈 눈이 치유될 정도로 보기 좋은/ 반가운 대상'을 뜻한다는 것을 짐작할 수 있다. 오랜만에 만나 반가움을 표현하거나 매력적인 외모의 사람을 봤을 때 쓰는 표현이다.

A: Every time I see my girlfriend, I tell her that she's a sight for sore eyes.
B: The only problem is that she's also a sight for sore eyes for other people.
A: I think that's the most stressful part about dating a really pretty girl. Jealousy.
B: You'd better up your game★ if you want to keep her.

A: 난 만날 때마다 여친에게 널 보기만 해도 행복하다고 말해.
B: 유일한 문제는 네 여친이 다른 사람 눈에도 너무 보기 좋다는 거지.
A: 정말 예쁜 여자랑 사귈 때 제일 힘든 게 그거야. 질투.
B: 그녀와 계속 만나고 싶다면 더 잘해 줘야 할 거야.

반대로 '꼴 보기 싫은 것', '눈에 거슬리는 것'은 eyesore이다.

A: Look at all these cars parked on the sidewalk and crosswalks.
B: They're an eyesore, but what can you do?
A: People in Korea really need to stop parking illegally.

A: 인도랑 횡단보도에 주차된 차들 좀 봐.
B: 보기 흉하지만, 어쩔 수 없지.

A: 정말이지 한국 사람들은 불법 주차를 안 해야 해.

참고로 **eye candy**라는 표현이 있다. '눈으로 보기에 좋은 것', '눈요기'라는 뜻으로, 외모가 매력적인 사람을 일컫는다. 주의할 것은 이 표현의 대상이 모르는 사람이라는 점이다. 예를 들어, 카페에서 일하는 예쁜 바리스타나 동네 농구장에서 농구하는 몸 좋은 남자들 등 나와 아는 사이는 아니지만, 눈을 즐겁게 하는 사람이 eye candy다.

A: What time is it? Almost 7:00. I have an idea. Let's go for a walk.
B: But we've been walking all day.
A: There's a basketball court near here with a lot of eye candy.
B: Oh! Why didn't you say so? Should we get a couple of beers?

A: 지금 몇 시야? 거의 7시네. 나 좋은 생각이 있어. 우리 산책하자.
B: 하지만 우리 하루 종일 걸었어.
A: 이 근처에 농구장이 있는데, 눈 호강이 될 볼거리가 많아.
B: 야! 진작 말하지. 맥주 사서 갈까?

★ up your game: (노력해서) 개선하다, 발전시키다 (여기서의 up은 동사)

sights and sounds

볼거리와 들을 거리, 풍경과 소리

MP3 237

서울, 도쿄, 뉴욕과 같은 대도시의 공통점은 볼 '광경sight'도 많고 들리는 '소리sound'가 많다는 점이다.

A: How's your puppy doing?
B: He's good! I took him on his first walk the other day.
A: That must've been fun!
B: Well, I had to carry him most of the way.
A: Carry him? Why?

B: I think he was overwhelmed with all the new **sights and sounds** of the city. He would lie on the ground and not move.

A: I bet you're right. It was sensory overload. I remember my dog doing that when he was a puppy.

A: 너의 집 강아지 잘 있어?
B: 응, 잘 있어! 며칠 전에 처음으로 산책시켰어.
A: 즐거웠겠네!
B: 음, 대부분 내가 안고 다녔어.
A: 안고 다녔다고? 왜?
B: 도시의 새로운 볼거리와 소리에 압도당했던 것 같아. 바닥에 누워서 안 움직이는 거야.
A: 네 말이 맞는 것 같아. 감각 과부하였네. 우리 강아지도 새끼 때 그랬던 게 기억나.

sink or swim

살든지 죽든지, 흥하든 망하든

MP3 238

'물에 가라앉든가sink 헤엄치든가swim'에서 노력을 강조한 표현임을 알 수 있다. 즉, 열심히 노력하면 성공할 수 있지만 노력하지 않으면 실패한다는 의미가 담겨 있다.

A: I have a proposition for you. You know I started working at a start-up.

B: Yeah. It's the reason why I never see you anymore.

A: Would you be interested in working there?

B: Didn't you say that they have a **sink-or-swim** attitude there?

A: Which is why I'm asking you. You're a workaholic.

B: So?

A: They reward hard workers like you. You can make it much further in this company than at your current job.

B: That's a good point. Um, let me sleep on it.

A: Okay, but you have to let me know by tomorrow.

B: Why the rush?

A: The guy you're taking over sank instead of swimming.

A: 너한테 제안을 하나 할게. 나 스타트업에서 일하게 된 거 알지?

B: 응, 그래서 네 얼굴 보기가 힘들잖아.

A: 거기서 일할 생각 있어?

B: 그 회사의 방식은 "죽든 살든 알아서 해"라며?

A: 그래서 너한테 물어보는 거야. 넌 워커홀릭이니까.

B: 그래서?

A: 너같이 열심히 일하는 사람에게 보상을 주는 회사야. 지금 일하는 데보다 이 회사에서 장차 더 크게 될 수 있을 거야.

B: 좋은 지적이다. 하룻밤 숙고해 볼게.

A: 알았어. 그런데 내일까지 알려줘야 해.

B: 왜 그렇게 급해?

A: 네가 할 일을 담당했던 사람이 못 견디고 그만뒀거든.

참고로 '모 아니면 도', '죽기 아니면 까무러치기'라는 의미로 쓰이는 표현은 아래와 같다.

all or nothing	do or die★
go big or go home	go for broke

★ do or die (p. 109) 참고

---

slippery slope

미끄러운 비탈길, 구렁텅이로 빠지는 길

MP3 239

'미끄러운slippery 비탈길/경사면slope'을 걸을 때 잘못 삐끗하면 아래로 굴러 떨어지게 된다. '일단 시작하면 멈추기 어렵고 파국으로 치달을 수 있는 행동이나 방향, 결정'을 비유하는 말로, 한 걸음 잘못 걸으면 돌아올 수 없는 나락으로 떨어진다는 생각이 반영된 표현이다.

A: I'm always surprised to hear people say that police officers in Korea have too little power to deal with violent people.

B: Why are you surprised by that? A lot of officers get hurt or even killed because they can't retaliate.

A: Well, as an American, I worry about the police having way too much power. They kill innocent people every day. Remember the George Floyd incident?

B: True. But that's an extreme example. I still think the police should have more leeway in dealing with people.

A: It's a **slippery slope**. When you give them more power, you can't take it back.

A: 난 한국 경찰에게 폭력적인 사람들을 다룰 공권력이 거의 없다는 말을 들을 때마다 놀라워.

B: 그게 뭐가 놀라워? 많은 경찰이 보복할 수가 없어서 다치거나 심지어 죽기도 하지.

A: 미국인인 나는 경찰의 힘이 너무 강한 게 걱정이야. 죄 없는 사람들을 매일 죽이잖아. 조지 플로이드 사건 기억나?

B: 네 말이 맞긴 한데, 그건 너무 극단적인 예야. 경찰이 사람들을 다룰 때 좀 더 재량권이 주어져야 한다고 생각해.

A: 그게 미끄러운 비탈길이야. 경찰에게 더 많은 힘을 주면 되돌릴 수가 없어.

slow and steady wins the race

천천히, 꾸준히 하는 게 중요하다

MP3 240

〈이솝 우화〉를 보면, '느리지만slow' 쉬지 않고 목표를 향해 '꾸준히steady' 걸음을 내딛은 거북이가 도중에 낮잠을 잔 토끼에게 경주에서 이긴다. '꾸준히 어떠한 일을 하는 게 중요하다'는 것을 조언할 때 이 표현을 쓴다.

A: I've started going to the gym.

B: Good for you! How often do you go?

A: I go seven times a week.

B: Whoa! Be careful. You might exhaust yourself.

A: But I feel good.

B: Right now, yes. But you might exhaust yourself. Remember, **slow and**

steady wins the race.

A: 나 헬스 다니기 시작했어.
B: 잘했어! 얼마나 자주 가?
A: 일주일에 일곱 번.
B: 와! 조심해. 진이 빠질 수도 있어.
A: 하지만 기분이 좋아.
B: 지금은 괜찮아도 완전히 지칠 수 있어. 천천히, 꾸준히 하는 게 중요하다는 걸 기억해.

slowly but surely

느리지만 확실히

MP3 241

'더디지만slowly 확실하게surely'라는 이 표현은 상대방한테 조언할 때뿐만 아니라 자기 자신을 격려할 때도 쓴다.

A: How's your diet going?
B: Slowly but surely, I'm losing weight. I'm eating less in general and eating more vegetables. The problem is I'm only losing, like, two kilograms a month.
A: Hey, that's way better than losing a lot of weight really fast and then gaining it back.

A: 다이어트 잘돼 가?
B: 더디지만 확실히 살이 빠지고 있어. 전반적으로 덜 먹고 채소를 더 먹고 있지. 문제는 한 달에 2킬로 정도 밖에 안 빠지고 있다는 거?
A: 야, 급하게 뺐다가 요요 오는 것보다야 훨씬 낫지.

slut-shame

(여성을) 성적으로 희롱하다/비하하다

MP3 242

slut은 '성적으로 문란한 계집', shame은 '부끄럽게 하다', '망신시키다'라는 뜻으로, slut-shame은 특히 여성의 야한 옷차림 또는 행실을 꼬투리 잡아 '성적으로 문란하다고 욕하는' 행위를 뜻한다.

미국 역사상 아마도 가장 심하게 slut-shame당한 여자는 모니카 르윈스키였을 것이다. 1990년대에는 이 표현이 없었지만, 그러한 행위는 사회적으로 만연했다. 당시 대통령이었던 유부남 빌 클린턴이 르윈스키와 성관계를 했다는 사실이 밝혀지자 온갖 매체에서는 르윈스키를 "창녀"라고 불렀다. 그러나 남성인 클린턴은 "매춘부"라고 욕을 먹지 않았다. 거의 30년이 지난 지금 그 사건을 바라보면, 두 사람이 같이 불륜과 성관계를 한 건데, 여자인 르윈스키만 조롱과 공격을 당한 것은 부당한 일이다. 성적으로 난잡하다고 욕을 먹는 사람은 대부분 여자이다. 그런데 놀랍게도, 그렇게 상대방을 욕하고 조롱하는 사람의 성별 비율을 보면 여자와 남자가 비슷하다.★

A: This just shows you how little society has changed regarding sexism.
B: I disagree. You might be too young to remember this, but during the Monica Lewinsky scandal, she was brutally slut-shamed by the media while Clinton got off quite easy.
A: I've heard of it, of course, but I don't know any of the details. What did people say about her?
B: Just google "jokes about Monica Lewinsky." People said things that are unimaginable now. So back to your point: society has changed a lot. You just don't realize it because the changes have been incremental.

A: 이 사건은 사회가 성차별에 대해 얼마나 변하지 않았는지를 보여 주는 거야.
B: 나는 동의하지 않아. 이걸 기억하기에는 네가 너무 어릴 수도 있는데, 모니카 르윈스키 스캔들이 터졌을 때 그녀는 언론에게 엄청난 비난과 조롱을 받은 반면, 클린턴은 가벼운 꾸지람 정도로 끝났어.
A: 물론 나도 들어 본 적 있어. 하지만 자세한 내용은 몰라. 사람들이 그녀에 대해 뭐라고 했는데?
B: 그냥 구글에 "모니카 르윈스키 농담"으로 검색해 봐. 지금 시대에는 상상할 수도 없는 말들을 사람들이

했지. 아무튼 네가 말한 포인트로 돌아가면, 사회는 많이 변했어. 다만 변화가 서서히 발생했기 때문에 깨닫지 못하는 거야.

참고로 '상대방의 외모, 특히 몸 크기를 조롱하는' 것은 body-shame이다. 2017년에는 한 플레이보이 모델이 헬스장 샤워실에서 살찐 여성의 사진을 몰래 찍은 다음 자기 입을 가리며 웃는 모습을 소셜 미디어에 올려 큰 비난을 받은 사건이 있었다.★★ 또한 아무래도 살찐 사람을 조롱하는 게 일반적이라, 다른 사람을 '뚱뚱하다고 비하하는' 행위를 fat-shame이라고도 한다.

A: Did you hear about the Playboy model being sentenced for body-shaming another woman?

B: You can get charged for body-shaming?

A: She uploaded a picture of a naked woman in the shower at a gym.

B: So this is more of a privacy issue than body-shaming.

A: Along with the picture, she wrote, "If I can't unsee this then you can't either."

B: Wow…what was she thinking? Some people are so insensitive.

A: 플레이보이 모델이 다른 여자의 몸매를 비하해서 형을 선고받았다는 뉴스 들었어?

B: 몸매를 비하한다고 기소될 수 있어?

A: 헬스장 샤워실에 있는 여자의 알몸 사진을 올렸어.

B: 그럼 몸매 비하보다는 사생활 침해 문제네?

A: 사진에 "내가 이걸 볼 수밖에 없다면 너희도 봐야 해"라고 썼어.

B: 와, 대체 무슨 생각이었을까? 너무 둔감한 사람들이 있다니까.

★ 성별 비율 출처: time.com/107228/women-misogyny-twitter-study-demos
★★ 2017년 body-shame 사건 출처: www.bbc.com/news/world-us-canada-40038332

small screen

TV

MP3 243

'작은small 화면screen'은 'TV'를 가리킨다. '영화관'이나 '극장'은 big screen 또는

silver screen이라고 부른다. 연속극과 같은 soaps★에 주로 나오다가 무비 스타로 도약한 배우들을 소개하는 기사에는 흔히 아래와 같은 제목이 달린다.

"From The **Small Screen** To The **Big Screen**: 21 Actors Who Got Their Big Break On TV Soaps"★★

"TV에서 영화로: 연속극에서 시작해 완전히 뜬 21명의 배우"

★ soap: soap opera의 줄임말. 보통 낮에 방송하고, 연기 실력이 부족한 배우들이 나오는 연속극 (시청률이 높은 저녁 시간에 방송하는 프로그램은 TV show, 또는 TV drama라고 한다.)

★★ 헤드라인 출처: radaronline.com/photos/celebrities-big-break-tv-soap-opera-photos

smokescreen

연막, 위장

MP3 244

smokescreen은 원래 전쟁터에서 적의 시야를 '차단하기screen' 위해 피운 '연기smoke'이다. 하지만 그런 연기를 직접적으로 피울 필요가 없는 일상에서는 상대방을 혼란시키거나, 진실을 보거나 이해하기 어렵게 하는 '연막' 또는 '위장'이라는 비유적인 의미로 쓰인다.

> A: I'm thinking of inviting David over for dinner.
> B: I'd rather you not.
> A: What is it with you and David?
> B: Nothing, I'm just tired these days.
> A: Why don't you just admit it? You don't like him.
> B: That's not true.
> A: I can see through the smokescreen.

A: 데이비드한테 저녁 먹으러 오라고 초대할까 해.
B: 난 초대하지 않았으면 좋겠는데.
A: 너 데이비드하고 무슨 일 있어?
B: 아냐, 요새 피곤해서 그래.
A: 넌 그냥 데이비드가 싫은 거야. 인정해라.

B: 아니야.

A: 연막 쳐 봤자 다 보여.

참고로 screen은 명사로 '화면', '가리개'라는 뜻을 가진다. 바람은 들어오게 하되, 모기나 벌레는 못 들어오게 하는 '방충망'도 screen이다. 원하는 것만 들어오게 하고 원하지 않는 건 들어오지 못하게 한다는 점에서 screen이 동사로 쓰이면 '차단하다', '거르다'라는 뜻을 갖는다. 따라서 screen *someone's* call은 통화하고 싶지 않은 사람의 '전화를 걸러서 안 받는' 것이다.

[At a restaurant]

A: Come to think of it, doesn't David live around here?

B: Oh, yeah! We should call him.

A: You do it.

B: Why not you?

A: Because he **screens my calls.**

B: Are you sure? Okay, let's do this. You call him first. And if he doesn't answer, I'll call him five minutes later.

A: I'll bet you dinner that he's not going to answer my call.

B: You're on.

[식당에서]

A: 그리고 보니 데이비드가 이 근처에 살지 않나?

B: 어, 그러게! 연락해 보자.

A: 네가 해.

B: 넌 왜 안 해?

A: 내가 전화하면 안 받아.

B: 진짜야? 그럼 이렇게 하자. 네가 먼저 전화해. 그리고 전화 안 받으면 5분 후에 내가 걸게.

A: 그가 내 전화를 안 받을 거라는 데 저녁밥을 걸게.

B: 콜.

soft-spoken

부드럽게 말하는, 목소리가 나긋나긋한

MP3 245

'부드럽게soft 말을 하는spoken'이라는 말 그대로 '조용조용 말하는', '상냥하고 나긋나긋하게 말하는'이라는 뜻의 표현이다. 항상 긍정적인 의미로 쓰인다.

A: What's your favorite Meryl Streep movie?
B: God, that's a hard question. Umm, *The Devil Wears Prada*?
A: That's an interesting choice. You have no interest in fashion.
B: I don't. But I like how she's so powerful yet so **soft-spoken**. Someone without as much power would have to speak louder. That's sexy to me.

A: 메릴 스트립 영화 중에 제일 좋아하는 게 뭐야?
B: 흠, 어려운 질문이군. 글쎄, 〈악마는 프라다를 입는다〉?
A: 흥미로운 선택인데? 넌 패션에는 아예 관심이 없잖아.
B: 관심 없지. 하지만 난 메릴 스트립의 나긋나긋하지만 힘이 느껴지는 말투가 좋더라고. 그 정도의 힘이 없는 사람은 더 크게 말을 해야 할 거 아니야. 그 점이 내가 보기에는 섹시해.

soft spot

특별히 애착을 느끼는 것, 편애

MP3 246

'약하고 부드러운soft 위치spot'를 공격당하면 큰 타격을 입게 된다. 거기에서 soft spot은 '(방어 등이) 허술한 곳' 또는 '약점'이라는 뜻을 갖게 되었다. 하지만 뭔가에 약하다는 것은 그것을 특별히 좋아한다는 말도 된다. 여기서 '편애', '특별히 애착을 느끼는 대상'이라는 뜻이 생겼다.

I have a **soft spot** for men who can cook.
난 요리 잘하는 남자에게 약해.

참고로 spot과 관련해 sore spot이라는 표현도 알아 두자. sore가 '아픈'이라는 뜻이므로 이 표현이 '감정을 상하게 하는 화제/약점/아픈 곳'을 뜻한다는 것을 짐작하기는 어렵지 않다.

A: Whatever you do, don't bring up her son.
B: Why? Did something happen?
A: It's a sore spot. He got arrested for fraud.

A: 뭐가 됐든 간에 저분의 아들 얘기는 꺼내지 마.
B: 왜? 무슨 일 있었어?
A: 아주 예민한 문제야. 아들이 사기로 감옥에 갔거든.

sore spot과 같은 뜻의 표현으로 sore point도 있다. 일반적으로 sore point가 훨씬 자주 쓰인다.

My family doesn't talk about money. It's a sore point around here.
우리 가족은 돈 얘기를 안 해. 우리 집에서는 아주 아픈 부분이거든.

Whatever you do, don't ask him if he has a girlfriend. He doesn't, and it's a sore point for him.
무슨 일이 있어도 그에게 여자친구가 있냐고 묻지 마. 없어. 그에게는 뼈아픈 사실이야.

spot이 나오는 또 하나의 중요한 표현은 sweet spot이다. 야구나 골프를 좋아하는 사람이라면 자주 들어 봤을 법한데, 배트나 골프채로 '공을 쳤을 때 원하는 곳으로 가장 멀리 날려 보내는 최고의 지점'을 뜻한다. 원하는 대로 공을 가게 하는 지점이니 말 그대로 '달콤한sweet 위치spot'인 것이다.

더 나아가 sweet spot은 내가 원하는 '모든 게 잘 맞아 떨어지는 최고의 상황'을 가리키기도 하고, 성적으로 흥분시키는 '몸의 특별히 예민하고 기분 좋은 위치'를 나타내기도 한다.

You have to find your sweet spot to make a good shot.
슛을 잘하고 싶으면 자신의 스위트 스폿을 찾아야 해.

I think this company has found its **sweet spot**: high quality and low prices.
이 회사는 높은 퀄리티와 저렴한 가격이라는 스위트 스폿을 찾은 것 같아.

My girlfriend knows all my **sweet spots**.
여자친구는 내 몸의 스위트 스폿을 다 알아.

soul-sucking

(영혼이 빠져나갈 듯이) 미치도록 지루한

MP3 247

'영혼soul을 빨아들이듯이|suck 미치도록 지루한' 것을 뜻한다. 전혀 창조적이지 않고, 단조로우면서 반복적인 일을 하는 상황에서 영혼이 빨려 지치는 느낌을 전달하는 표현이다.

레딧이라는 사이트에 실린 What was the most soul-sucking job you ever had?*라는 질문에 달린 답을 보면 soul-sucking이 무엇인지 확실히 알 수 있다. 그중 몇 가지를 꼽자면 마트 캐셔 일, 콜센터 근무, 샌드위치 가게에서 샌드위치 만들기, 8시간 동안 호치키스** 심 제거하기 등이 대표적인 soul-sucking job이라고 할 수 있겠다.

A: How's your new job?
B: I'm so bored I think I'm going to die.
A: Is it really that bad?
B: Yeah! It's **soul-sucking**. I feel like I'm dying a little bit every day.

A: 새로운 회사는 어때?
B: 너무 지루해서 죽을 거 같아.
A: 정말 그 정도야?
B: 영혼이 빨리는 느낌이야. 매일 조금씩 죽어가는 것 같아.

비슷한 뜻의 표현으로 **mind-numbing**이 있다. 직역하면 '정신 감각을 마비시키는'으로, '너무나 지루한'이라는 뜻이다.

A: What are you watching?
B: An interview with an economist.
A: It looks **mind-numbing** to me. I mean, he's so monotone.
B: That's true. It takes a while to get past it.

A: 뭐 봐?
B: 경제학자의 인터뷰.
A: 나에게는 엄청 지루해 보이는데. 내 말은, 저 사람 말투가 너무 단조로워.
B: 맞아. 그거 적응하는 데 시간이 걸려.

★ 질문 출처: www.reddit.com/r/AskReddit/comments/9glzt7/what_was_the_most_soulsucking_job_you_ever_had
★★ '호치키스' 관련 → '추가 학습 노트' 참고

spick-and-span

MP3 248

말끔한, 매우 깨끗하고 정돈된

spick은 고대 스칸디나비아어에서 온 말이고, span은 네덜란드어에서 건너와 만들어진 단어인데, 단어를 하나하나 뜯어 보는 것은 의미가 없다. 16세기에 두 단어가 합쳐져 '매우 깨끗한', '말쑥한'이라는 의미로 쓰이기 시작했다.

A: Did you clean the bathroom?
B: Yup! It's **spick-and-span**!

A: 화장실 청소 다 했어?
B: 응! 겁나 깨끗해!

spoke too soon

너무 성급하게 말했다

MP3 249

직역하면 '너무 빨리soon 말했다spoke'로 말을 끝내자마자 말한 것과 정반대인 상황이 발생했을 때 쓰는 표현이다. 거의 항상 speak의 과거형인 spoke이 쓰인다.

A: Maybe he won't come home drunk tonight.
B: Spoke too soon. Listen to the way he's fumbling with the keys.

A: 걔가 오늘은 술에 취하지 않은 상태로 올 수도 있어.
B: 말이 너무 성급했네. 쟤 열쇠 더듬거리는 소리 들리지?

star-struck

인기 스타에게 완전히 반한

MP3 250

struck은 '때리다', '치다'라는 뜻의 동사 strike의 과거형, 과거분사형이다. 직역하면 '스타star에게 맞은struck'으로, '인기 스타에게 심쿵해서 완전히 반한' 상태를 나타낸다.

A: I wonder what it feels like to be star-struck.
B: Who's your favorite famous person?
A: That's just it. I don't think I like anyone enough to feel that way.

A: 스타한테 완전히 반한다는 게 어떤 느낌일까?
B: 네가 제일 좋아하는 유명인이 누구야?
A: 그게 문제야. 나는 그 정도로 좋아하는 사람이 없는 거 같아.

참고로 heartthrob이라는 단어가 있다. throb은 동사로 '고동치다, 두근거리다', 명사로는 '고동', '떨림', '두근거림'이라는 뜻을 갖는다. 심장이 두근거리고 고동치는 현상은 다양한 상황에 발생할 수 있지만, 가슴앓이를 할 정도로 누구를 진심으로 좋아할 때도 일어날 수 있다. 그래서 heartthrob은 특히 십대 여자들이 좋아하는 '꽃미남 연예인'을 가리키는 말이 되었다. 현재 할리우드의 heartthrob은 크리스 헴스워스, 톰 홀랜드이고, 한 세대 전에는 레오나르도 디카프리오와 조니 뎁 등이 이름을 올렸다.

A: Oh, my God, look at him.
B: Wow, he's aged poorly.
A: I can't believe he used to be a heartthrob. My sister used to have a poster of him in her room.
B: My brother had a poster of him too. How we didn't notice the signs, I do not know.

A: 맙소사, 저 사람 좀 봐.
B: 와, 많이 늙었다.
A: 젊었을 때는 만인의 연인이었는데. 한때 언니 방에 저 사람 포스터가 붙어 있었어.
B: 우리 형도 저 사람 포스터를 갖고 있었지. 우리가 어떻게 그 신호를 알아채지 못했던 건지 모르겠어.

status symbol

신분/지위의 상징

MP3 251

무엇이 사람의 '신분/지위status의 상징symbol'이 될까? 딱 정해진 것은 없지만, 값비싼 명품이나 고급 승용차, 비싸고 좋은 집 등을 떠올릴 사람이 많을 것이다. 졸업한 대학이나 탁월한 외국어 실력, 좋은 집안 배경 등 무형의 가치 또한 지위의 상징이 된다.

A: I heard someone say the word "merit" on the subway today.
B: Yeah, so?
A: But why are they using it?

B: Uh, why not use it?

A: But what word did they use before "merit?" Surely there's a Korean word for that.

B: Oh, I see what you're saying. English is a **status symbol** here. That's why the more English words you use in conversation, the more sophisticated you sound.

A: 오늘 지하철에서 누가 '메리트'라는 단어를 쓰는 걸 들었어.

B: 그렇군. 그런데?

A: 그 단어를 왜 쓰는 걸까?

B: 왜? 안 쓸 이유가 있나?

A: 그럼 그 전에는 어떤 단어를 썼어? 분명히 그에 해당하는 한국어 단어가 따로 있을 거 아니야.

B: 아, 네가 무슨 말을 하려는 건지 알겠어. 한국에서는 영어가 일종의 지위의 상징이야. 그래서 대화 중에 영어를 더 많이 쓸수록 더 세련된 것처럼 들리는 거지.

steady stream

꾸준하고 안정된 흐름

MP3 252

'시내/개울stream'은 물의 양이 많지 않고 적은 양의 물이 '꾸준히steady' 흐르는데, 이처럼 '큰 변화 없는 꾸준한 흐름'을 나타낼 때 이 표현을 쓴다.

A: Are you making much money from your YouTube channel?

B: Not much. But I still get a **steady stream** of money from it.

A: But it's not enough for you to quit your job?

B: No, not even close.

A: 너 유튜브 채널로 돈 많이 벌고 있어?

B: 별로. 그래도 꾸준히 수익을 내고 있어.

A: 회사를 그만둘 만큼은 아닌가 보네?

B: 그러려면 아직 멀었어.

참고로 영어에는 다양한 상황을 물 또는 물의 흐름에 비유한 표현이 여럿 있다. 비가 너무 많이 내려 물이 넘치면 시냇물도 홍수를 일으킬 수 있다는 점에서 '전에는 작고 미미했으나 커지다'라는 뜻을 나타낼 때 "시냇물이 홍수로 변했다"라고 표현한다.

A: I remember when YouTube wasn't very popular in Korea.
B: I do too. Now it seems like everyone is making videos.
A: **It was a stream that has turned into a flood.**

A: 한국에서 유튜브의 인기가 별로 많지 않던 시절이 기억나.
B: 나도. 지금은 모두가 동영상을 만드는 것 같더라.
A: 시냇물이 홍수로 변했어.

'꾸준히도 아니고, 한 번에 많지도 않고, 가늘게 흐르는' 상태를 한국어로는 '찔끔 찔끔'이라고 하는데 이에 해당하는 영어 단어는 trickle이다.

A: Whatever happened to that YouTube channel you really liked?
B: There's been a **trickle** of content, but that's about it.
A: I wonder what happened.
B: Beats me.

A: 네가 진짜 좋아했던 유튜브 채널은 요즘 어떻게 됐어?
B: 콘텐츠가 찔끔찔끔 올라오는데, 그게 다야.
A: 무슨 일이 있었나?
B: 모르겠네.

'뭔가가 막 밀어닥치다가 갑자기 끊기는' 것 같은 모습은 파도(wave)에 비유하기도 한다. 한국어에도 유사하게 "밀물처럼 들어왔다가 썰물처럼 빠진다" 식의 표현이 있다.

A: I'm sorry I haven't been checking your YouTube channel very much. How's it going?
B: I'm ambivalent about it really.
A: What do you mean?
B: Sometimes I feel really motivated, and I make a lot of videos at once.
A: And then?
B: And then I stop uploading for a while.

A: So they come in waves.

B: Yeah, which can't be good. Like in any business, I need to be consistent.

A: 요새 네 유튜브 채널을 자주 못 봤는데, 잘돼 가?
B: 왔다 갔다 해.
A: 그게 무슨 말이야?
B: 어느 때는 완전 의욕이 넘쳐서 동영상을 한꺼번에 많이 만들거든.
A: 그런 다음엔?
B: 그러고서는 한동안 영상을 안 올려.
A: 했다 안 했다 그러네?
B: 응. 좋은 게 아니지. 어떤 사업이든 간에 일관성을 유지해야 하는데.

---

stepping stone

징검다리, 디딤돌

MP3 253

강이나 개울을 건너기 위해 '밟는step 돌stone'을 뜻하기도 하고, 비유적으로 '어떤 목표나 일을 이루기 위한 발판이나 수단'을 뜻하기도 한다.

A: It seems odd to me that people actually pay attention to what the mayor is doing. I don't even know the name of the mayor of my hometown.
B: That's because it's Seoul. Being the mayor of Seoul is the final stepping stone to the presidency. It's almost guaranteed that he will be a presidential candidate in the next election.
A: Oh... I didn't know that. Wow, where would Korea be without Seoul?★

A: 시장이 뭘 하는지 사람들이 주시하고 있다는 게 신기해. 난 우리 고향 시장의 이름도 모르는데.
B: 서울이어서 그래. 서울 시장이 되는 것은 대통령으로 가는 마지막 디딤돌이야. 다음 대선 때 대통령 후보자가 될 게 거의 확실시되거든.
A: 아하, 몰랐어. 한국에 서울이 없었다면 어떻게 되었을까?

★ Where would X be without Y? 관련 → '추가 학습 노트' 참고

sticks and stones

회초리와 돌멩이

MP3 254

영미권 동요에 나오는 Sticks and stones may break my bones, but words will never hurt me.(회초리와 돌멩이는 내 뼈를 부러뜨릴지 몰라도, 말은 나에게 상처 줄 수 없다.)라는 가사를 줄인 말이다. 특히 아이가 학교에서 놀림을 받아 집에 돌아와서 울고 있을 때 엄마가 남이 하는 말에 신경 쓰지 말라고 위로하면서 꺼내는 표현이다.

A: Mommy! My friends called me fat and laughed at me.
B: I'm sorry, honey. Are you okay?
A: I thought they were my friends.
B: There's a saying: Sticks and stones may break my bones, but words will never hurt me. Do you know what that means?
A: No...
B: It means they can't hurt you unless you let them hurt you. They're just words. Don't listen to them.

A: 엄마! 친구들이 나 보고 뚱뚱하다고 놀렸어요!
B: 그런 일이 있었어? 괜찮니?
A: 전 걔네가 친구인 줄 알았어요.
A: "회초리와 돌멩이는 내 뼈를 부러뜨릴지 몰라도, 말은 나에게 상처를 줄 수 없다"라는 속담이 있는데, 무슨 말인지 아니?
A: 아뇨….
A: 네가 상처받지 않겠다고 마음먹으면 다른 사람들이 너에게 상처를 줄 수 없어. 단지 말일 뿐이야. 걔네 말 듣지 마.

하지만 이 말이 참이 아니라는 것은 우리 모두 안다. 상대방의 말에 상처받았다고 설명할 때 이 표현을 사용하는 경우가 많다.

A: Are you still upset?
B: I don't think you realize just how much you hurt me with what you said.
A: I'm sorry, I didn't mean it. They're just words.

B: No, they're not just words. The expression **"sticks and stones"** is not true.

A: I know, it's not true. I'm really sorry. I'll choose my words more carefully next time.

A: 아직도 화났어?

B: 네가 말로 나에게 얼마나 상처를 준 지 몰라서 그래.

A: 미안해. 그런 뜻은 아니야. 그냥 말일 뿐이야.

B: 아니, 말이 얼마나 중요한데? "회초리와 돌멩이는"으로 시작하는 그 표현은 완전히 틀린 말이야.

A: 알아. 틀린 표현이란 거. 진짜 미안해. 다음에는 말할 때 더 조심할게.

street smarts

도시 생활을 잘하는 처세술/지혜

MP3 255

험한 '길거리street' 생활을 잘 꾸려갈 수 있는 '영리한 머리smarts'를 가진 사람은 세상 물정에 밝고 '처세술'이 탁월하다. 일반적으로 have street smarts 형태로 쓰는데, '세상 물정에 밝은'이라는 형용사 뜻을 나타낼 때는 street-smart로 쓴다.

반면, 세상이 어떻게 돌아가는지 잘 모르고 '책으로만 터득한 지식'은 book smarts라고 한다. book-smart는 '(책으로 배운 지식만 많아서) 세상 물정 모르는'이라는 의미의 형용사이다.

A: I have a theory that to be successful in this world, you have to be either **street-smart** or **book-smart**.

B: What if you **have** neither **street smarts** nor **book smarts**?

A: Then you'd better be attractive.

A: 내 생각에 세상에서 성공하려면 세상 물정에 밝거나 공부를 잘해야 해.

B: 두 개 다 부족하면?

A: 그럼 매력적이어야지.

suffice (it) to say

간단히 말하면

MP3 256

무엇을 '말하기say에 충분하다suffice'고 하여 꼭 필요한 정보만 간략하게 알려 준다는 의미로 하는 말이지만, 정작 이렇게 말하면서 말을 짧게 하는 사람은 거의 없다. it 은 생략하는 경우가 많다.

A: They're coming with us, right?
B: Uh, no.
A: Why not? They said they were going to.
B: **Suffice to say**, they're in no mood to come. They got into a big fight about something stupid, and she's giving him the silent treatment. He's been drinking every night with his friends, and⋯.
A: Okay, okay. I get it.

A: 걔네 부부 우리랑 같이 가는 거지?
B: 어, 아니.
A: 왜? 같이 간다고 했는데.
B: 간단히 말해서, 걔네가 같이 갈 기분이 아니야. 별거 아닌 일로 크게 싸우고서 아내는 남편에게 말도 안 하고 있어. 남편은 친구들하고 매일 밤 술이나 마시고⋯.
A: 알았어, 알았어. 알았다고.

superspreader

슈퍼 전파자

MP3 257

'대단한super 확산자spreader'라는 이 표현은 특히 코로나 팬데믹 시절에 한창 쓰였는데, '전염병을 많은 사람에게 전파한 사람'을 가리키는 말이다.

A: Did you hear about the gym with the **superspreader**?

B: No, how many people got infected?

A: 100, including the **superspreader**, who was a spinning instructor.

A: 헬스장에 슈퍼 전파자가 있었다는 거 들었어?

B: 아니, 몇 명이 감염됐어?

A: 스피닝 강사였던 슈퍼 전파자 포함해서 백 명.

전 세계적으로 유행병이 돌고 있는 게 아니라면 이 표현을 쓸 일은 많지 않다. 특정 시기에 유행하는 병명과 함께 잠깐 반짝 쓰였다가 병의 유행이 끝남과 동시에 갑자기 언급이 사라진다.

sweatshop

노동 착취 공장/현장

MP3 258

'열악한 환경에서 낮은 임금을 받으며 착취당하는 작업장'으로, 제대로 보호받지 못하는 환경에서 하루에 10시간 넘게 어린아이들이 일하는 극빈국에 있는 공장 같은 곳을 가리킨다. 어린아이 등 노동자들의 피와 '땀sweat★'을 짜내 제품을 생산하는 '공장 shop'으로 기억하자.

A: Do you think it's unethical to buy products that are made in **sweatshops**?

B: It's a double-edged sword. I don't want to support the companies that use **sweatshops**, but the people working in them do need money.

A: 노동 착취 공장에서 생산한 제품을 사는 게 비윤리적이라고 생각해?

B: 양날의 검이야. 그런 업체를 이용하는 회사를 지지하고 싶지는 않지만, 거기서 일하는 사람들은 돈이 필요하지.

★ '땀(sweat)' 관련 → '추가 학습 노트' 참고

알파벳 c는 뒤에 오는 모음에 따라 [s]로 발음된다. 이로 인해 만들어진 두운 표현이 civil servant이다.

civil servant

공무원

MP3 259

'시민의civil 하인servant'은 말 그대로 '시민을 위해 일하는 사람'으로, civil★은 라틴어의 '시민civis'에서 온 단어이다. 왕이 없던 로마 공화국 시대의 로마 시민들은 서로에 대한 책임과 공동의 목적과 공동체 의식을 갖는 것이 시민으로서 의무였다. 이 개념을 나타내는 단어가 라틴어 civitas이다.★★ 이 개념은 미국 역사에서도 찾아볼 수 있다. 게티즈버그 연설에서 링컨은 "국민의, 국민에 의한, 국민을 위한 정부(government of the people, by the people, for the people)"라고 표명했다.

오늘날은 공무원의 업무 분야도 전문적이고 세세하게 구분되어 있는데, 자기가 어떤 분야의 공무에 종사하고 있는지 구체적으로 밝히고 싶지 않을 때는 흔히 포괄적 용어인 civil servant라고만 한다.

A: So what do you do?
B: I'm a civil servant. I work for the IRS.
A: Oh, God. People must hate you.
B: We're used to it.

A: 그래서, 무슨 일을 하세요?
B: 전 공무원입니다. 국세청에서 일해요.
A: 맙소사. 엄청 미움 받으시겠어요.
B: 익숙합니다.

★ civil 관련 → '추가 학습 노트' 참고
★★ civitas 출처: www.collinsdictionary.com/dictionary/english/civitas

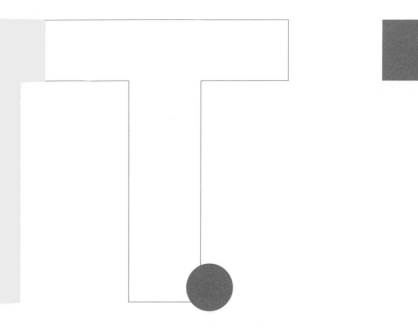

been there, done that

이미 겪어 봤고 다 안다

MP3 260

직역하면 '거기there 가 봤고, 그것that도 해 봤다'라는 이 표현은 두 가지 용법으로 쓴다. 첫 번째는 상대방이 추천한 것에 대해 '이미 해 봤는데 재미없다'라고 거절할 때이다.

A: I have a crazy idea. Let's go skydiving this weekend!
B: Eh, **been there, done that**. Once is enough for me.

A: 나 대박 아이디어가 있어. 이번 주말에 스카이다이빙 하자!
B: 아, 이미 해 봐서 별로…. 한 번이면 충분해.

두 번째는 안 좋은 일을 겪은 사람에게 '나도 당해 본 적 있다'라고 공감을 표현하는 것이다.

A: I parked in front of the church next to the restaurant, and I got a ticket!

B: **Been there, done that.** I've gotten a ticket at that exact same spot before.

A: Then why didn't you warn me?!

B: I didn't think it was gonna happen again!

A: 식당 옆에 있는 교회 앞에 차를 댔는데 주차 위반 딱지를 받았어!

B: 나도 당했어. 전에 바로 그 장소에서 딱지를 떼었지.

A: 그런데 왜 나한테 경고 안 해 줬어?!

B: 또 그럴 줄은 몰랐지!

✛ 참고 표현: when and where (p. 339)

it takes two to tango

손바닥도 마주쳐야 소리가 난다

MP3 261

'탱고tango를 추려면 둘two이 필요하다take'라는 말은 '어떤 일이 대해 양쪽이 다 책임이 있다'는 것이다.

A: I have something I need to get off my chest. I slept with your roommate.

B: Are you serious?! When did this happen?

A: Remember last month when the three of us were drinking together, and you passed out early? That's when. Do you think I'm a slut?

B: No! Don't say that. It takes two to tango, and he's way more responsible for this than you are. He's the one with a girlfriend.

A: Thanks for saying that. Don't tell him I said anything.

B: Of course not. Your secret's safe with me.

A: 고백할 게 있어. 나 네 룸메이트랑 잤어.

B: 진짜야? 언제 그런 거야?

A: 지난달에 우리 셋이 같이 술 먹다가 네가 먼저 취한 날 기억나? 그때야. 나 걸레 같니?

B: 아니! 그런 말 하지 마. 손바닥도 마주쳐야 소리가 나지. 그리고 여자친구가 있는 그놈이 너보다 책임이 훨씬 커.

A: 그렇게 말해 줘서 고마워. 걔한테 내가 이 얘기 했다고 말하지 마.
B: 당연하지. 꼭 입 다물고 있을게.

one man's trash is another man's treasure

좋아하거나 가치를 두는 게 사람마다 다르다

MP3 262

'누군가의 쓰레기trash가 다른 누군가에게는 보물treasure이다'라는 것은 '사람마다 좋아하거나 필요로 하는 게 따로 있다'라는 말이다. 흔히 누가 버리려는 물건이 마음에 들어서 가지고 가는 상황에 쓴다.

A: Why do you have a stack of books by the door?
B: They're cookbooks that belonged to my ex. I was gonna throw them out.★
A: What?! Can I have them?
B: Sure. It's true what they say: "One man's trash is another man's treasure."

A: 문 옆에 쌓아 둔 책들 뭐야?
B: 전 애인의 요리책이야. 다 버리려고.
A: 진짜? 나 주면 안 돼?
B: 가져. "어떤 사람의 쓰레기가 다른 사람에게는 보물이다"라는 속담이 맞나 봐.

★ throw out 관련 → '추가 학습 노트' 참고

put two and two together

(여러 가지를) 종합해서 추론하다

MP3 263

직역하면 '둘two과 둘two을 함께together 붙이다'인 이 표현은 여러 조건이나 단서, 상황을 '종합적으로 판단하여 뻔한 결론을 추론해 내는' 것을 나타낸다.

A: Hey, can I spend the night at your place? I got kicked out of the house.

B: What did you do this time?

A: We were taking a walk, and she saw me looking at another woman. She got upset at me, I didn't see what the big deal was, and now I'm driving around in my car.

B: This is a classic case of transference. Her dad left her mom for another woman. And she's afraid the same thing is gonna happen to her, so she overreacts.

A: That sounds reasonable. Funny I never put two and two together. What should I do?

B: Don't look at other women.

A: I mean right now.

B: Go back home and assure her that you love her and won't leave her.

A: Okay, thanks for the advice.

A: 야, 오늘 밤에 너네 집에서 자도 돼? 집에서 쫓겨났거든.
B: 이번엔 무슨 짓을 했는데?
A: 같이 산책하는 중에 내가 다른 여자 보는 걸 와이프가 봤어. 아내는 나한테 화를 냈고, 나는 대체 뭐가 문제인지 몰랐고. 난 지금 차를 몰고 돌아다니고 있지.
B: 감정 전이의 전형적인 케이스네. 제수씨 아버지가 다른 여자 때문에 제수씨 어머니를 떠났다며. 그리고 제수씨는 자기한테도 똑같은 일이 일어날까 봐 무서워서 과민반응하는 거지.
A: 말 된다. 지금껏 그 뻔한 걸 추론하지 못했다니 어처구니가 없네. 어떻게 하는 게 좋을까?
B: 다른 여자 쳐다보지 마.
A: 지금 당장 말이야.
B: 집에 돌아가서 와이프한테 사랑한다고 말하고 절대로 안 떠날 거라고 확신을 줘.
A: 오케이. 조언 고마워.

stand the test of time

세월의 시험/시련을 견디다, 오랜 세월이 흘러도 굳건하다   MP3 264

'시간time의 시험test을 견딘다'는 것은 '오랜 시간이 흘렀어도 굳건하다'는 말이다.

　책이나 영화, 그림, 음악 등 오랜 시간이 지나도 인기와 명성을 유지하는 예술 작품이나 예술가에 대해 평가할 때 쓰는 표현으로, 맥락에 맞게 해석하면 된다.

A: I don't understand why people like Shakespeare so much.
B: I don't get it either, but he's **stood the test of time**. So he must be good.

A: 사람들이 셰익스피어를 왜 그렇게 좋아하는지 잘 모르겠어.
B: 나도. 하지만 그렇게 오랜 시간이 지났는데도 사람들이 좋아하고 인기가 있으니 좋은 작가겠지.

　그런데 '영화'와 관련해서, 과거 작품이지만 지금 봐도 잘 만들었고 요새 작품들과 비교했을 때도 뒤떨어지지 않는다는 것은 흔히 hold up으로 표현한다.

A: I want to rewatch *Titanic*.
B: Why?
A: I remember it being a really good movie.
B: I'm curious if it **holds up**.
A: I think it will. Good director and good actors—can't go wrong with that.

A: 나 〈타이타닉〉 다시 보고 싶어.
B: 왜?
A: 진짜 잘 만든 영화로 기억해.
B: 지금 봐도 괜찮을지 궁금하네.
A: 여전히 괜찮을 같아. 감독, 배우들이 다 좋잖아. 별로일 수가 없지.

　참고로 작품이 아니라 '(사람이) 곱게 나이 들다'라고 할 때는 age well을 쓰면 된다.

A: Why do you think Leonardo DiCaprio has aged so poorly?
B: Well, he hasn't **aged well**, but it's not that bad.

A: Look at him in *Titanic* and look at him now! He's almost unrecognizable.

B: Maybe it's because he was such a pretty boy back then. Now he looks like a regular middle-aged man.

A: 레오나르도 디카프리오는 왜 그리 추하게 늙었을까?
B: 곱게 나이 들지는 않았지만, 심한 건 아니지.
A: 야, 〈타이타닉〉 때랑 지금을 비교해 봐! 알아볼 수가 없을 정도야.
B: 그때는 너무 꽃미남이라서 그런 거 아니야? 지금은 평범한 아저씨 같잖아.

take one for the team

팀을 위해 희생하다, 총대를 메다

MP3 265

'팀/집단team을 위해 하나를 받다/거두다take'라는 말대로 '모두를 위해 한 사람이 희생하다'라는 뜻의 표현이다. 표현에는 team이라고 하지만, 위하는 대상이 '한 명'일 때도 쓴다.

A: I need you to do me a huge favor.

B: What is it this time?

A: I'll be entertaining someone tomorrow, and I would like the apartment to myself. It's a big ask, but can you spend the night at a friend's house or something?

B: You know I hate doing that.

A: Come on, take one for the team. You know how long I've been single.

B: Fine, but you owe me.

A: 너한테 큰 부탁 하나 할게.
B: 이번엔 뭔데?
A: 내일 어떤 사람을 즐겁게 해 주려고 하는데, 아파트를 나 혼자 쓸 수 있으면 좋겠거든. 진짜 부탁인데, 너 내일 친구 집이나 다른 데에서 잘 수 있어?
B: 내가 그런 거 싫어하는 거 알면서.
A: 야, 희생 좀 해 줘. 내가 오랫동안 솔로였던 거 알잖아.
B: 알았어. 하지만 너 나한테 신세지는 거야.

참고로 '협업을 잘하는 사람'을 뜻하는 team player는 보통 업무 관련해서 많이 쓰는 표현이지만, 친구 사이에서도 쓸 수 있다. 예를 들어, 친구들이 모여 2차로 노래방을 가려고 하는데 한 명이 가기 싫다고 떼를 써서 그 친구한테 "눈치껏 분위기 좀 맞춰!"라고 말하고 싶을 때 "Be a team player!"라고 말하면 된다.

A: What do you think is your greatest strength?
B: Although I work well alone, I work even better with others. You could say that I'm a **team player**.
A: That's exactly what we need here. We'll be in touch.
B: Thank you for your time.

A: 본인의 가장 큰 장점이 뭡니까?
B: 저는 혼자서 일을 잘하긴 하지만, 다른 사람들과 협업할 때 더 좋은 성과를 냅니다. 팀 플레이어라고 할 수 있죠.
A: 바로 우리 회사에 필요한 것이네요. 곧 연락드릴게요.
B: 시간 내 주셔서 감사합니다.

[At a get-together with friends]

A: What do you guys want to do after this?
B: Karaoke!
C: I don't like karaoke.
A: Oh, come on. **Be a team player**! Just one hour.
C: Fine. Just one.

[친구들과의 모임에서]
A: 2차로 어디 갈까?
B: 노래방!
C: 난 노래방 싫은데.
A: 야, 왜 그래. 분위기 좀 맞춰! 한 시간만.
C: 알았어. 진짜 딱 한 시간이다.

✦ 참고 표현: bite the bullet (p. 37)

taste test

미각 시험

MP3 266

말 그대로 '맛taste을 보는 시험test★'이다. '미각 시험'의 구체적인 유형으로는 blind test가 있는데, 경쟁 관계의 상품을 비교할 때 각 상품에 대해 아무런 정보를 주지 않고 소비자에게 맛보게 하거나 시험적으로 사용하게 하여 반응을 보는 테스트 기법이다.

A: Make sure to let the steak rest for at least ten minutes.

B: You know, to be honest, I've never understood the importance of resting the steak.

A: It's important because it tastes better.

B: Have you ever done a taste test? I haven't, but it doesn't seem to matter that much.

A: We need to settle this once and for all. Let's do a blind test right now!

B: Great! I'll get my slumber mask. We can use that as a blindfold.

A: 최소한 10분 동안 스테이크를 레스팅해야 해.
B: 있잖아, 솔직히 말해서 난 스테이크 레스팅의 중요성을 모르겠어.
A: 그렇게 해야 더 맛있으니까 중요한 거야.
B: 네가 미각 시험을 해 봤어? 난 해 보지는 않았지만, 별 차이 없을 것 같아.
A: 이 문제에 대한 결론을 확실히 내자. 지금 바로 블라인드 테스트 하자고!
B: 좋아! 내 수면 안대 가지고 올게. 눈가리개로 쓰자.

★ test 관련 → '추가 학습 노트' 참고
✚ 참고 표현: the proof is in the pudding (p. 250)

tattletale

고자질쟁이

MP3 267

tattle은 '고자질하다', tale은 '이야기'라는 뜻의 단어로, tattletale은 부모나 선생님한테 다른 아이가 한 일을 일러바치는 '고자질쟁이 아이'를 뜻하는 말이다.

A: If you don't stop, I'm gonna tell on you to mom.

B: Stop being such a **tattletale**.

A: I know what you are, but what am I?★

B: Grow up.

A: 계속 그러면, 엄마한테 이를 거야.

B: 고자질쟁이.

A: 그건 너지. 난 뭐게?

B: 철 좀 들어.

참고로 '고자질하다', '이르다'라는 뜻을 나타낼 때 tattle 대신 tell을 써도 된다. 고자질하는 사람+tattle/tell+on+고자질의 대상 형태로 쓴다.

같은 의미로 '성인인 고자질쟁이', 즉 '밀고자'를 나타내는 영어 단어는 narc와 snitch이다. narc는 narcotic마약의 줄임말로, 원래 '마약 단속 경찰'을 뜻한다. 두 단어 다 동사로도 쓰여 '밀고하다', '고자질하다'의 뜻을 갖는다.

A: Who's the **narc**? Someone here **narced/snitched** on us.

B: I would never do that.

A: Well, someone did. How else would they have found out?

A: 밀고자가 누구야? 누가 우릴 고자질했어.

B: 난 절대 아니야.

A: 누군가는 했어. 안 그랬으면 그들이 어떻게 알게 됐겠어?

★ I know what you are, but what am I?: 아이들끼리 말다툼할 때 자주 쓰는 말 (상대에게 받은 비판이나 모욕을 그대로 돌려주며 반박하는 표현)

✦ 참고 표현: telltale (p. 313)

telltale

MP3 268

숨기려 해도 숨길 수 없는, 비밀을 폭로하는

거의 항상 명사 sign과 같이 쓰인다. sign은 맥락에 따라 다양하게 해석되는데, '조짐' 또는 '증거'로 이해하면 된다.

A: Was your friend David over while I was out of town?
B: Yeah, how did you know?
A: The shower head's broken. That's a **telltale sign** that he's been here.
B: What does a broken shower head have to do with him?
A: It's not so much the shower head. But something gets broken every time he comes over. He gets really clumsy when he's drunk.

A: 나 출장 간 동안 네 친구 데이비드가 놀러 왔어?
B: 응. 어떻게 알았어?
A: 샤워 꼭지가 망가져 있었어. 그건 걔가 여기 있었다는 숨길 수 없는 증거야.
B: 망가진 샤워 꼭지하고 데이비드가 무슨 상관이 있는데?
A: 샤워 꼭지가 중요한 건 아니지. 하지만 걔가 올 때마다 항상 뭔가가 망가져. 걔는 술에 취하면 매사에 서툴러지잖아.

흔히 미국 사람이 telltale이라는 단어를 봤을 때 떠올리는 것은 에드거 앨런 포의 단편 소설 〈The Tell-Tale Heart고자질하는 심장〉일 것이다. 줄거리를 간단히 설명하자면, 주인공이 같이 거주하는 노인을 살인하고 시체를 토막 낸 후 방의 마룻장을 뜯어내 시체를 숨긴다. 죽기 직전, 노인의 비명을 들은 이웃의 신고로 경찰이 주인공 집에 찾아온다. 주인공은 그 비명이 자기가 외친 것이고 노인은 시골에 갔다고 경찰에게 설명하며 의심을 풀게 한다. 노인의 방에서 경찰과 대화를 나누는 중 주인공은 갈수록 커지는 시계 소리를 듣게 된다. 그 소리가 죽은 노인의 심장 소리라고 오해한 주인공은 결국 살인을 고백한다는 내용이다.

주인공에게 들린 소리는 죄책감 때문에 두근두근하는 자기의 심장 소리였지 않을까? 더 이상 감출 수 없는 심장 소리. 그래서 제목이 〈The Tell-Tale Heart〉일 것이다. 참고로 telltale에는 명사로 '고자질쟁이'라는 뜻도 있다.

✦ 참고 표현: tattletale (p. 312)

terrible twos

미운 두 살

MP3 269

육아가 '몹시 힘들어지는terrible 만 두two 살 정도에 해당하는 기간'으로, 한국에서 흔히 말하는 "미운 네 살"의 시기이다.

A: How are the twins?
B: Awful. They're a pain in the ass.
A: How old are they?
B: Almost three.
A: Ah, the terrible twos.
B: It's really true. I hope they grow out of it soon. I can't take any more of it.

A: 쌍둥이 아이들은 잘 커?
B: 끔찍해. 피곤해 죽겠어.
A: 몇 살이지?
B: 거의 세 살.
A: 아, 미운 두 살 시기군.
B: 맞는 말이야. 빨리 커서 이 시기가 지나갔으면 좋겠어. 더 이상 못 참겠어.

test-tube

인공/체외 수정의

MP3 270

'시험test을 위한 관tube'인 test tube는 연구실이나 실험실에서 쓰는 도구인데, 단어

사이에 하이픈을 넣어 **test-tube**가 되면 '인공/체외 수정의'라는 뜻의 형용사로 쓰인다.

A: If scientists are able to make **test-tube** babies, why doesn't the government make people who are superhuman?

B: First of all, that's called eugenics. And second, babies born via in vitro are at a higher health risk.★ And even if IVF was completely safe, people shouldn't be playing God.

A: 과학자들이 시험관 아기를 만들 수 있다면 정부에서 왜 초인적인 인간을 만들지 않는 걸까?

B: 우선, 네가 얘기한 걸 우생학이라고 해. 둘째, 체외 수정을 통해서 태어난 아기들은 건강상 위험이 더 높아. 그리고 체외 수정 방식이 완전히 안전하다고 해서 인간이 신인 양 행동해선 안 되지.

예문을 보면 B는 test-tube baby라는 용어 대신 in vitro라는 표현을 쓴다. '유리 안에'를 의미하는 라틴어 표현으로, '체외에서 진행되는'이라는 뜻이다. 요즘은 과학자가 아닌 일반인들도 test-tube baby보다 in vitro fertilization(시험관 아기)이라는 용어를 더 많이 쓰고, 약자 **IVF**로 간단하게 표현하기도 한다. '인공/체외 수정을 통해'는 via 또는 through를 써서 via/through IVF 또는 via/through in vitro라고 한다.

참고로 '세균 배양 등에 쓰이는 둥글고 넓적한 접시'를 petri[피:트리] dish라고 하는데, 한국에서는 이 접시를 "페트리 접시"라고 부른다.

A: Do you remember the episode in *The Simpsons* where Lisa inadvertently creates life in a **petri dish**?

B: Yeah, she was trying to see if her baby tooth would dissolve in cola.

A: And she's watching the society go through the stages of civilization. I wonder if that's what our world is like. Some alien child accidentally started life on earth and is watching us.

B: Isn't that similar to the ending of the first *Men in Black* movie?

A: Yeah, that's what made me think of it. I just rewatched it for the first time in years.

A: 〈심슨 가족〉에서 리사가 우연히 페트리 접시에서 생명체를 탄생시키는 에피소드 기억나?

B: 응, 자기 젖니를 콜라 안에 넣으면 녹을까 해서 실험한 거.

A: 그리고 그 사회가 문명의 단계를 거쳐 가는 걸 보잖아, 우리 세상도 그럴까? 어떤 외계인 꼬마가 우연히 지구에 생명체를 만들기 시작했고 우리를 지켜보고 있는 거지.

B: 그거 〈맨 인 블랙〉 1편의 결말과 비슷한데?

A: 응, 그것 때문에 생각난 거야. 몇 년 만에 그 영화를 다시 봤거든.

★ 시험관 아기의 건강 위험 관련 출처: www.ncbi.nlm.nih.gov/pmc/articles/PMC3650450

✦ 참고 표현: stand the test of time (p. 308)

then and there

그때 그 자리에서, 즉시

MP3 271

직역하면 '그때then와 그곳there'이다. 시간과 장소를 나란히 언급하며 급한 느낌을 전달한다.

A: Did you get the job?

B: I did! But what rubbed me the wrong way was that they wanted me to say yes on the spot.

A: They wanted you to decide right **then and there**? That's presumptuous of them.

B: I think they thought that the offer was so good that I would jump on it.

A: So what did you say?

B: I asked them to give me a few days to think about it.

A: Are you gonna take it?

B: Oh, yeah. I just didn't like the way they went about it.

A: 채용됐어?

B: 응! 그런데 하나 기분 나쁜 건, 내가 그 자리에서 바로 승낙하길 바라더라고.

A: 거기서 즉각 결정하라고? 주제넘네.

B: 제안이 너무 좋으니까 내가 바로 수락할 줄 알았나 봐.

A: 그래서 뭐라고 했어?

B: 며칠 생각할 시간을 달라고 했어.

A: 받아들일 거야?

B: 당연하지. 그냥 그 사람들의 방식이 싫었던 거야.

예문에 '즉시'라는 뜻의 then and there가 쓰였는데 그 앞에 부사 right을 또 쓰는 게 지나친 강조라고 생각할 수 있다. 하지만 미국인들은 습관적으로 right을 써서 긴급한 느낌을 강조한다. 그러한 예를 몇 가지 살펴보자.

right away 즉시	I need it done **right away**. 그걸 즉시 해 주길 바라.
right before 직전 right after 직후	A: I'm breaking up with you. B: Why are you telling me this **right before** my interview? A: Would you have preferred I told you **right after**? B: Whatever. You're doing this on purpose. A: 우리 헤어지자. B: 면접 보기 직전에 이 얘기를 하는 이유가 뭐야? A: 면접 본 직후에 얘기하는 게 나았겠어? B: 됐어. 너 일부러 그러는 거잖아.
right now 지금 당장	Let's go **right now** before we change our minds. 마음이 바뀌기 전에 지금 당장 가자.

thick as thieves

(숨기는 것 없이) 아주 친한

MP3 272

thick은 '두꺼운' 또는 '굵은'이라는 뜻으로 쓰이지만, 200여 년 전에는 '친하다'라는 뜻이 있었다. '도둑들thieves'은 서로 비밀과 정보를 공유하기 때문에 '친할thick' 수밖에는 없는 관계가 된다.★

A: Why did David quit all of a sudden?
B: I don't know.
A: Oh, come on. You two are thick as thieves. I'm sure he told you.

A: 데이비드가 왜 갑자기 일을 그만뒀어?
B: 나도 몰라.
A: 에이, 알면서. 너희 둘 친하잖아. 너한테는 얘기했겠지.

문법적으로는 as thick as thieves라고 하는 게 맞지만, 흔히 앞의 as는 생략한다.

✦ 참고 표현: tattletale (p. 312)

thirst trap

소셜 미디어에 올려서 보는 사람의 성욕을 자극하는 사진 또는 영상

MP3 273

인간에게 숨쉴 공기 다음으로 필요한 건 물이다. 몸에 수분이 부족할 때 심한 목마름을 겪으면서 물을 갈망하게 되는데, 목마름만큼이나 강력한 성욕을 포함해 다양한 욕망에 대한 갈망을 '갈증thirst'으로 비유하는 것은 놀라운 일이 아니다.★

성에 갈증을 느낀다는 것은 달리 말하면 horny성적으로 흥분한하다는 것이다.

[Text message]

A: Are you free tonight?

B: I think so. Why?

A: I'm **horny**. Let's meet up at our usual place.

[문자]

A: 오늘 저녁에 시간 돼?

B: 괜찮을 것 같아. 왜?

A: 나 하고 싶어. 평소 가는 데서 보자.

소셜 미디어에는 불특정 다수에게 자기 몸을 자랑하는 사진이 많이 올라온다. 대놓고 그런 사진을 올리는 사람들도 있고, 다른 목적이 있는 척하는 사진을 올리는 사람도 많다. 예를 들어, 몸 좋은 남자가 아름다운 바닷가를 배경으로 웃통을 벗고선 #하와이_겁나_좋아 해시태그가 붙은 셀카를 올리는 경우다. 아름다운 경치를 보여 주고 싶다면 굳이 상반신 탈의한 자기 몸이 나온 사진을 올릴 필요가 없을 것이다. 이렇게 '성욕을 자극하는 신체 노출이 포함된 사진과 영상'이 thirst trap이다.

A: I've recently started seeing someone.

B: Good for you! What does he look like? What's his Insta?

A: I'd rather not say.

B: Why not?

A: All his posts are **thirst traps**. It's weird thinking about you looking at shirtless pictures of him.

B: But can't everyone see it?

A: No, it's a private account. All his followers are his gym buddies.

B: Then they're not **thirst traps**.

A: For me, they are.

A: 나 요즘 만나는 사람 생겼어.

B: 잘됐다! 어떻게 생겼어? 그 사람 인스타 아이디 뭐야?

A: 말 안 할래.

B: 왜?

A: 포스팅한 게 죄다 노출 사진들이라서. 남자친구의 웃통 벗은 사진을 네가 본다는 게 기분이 이상해.

B: 누구나 볼 수 있는 계정 아니야?

A: 아니, 비공개 계정이야. 팔로워들이 다 헬스장 같이 다니는 친구들이야.

B: 그렇다면 성적으로 자극적인 사진들은 아니네.

A: 나한테는 그런 사진들이거든.

★ '욕망에 대한 갈망' 관련 → '추가 학습 노트' 참고
✦ 참고 표현: tourist trap (p. 325)

through thick and thin

어떤 고난과 역경이 있어도, 좋을 때나 안 좋을 때나

MP3 274

많은 도로가 생기고 길이 정비되기 전인 17세기 영국은 여기저기 숲이 많았던 땅이었다. 이 표현의 thick는 '관목 숲thicket', thin은 나무가 '빈약한 숲thin wood'을 뜻하는데, 울창한 숲과 나무가 듬성듬성 있는 숲을 통과한다는 것은 '좋을 때나 안 좋을 때나' 또는 '어떠한 어려움 속에서도' 그 여정을 함께하는 것을 나타낸다.

일반적으로 끈끈한 친구나 가족과의 관계를 묘사할 때 많이 사용되는 표현으로,

변함없는 친구나 배우자 및 부모는 be with me through thick and thin하는 사람이다.

We've been **through thick and thin.**
우리는 희로애락을 함께 겪었어.

He's my best friend. He's been with me **through thick and thin.**
그는 나의 가장 친한 친구야. 좋을 때나 안 좋을 때나 늘 내 곁에 있어 줬어.

throw in the towel

항복하다, 패배를 인정하다

MP3 275

복싱 경기 중에 경기를 포기하겠다, 즉 '패배를 인정한다'는 의사를 나타낼 때 선수의 코치가 링 안으로 '수건towel을 던진다throw'.

복싱처럼 상대가 있는 상황이 아니라 일상에서 throw in the towel한다는 것은 '성공할 수 없음을 받아들이고 포기한다'라는 의미다.

[At a conveyor belt sushi place]
A: Hey, I think I'm gonna **throw in the towel.**
B: Already? You've only had, like, fifteen plates.
A: I'm full.
B: Well, I'm just getting started. Looks like you're paying!

[회전 초밥집에서]
A: 야, 나 항복할래.
B: 벌써? 겨우 15접시 먹었는데?
A: 배불러.
B: 난 이제 시작인데. 네가 돈 내게 생겼네!

A: Remember that murder case that happened not too far from here about 20 years ago?

B: Yeah.

A: Did the police ever catch the murderer?

B: No, and it's already passed the statute of limitations.

A: So the police couldn't find this killer for 20 years or however long the statute is?

B: I don't think they really tried. That was the criticism. They **threw in the towel** from the get-go.★

A: 한 20년 전에 이 근처에서 일어난 살인 사건 기억해?

B: 응.

A: 경찰이 살인범은 잡았나?

B: 아니. 게다가 지금은 공소시효도 지났어.

A: 그래서 경찰이 살인범을 20년 동안, 공소시효 기간이 언제까지인지 잘 모르겠지만, 못 찾은 거야?

B: 잡을 노력을 별로 안 한 것 같아. 그것 때문에 욕 많이 먹었어. 처음부터 포기했다고.

참고로 throw *one's* hat in the ring이라는 표현도 알아 두자. 이 표현도 복싱에서 왔는데, 길거리에 사람들이 둥그렇게 서서 만든 원형 링 안에 서 있는 권투 선수에게 도전장을 내미는 도전자는 자기 모자를 링 안에 던졌다.★★ 그 행위를 묘사한 표현으로 현재는 '출전하다', '출마하다'라는 의미로 사용되고 있다.

A: Did you talk to him about the thing?

B: What thing?

A: You know what thing.

B: I don't think he's interested. To be honest, neither am I.

A: What is wrong with you two? We can make a killing!

B: It's a lot of money to invest, and I'm not ready to **throw my hat in the ring**.

A: 너 걔한테 그 얘기했어?

B: 무슨 얘기?

A: 뭔지 알잖아?

B: 별로 관심 없어 보여. 솔직히 말해서, 나도 별로야.

A: 둘 다 왜 그래? 떼돈 벌 수 있는데!

B: 투자하려면 돈이 많이 드는 데다가 난 아직 도전할 준비가 안 됐어.

★ get-go (p. 157) 참고 / get going (p. 158) 참고
★★ throw *one's* hat in the right 유래 출처: www.phrases.org.uk/meanings/throw-your-hat-into-the-ring

tip of the tongue

허끝

MP3 276

사람 이름이나 단어의 명칭이 '혀tongue끝tip'에 맴돌기만 하고 입 밖으로 나오지 않는 현상을 나타낼 때 쓰는 표현으로, 이러한 현상을 전문 용어로는 '설단 현상'이라고 한다. 문장에서 항상 it's on the tip of my tongue 형태로 쓰인다.

> A: The sandstorm has been awful lately.
> B: Yeah, I'm thinking of getting one of those things for my house.
> A: What thing?
> B: You know, the thing that cleans the air. Damn, it's on the tip of my tongue. What do you call it?
> A: Air filter?
> B: Yes! Thank you! Sometimes I think I have early-onset Alzheimer's.

> A: 요새 황사가 너무 심해.
> B: 그렇게. 집에 그거 하나 살까 봐.
> A: 뭐?
> B: 있잖아. 공기를 깨끗하게 해 주는 거. 젠장, 말이 혀끝에서 맴도네. 그걸 뭐라고 하지?
> A: 공기 청정기?
> B: 그래! 그거! 가끔 나 초기 알츠하이머 걸린 것 같아.

단어가 생각나지 않는 일이 여러 번 일어나면 치매인지 걱정될 수도 있지만, 이중 언어를 구사하는 사람에게는 자주 발생하는 현상이다. 걱정하기보다는 이중 언어 구사자가 되고 있다는 신호일 수도 있다고 긍정적으로 생각하자.

✚ 참고 표현: tongue-tied (p. 324), tongue twister (p. 325)

tiptoe

발끝으로 서다
살금살금 걷다

MP3 277

tip은 '끝/끝부분', toe는 '발가락'이라는 뜻으로, 이 두 단어가 합쳐져서 만들어진 tiptoe는 주로 동사로 쓰며 두 가지 의미가 있다. 하나는 '발끝으로 서다'이다.

A: Where's the paprika?★
B: It's on the top shelf of the cabinet.
A: I don't think I can reach it.
B: Try tiptoeing.

A: 파프리카 가루 어디에 있어?
B: 찬장 맨 위 선반에.
A: 손이 안 닿아.
B: 까치발로 서 봐.

또 하나의 의미는 '살금살금 걷다'이다.

A: Do you think it's a problem that I eat late at night?
B: How late?
A: After everyone's asleep.
B: Why do you wait until everyone's sleeping?
A: Because I don't want them to see me eating.
B: Okay, that seems to be the problem. Not that you're eating, but that you want to eat in secret.
A: I thought so. I realized there was a problem when I would tiptoe to the kitchen every night so that I wouldn't get caught.

A: 내가 밤늦게 야식하는 게 문제인 거 같아?
B: 얼마나 늦게?
A: 다 잠든 후에.
B: 남들이 다 잘 때까지 왜 기다리는데?
A: 먹는 모습을 보이기 싫으니까.
B: 야, 그게 문제인 것 같다. 먹는 게 문제가 아니라 몰래 먹고 싶어 한다는 거.
A: 나도 그렇게 생각하긴 했어. 매일 밤 아무한테도 안 걸리게 살금살금 부엌으로 걸어갈 때 문제라고 깨달았지.

★ paprika: 빨간 피망을 간 향신료 ('파프리카'는 영어로 green/red/yellow bell peppers이다.)

tongue-tied

입이 안 떨어지는, 말문이 막힌

MP3 278

너무 놀라거나 긴장하거나 부끄럽거나 신나서 또는 말을 너무 빨리 하다가 '혀tongue 가 묶인tied' 것처럼 '말이 나오지 않는' 상황에 처했을 때 쓰는 표현으로, 흔히 be tongue-tied로 쓴다.

참고로 '설소대 유착증' 또는 '혀 유착증'을 tongue tie라고 하는데, tongue tie가 있는 사람은 발음이 부정확해지는 등 언어 기능에 이상이 생기곤 한다. 이러한 증상 에 빗대 말이 잘 안 나오는 상태를 tongue-tied라고 표현하는 것으로 보인다.

A: How did your interview go?
B: Not well. I thought I was ready, but when it started, I **was tongue-tied** the whole time.
A: Were you nervous?
B: That was part of it. I just feel uncomfortable talking about how good I am at my job.

A: 면접 어땠어?
B: 잘 못했어. 제대로 준비했다고 생각했는데, 막상 시작하니까 말이 잘 안 나오더라.
A: 긴장했어?
B: 그것도 그런데, 난 내가 일을 얼마나 잘하는지 얘기하는 게 불편해.

✦ 참고 표현: tip of the tongue (p. 322), tongue twister (p. 325)

tongue twister

(혀가 꼬여) 발음하기 어려운 어구/말, 잰말 놀이

MP3 279

'혀tongue'를 '꼬거나twist' 비틀면 당연히 제대로 된 발음이 나올 수가 없다. 이처럼 '혀가 꼬이는 말' 혹은 '발음하기 어려운 어구'를 tongue twister라고 한다.

　한국어의 대표적인 tongue twister에는 "간장 공장 공장장은 강 공장장이고 된장 공장 공장장은 장 공장장이다", "내가 그린 기린 그림은 잘 그린 기린 그림이고 네가 그린 기린 그림은 잘 못 그린 기린 그림이다"가 있다.

A: What's a classic example of a **tongue twister** in English?
B: How much wood could a woodchuck chuck if a woodchuck could chuck wood?★

A: 영어의 대표적인 혀가 꼬이는 말이 뭐야?
B: 마멋이 나무를 던질 수 있다면, 마멋은 얼마나 나무를 던질 수 있을까?

★ tongue twister의 예 출처: www.youtube.com/watch?v=RFl9qMzBj8s
✦ 참고 표현: tip of the tongue (p. 322), tongue-tied (p. 324)

tourist trap

바가지 관광, 관광객에게 바가지를 씌우는 관광지, 관광객 상대로 장사하는 곳

MP3 280

관광객이 많이 몰리는 곳에는 '관광객tourist에게 덫/함정trap'을 쳐서 돈을 뜯는 장사꾼이 많다. 그렇게 '부당한 이득을 챙기려는 관광지의 가게나 식당, 기념품, 체험 활동' 등을 다 포함해서 가리키는 용어로, 미리 조사를 하지 않으면 얼마든지 이런 함정에 빠질 수 있다.

A: Where are you guys going for your honeymoon?

B: We have it narrowed down to Paris or Venice.

A: Good choices! What do you guys want to do there?

B: I really want to go to the Louvre. And my wife wants to ride a gondola.

A: That's a **tourist trap**! It's not romantic at all.

B: It looks romantic.

A: I've ridden one before, and the whole time the gondoliers were shouting at each other. And it's 80 Euros for a twenty-minute ride. I'm telling you, don't fall into that **tourist trap**.

B: Hmm, I'll let her know.

A: 신혼여행 어디로 갈 거야?

B: 파리 아니면 베니스로 좁혔어.

A: 잘 골랐네! 거기서 뭘 하고 싶은데?

B: 난 루브르 박물관을 꼭 가 보고 싶어. 그리고 아내는 곤돌라를 타고 싶대.

A: 그거 바가지 관광이야! 하나도 로맨틱하지 않아.

B: 로맨틱해 보이는데?

A: 내가 타 본 적이 있는데, 곤돌라 사공끼리 계속 서로에게 소리를 지르더라고.. 게다가 20분 타는데 80유로야. 내 말 듣고 그런 바가지 관광 함정에 빠지지 마.

B: 흠, 아내한테 말해 봐야겠다.

✚ 참고 표현: thirst trap (p. 318)

track of time

시간의 경과

MP3 281

'시간time의 길track'은 '시간이 얼마나 지났는지'를 뜻하는 비유적 표현이다. 대개 동사 lose와 함께 **lose track of time**으로 쓰여 '시간 가는 줄 모르다'라는 의미를 나타낸다. 반대말은 **keep track of time**(시간을 준수하다, 시간 가는 걸 놓치지 않다)이다.

A: How are you always late? I purposefully chose a restaurant on the first floor of your apartment building, and you're still late!

B: I'm sorry. I was writing and **lost track of time**.

A: Have you ever heard of an alarm?

B: That's a good idea! Next time I'll set an alarm so that I can **keep track of my time**.

A: Okay. But you're paying this time.

A: 넌 어떻게 항상 늦냐? 내가 일부러 너희 아파트 건물 1층에 있는 식당으로 정한 건데도 늦어?
B: 미안. 뭘 쓰고 있다가 시간 가는 줄 몰랐어.
A: 너 알람이란 걸 들어본 적 있어?
B: 좋은 생각이야! 다음에는 알람을 맞춰서 시간의 경과를 확인할게.
A: 그래. 어쨌든 이번엔 네가 계산해.

참고로 명사 track은 일반적으로 동사 keep 또는 lose와 같이 쓰인다. keep track은 '추적하다', '기록하다' 등으로 다양하게 해석이 가능하다.

The FBI has been **keeping track** of the terrorist suspect for a long time.
FBI는 그 테러 용의자를 오랫동안 추적해 왔다.

I want you to **keep track** of all your expenses and bring me the receipts.
너의 지출을 꼭 기록하고 내게 영수증을 다 가지고 와 줘.

반면 lose track은 '놓치다', '접촉이 끊어지다', '기억/기록을 못 하다' 등으로 해석할 수 있다.

The FBI has **lost track** of the suspected terrorist.
FBI는 그 테러 용의자를 놓쳤다.

He **lost track** of all his expenses.
쟤는 자기가 뭐에 돈을 썼는지 기억도 못했어.

✦ 참고 표현: train of thought (p. 328)

train of thought

꼬리에 꼬리를 물고 이어지는 생각

MP3 282

기차를 보면 몇 개의 량이 길게 이어져 있다. '생각thought의 기차train'란 기차의 량처럼 '꼬리에 꼬리를 물고 이어지는 생각/말'이다. 흔히 lose *one's* train of thought 형태로 쓰여 말하는 도중에 방해 때문에 하던 말이나 생각을 잊어버린 상황을 나타낸다.

A: My point is…

[A young, muscular man walks by]

A: Uh…What was I saying?

B: You see a muscular guy walk by and you **lose your train of thought**? I thought you weren't even into muscle guys.

A: I'm not! But there was something about him.

B: I think it's time you find yourself a boyfriend. You're like a boy-crazy teenager.

A: 내가 하고 싶은 말은….

[젊은 근육질의 남자가 지나간다]

A: 어… 내가 뭔 말을 하던 중이었지?

B: 근육질 남자가 지나가는 걸 보고 생각이 끊겨? 넌 저런 근육맨에 관심조차 없는 줄 알았는데.

A: 관심 없어! 그런데 그 남자는 뭔가 특별했어.

B: 너 아무래도 애인을 사귈 때인가 보다. 남자에 빠진 십대 같아.

영화 〈인사이드 아웃〉을 보면 주인공 '기쁨'이 뇌의 본부로 다시 가기 위해서 기차를 타는데 기차 이름이 Train of Thought인 것은 우연이 아니다. 비유를 이름으로 쓴 것이다.

trash talk

(상대를) 기 죽이는 말/독설/험담
더러운 욕설을 하다

MP3 283

'쓰레기trash 말talk'이란 곧 '욕' 또는 '독설'을 가리킨다. trash talk는 특히 스포츠 경기 중에 스포츠맨십이 없는 운동선수끼리 빈번하게 행해진다. '험담하다', '욕하다'라는 동사로 쓸 때는 하이픈을 넣어서 trash-talk로 쓴다.

A: One thing I noticed about the Olympics is that all the athletes seem to get along.
B: Right? They all smile, shake hands, no **trash talk**. It's a good look.
A: And even if they're a little cold, I've never heard of anyone **trash-talking** a fellow athlete.

A: 올림픽을 보면서 하나 눈에 띈 건, 선수들끼리 서로 잘 지내는 거 같다는 점이야.
B: 그렇지? 다 웃고, 악수하고, 독설 같은 것도 안 하고. 보기 좋아.
A: 조금 냉랭할 때가 있어도 다른 선수에 대해 험담하는 것도 못 들었어.

참고로 '험담하다/욕하다'라는 뜻의 다른 두 가지 표현을 더 알아 두자. 하나는 bad-mouth이다. '나쁜 입'으로 직역해도 '(누구를) 헐뜯다/안 좋게 말하다'라는 의미를 유추할 수 있는 단어로, 상대방 앞에서 직접 욕을 하는 게 아니라 나쁜 얘기를 퍼뜨리는 행위다.

A: I'm gonna be a little late tonight.
B: Is something wrong?
A: No, I just had a stressful day at work, so I'm gonna have a few drinks with my coworkers.
B: Okay, but remember…
A: I know, I know. Never **bad-mouth** any of my coworkers.
B: That's rule number one. They always find out who it was.

A: 나 오늘 좀 늦을 거야.
B: 무슨 문제가 있어?
A: 아냐, 그냥 회사에서 너무 스트레스 받아 동료들이랑 술 한잔하려고.

B: 알았어. 그런데 기억하지?

A: 알아, 알아. 회사 동료들을 욕하면 절대로 안 된다는 거.

B: 그게 가장 중요해. 누가 욕했는지 다 알게 된다.

다른 하나는 talk behind *someone's* back으로, 말 그대로 '뒷담화하다'라는 뜻이다.

A: What time are you meeting up with your friends?

B: In ten minutes. I need to hurry.

A: So you'll be a minute late. What's the big deal?

B: I want to use the restroom before they get there.

A: Why in the world are you planning your trips to the restroom?

B: Because I don't want to leave the table while they're there.

A: Why in the world not?

B: They **talk behind my back**. They all do as soon as someone leaves the table.

A: 친구들이랑 몇 시에 만나?

B: 10분 후에. 빨리 가야 돼.

A: 1분 정도 늦는데 뭐가 그렇게 큰일이야?

B: 친구들이 오기 전에 화장실 가고 싶어.

A: 화장실 가는 걸 대체 왜 계획하는 거야?

B: 걔네가 있는 동안 자리를 비우고 싶지 않아서.

A: 대체 왜?

B: 뒷담화하니까. 누구 한 명 자리를 뜨면 바로 뒷담화를 하더라고.

treasure trail

(남성의) 배꼽부터 치골까지 난 일자 형태의 체모

MP3 284

treasure는 '보물', trail은 '(사냥할 때 뒤따라가는) 자취, (길게 나 있는) 흔적'을 뜻한다. '배꼽에서 시작하는 털을 따라 내려가면 보물을 찾을 수 있다'는 의미를 포함하고 있어서 굉장히 야한 표현이지만, 일상적으로 쓰인다. happy trail이라고도 한다.

A: How do you feel about **treasure trails**?

B: I don't love it, but I don't hate it either. It really depends on the guy.

A: In what way?

B: If he's thin, it looks good. If he has a beer belly, not so much.

A: I couldn't agree more.

A: 넌 남자 배에 일자 체모 있는 거 어떻게 생각해?

B: 아주 좋아하지도 싫어하지도 않아. 어떤 남자인가에 따라 다르지.

A: 어떤 면에서?

B: 날씬하면 보기 좋고, 술배가 나왔으면 별로.

A: 나도 100퍼 동의해.

treasure trove

땅속에 숨겨진 귀중한 보물

MP3 285

'땅속이나 비밀 장소에 매장되어 있는 귀한 보물'을 treasure^{보물} trove^{귀중한 발견/수집}라고 한다. 비유적인 의미로 많이 쓰이는데, 이 표현을 제대로 이해하기 위해서는 두 가지 키워드를 분석해야 한다. 첫 번째는 '숨겨진'으로, treasure trove는 존재를 몰랐거나 까먹었다 찾아낸 것이다. 두 번째는 '보물'로, 돈으로 환산할 수 있는 값어치가 있는 것뿐만 아니라 개인적으로 의미가 있는 것도 포함된다. 예를 들어, 할머니 집에서 찾은 아주 오래된 사진첩은 돈 가치는 없어도 가족의 역사를 기록한 소중한 것이기에 a treasure trove of memories라고 할 수 있다.

My grandma's old photo album is a **treasure trove** of memories.
우리 할머니의 오래된 앨범은 귀중한 추억의 보물 창고이다.

The Gutenberg Project is a **treasure trove** of free eBooks.
구텐베르크 프로젝트는 무료 전자책의 보고이다.

Wikipedia is a **treasure trove** of information.
위키피디아는 가치 있는 정보가 모여 있는 창고이다.

예문을 보면 알 수 있듯 treasure trove는 거의 항상 끝에 **of**+명사가 온다.

tried-and-true

신뢰할 수 있는, 유효성이 증명된

MP3 286

'시도해서tried 진실인true' 것을 알게 되었다는 것은 '믿을 만하다고 검증된'이라는 말이다. 이 표현은 판매 기술이나 레시피 등 일하는 방식 또는 사람에 대한 평가를 나타낼 때 많이 쓰인다.

A: You know I just started working in sales.
B: How's it going?
A: It's good. This veteran salesman is teaching me his **tried-and-true** sales techniques.
B: Ooh! That's exciting!
A: It is! I'm curious to see it in action.

A: 나 판매부서에서 일하기 시작했잖아.
B: 어때?
A: 좋아. 베테랑이 자기의 가장 효과적인 판매 기술을 가르쳐 주고 있어.
B: 와! 재미있겠다!
A: 재미있어! 실제로 효과가 있는지 빨리 써먹어 보고 싶어.

A: My friend asked me to lend him money.
B: Can he be trusted?
A: Yes, he's my friend, **tried and true**.

A: 내 친구가 나한테 돈 좀 빌려 달래.
B: 믿음직한 친구야?
A: 응, 신뢰할 수 있다고 검증된 친구야.

tried and true가 명사를 수식하는 위치에 따라 하이픈(–)의 유무가 결정된다.

[명사가 앞에 위치] a good friend, **tried and true**　(하이픈 없음)

[명사가 뒤에 위치] a **tried-and-true** friend　　(하이픈 있음)

truth be told

솔직히 말하면, 사실대로 말하자면

MP3 287

직역하면 '말해진be told 진실truth'로, 이실직고할 때 사용하는 표현이다. 같은 의미의
표현으로 to tell you the truth가 있고, 더 간결하게는 honestly를 쓰기도 한다.

Truth be told, I'm happy he died.

To tell you the truth, I'm happy he died.

Honestly, I'm happy he died.

솔직히 말하면, 그 사람이 죽어서 기뻐.

twists and turns

우여곡절, 운명의 장난

반전

MP3 288

산길에서 운전하다 보면 갑자기 꼬부라진 길을 맞닥뜨리는 상황이 생긴다. twists
비틀기 and turns방향 바꾸기는 이처럼 놀랄 만한 변화가 갑작스럽게 닥친 상황으로 이해하
면 된다. 이런 상황이 더 복잡하게 엉키고 꼬이면서 '우여곡절'이 되는 것이다.

A: Do you remember the Burning Sun scandal?

B: Of course.

A: Why were people so interested in it?

B: Well, it involved celebrities and corrupt police officers. And, I think, all the **twists and turns** made people follow the story every day.

A: 너 버닝썬 스캔들 기억나?
B: 당연하지.
A: 사람들이 왜 그렇게 관심을 가졌던 거야?
B: 연예인과 부패한 경찰들이 연루되어서 그랬겠지. 그리고 여러 우여곡절 때문에 사람들이 매일 뉴스를 본 것 같아.

또한 이야기에 twists and turns가 있다는 것은 예상치 못한 꼬부라진 '반전'이 있다는 것이다. '영화나 소설 등에 나오는 반전'을 다른 말로 **plot twist**라고 한다. 위의 예문에 이어 twists and turns가 '반전'이라는 뜻으로 쓰이는 예문도 살펴보자.

A: Oh, I didn't realize there were corrupt police officers involved. I don't think I heard about that part at all.
B: The news focused more on the celebrities. Probably because they didn't want to open that can of worms.★
A: I bet there's gonna be a movie based on this scandal. The **twists and turns** would make it a perfect thriller.
B: I agree. And maybe they can focus more on the Gangnam police department this time.

A: 그래? 부패 경찰이 연루되어 있었던 건 몰랐어. 그 얘기는 처음 들어 봐.
B: 뉴스에서는 연예인들한테 더 집중했어. 벌집을 건드리기 싫어서였겠지.
A: 틀림없이 이 사건을 바탕으로 한 영화가 나올 것 같군. 반전도 많아서 완벽한 스릴러가 될 거 같아.
B: 100퍼 동의. 그러면 이번에는 강남 경찰서에 더 초점을 맞출 수 있겠지.

★ open a can of worms: 벌집을 건드리다, 들쑤셔서 일이 더 커지다

vice versa

(앞의 내용과) 반대의 경우도 마찬가지

MP3 289

라틴어 단어인 vicis^{입장, 변화, 개조}와 versus^{바꾸다, 돌리다: 대항하여}에서 유래한 표현이다. vice versa 대신 reverse를 쓸 수도 있다.

> I don't like him, and vice versa.
> 나는 쟤 마음에 안 들어. 쟤도 나 싫어하고.
>
> The government must serve the people, not vice versa.
> 정부는 국민에게 봉사해야 한다. 국민이 정부를 받드는 게 아니라.
>
> Rich people should pay more taxes than poor people, and not vice versa.
> 부자들이 가난한 사람들보다 세금을 더 많이 내야 한다. 가난한 자들이 부자보다 더 내는 게 아니라.
>
> Westerners used to think that the sun revolved around the earth. We now know that the reverse is true.
> 서양 사람들은 태양이 지구 주위를 돈다고 생각했다. 지금은 그 반대가 참이라는 걸 안다.

in the **whole wide world**

세상에서 가장 ～, 이보다 더 ～한 것이 없는

MP3 290

이 표현은 '넓은wide 전whole 세계world'를 통틀어 진짜 객관적인 기준에서 '가장 ～하다'는 뜻이 아니라, 핵심을 과장해서 강조할 때 쓰는 표현이다.

A: How did you meet your wife?

B: I saw her on the subway. And I fell in love right there.

A: Wow, it's like from a movie.

B: It felt like it. At that moment, she was the only person that mattered **in the whole wide world.**

A: 너랑 와이프는 어떻게 만났어?

B: 난 와이프를 지하철에서 봤고, 그 자리에서 사랑에 빠졌어.

A: 와, 영화 같다.

B: 그런 느낌이었어. 그 순간에는 와이프가 세상에서 가장 중요한 사람이었지.

이 표현은 약간 변형해서 쓰기도 한다. 그 예로 영화로 〈설국열차〉를 보면 단백질 블록 속에 든 편지를 발견한 아이에게 주인공이 블록을 달라고 요청하지만 주지 않는 장면이 나온다. 주인공이 블록 대신 뭘 원하는지 묻자 아이는 world 대신 "In the whole wide train?"이라고 묻는다. 영어 원어민이 듣기에는 많이 어색한 표현이지만, 영화 속 아이가 아는 세상이 열차뿐이라는 것을 바로 짐작할 수 있다.

well-worn

오래 써서 낡은, 너덜너덜한
진부한

MP3 291

'상당히well 닳아서 낡은worn'이라는 뜻의 이 단어는 상황에 따라 긍정적인 의미를 전달하기도 한다. 정말 좋아해서 닳도록 읽은 낡은 책, 편하고 좋아서 오래 신은 운동화 등을 말할 때 이 단어를 쓴다.

A: I got you a new pair of running shoes.
B: Oh, thanks. But I already own a pair.
A: Yeah, and they look awful.
B: It doesn't look awful. They're **well-worn**.
A: Difference in perception. Anyway, do try the ones I got you. I have the same pair, and it feels like I'm running on clouds.

A: 널 위해 새 운동화를 샀어.
B: 어, 고마워. 그런데 나 이미 한 켤레 있어.
A: 알아. 그런데 너무 너덜너덜해.
B: 너덜너덜한 게 아니라 오래 잘 신은 거야.
A: 시각 차이지. 아무튼 내가 산 거 신어 봐. 나도 똑같은 신발이 있는데, 마치 구름 위를 뛰는 느낌이야.

'물질이 아닌 것'도 well-worn할 수 있다. 예를 들어, 상대방에게 충격을 주는 심리적 자극도 여러 번 겪어 익숙해지면 well-worn한 것이 되는데, 이 경우는 늘 부정적인 의미로 쓰인다.

A: Why do cigarette packs have these disgusting pictures on them?

B: It's to discourage smokers from smoking.

A: Does it work?

B: It doesn't work for me. It's **well-worn** now. I'm used to it.

A: 담뱃갑에 왜 이런 역겨운 사진들이 있어?
B: 흡연을 막으려고.
A: 효과가 있나?
B: 나한테는 없어. 저런 거 이제는 너무 진부해. 익숙해졌어.

참고로 well+과거분사★ 형태로 '~을 많이/제대로 한'이라는 의미를 나타내는 여러 표현을 만들 수 있다. 대표적인 것으로 well-dressed(잘 차려 입은), well-educated(고등 교육을 받은, 교양 있는), well-informed(특정 주제에 정통한), well-mannered(예의 바른), well-read(책을 많이 읽은, 박식한)가 있다.

★ 'well+과거분사' 표현 → '추가 학습 노트' 참고

wet wipes

물티슈   MP3 292

'젖은(wet) 수건(wipe)'에서 '물티슈'를 유추하는 것은 어렵지 않다. 다른 말로 wet naps 또는 moist towelette라고 한다. 한국과 다르게 미국 식당에서는 물티슈를 찾아보기 힘들다는 것을 알아 두자. 참고로 비행기에 탑승했을 때 주는 '스팀 타월'은 영어로 hot towel이다.

A: Could we get a couple **wet wipes** please?

B: **Wet wipes**?

A: Yes, for our hands.

B: I'm sorry, we don't have those.

C: It's my friend's first time in the States.

B: I see. I'll go check on your order.

C: Thank you.

A: 우리 물티슈 두어 개 주실래요?

B: 물티슈요?

A: 네, 손 좀 닦게요.

B: 죄송하지만, 저희 가게엔 물티슈가 없습니다.

C: 이 친구가 미국에 처음 와서 그래요.

B: 그러시군요. 주문하신 음식이 준비됐는지 보러 가겠습니다.

C: 고맙습니다.

when and where

언제 어디서

MP3 293

한국 사람도 시간과 장소를 물을 때 영어와 똑같이 '언제|when, 어디|where' 순으로 말한다. 두 의문사의 순서를 지키는 게 중요하다.

A: I'm gonna have a birthday party!

B: Nice. I'll be there! Just tell me **when and where**.

A: My birthday's on a Monday this year, so I'm thinking the Friday before that. And where, I'm not sure. Probably somewhere in Gangnam.

A: 나 생일파티를 열 거야!

B: 좋다. 꼭 갈게! 언제, 어디인지만 알려 줘.

A: 올해 내 생일이 월요일이라서 그전 금요일에 할 생각이야. 장소는 잘 모르겠는데, 강남 어디서 만나겠지.

의문사 who, what, when, where, why, how를 나열한 순서대로 한 번에 다 쓸 수는 있지만, 현실적으로 한 문장에 넣는 의문사는 세 개까지가 자연스럽다. 의문사 세 개에 대한 답을 나열할 때 미국인들은 습관적으로 마지막 질문의 답을 먼저 한다.

A: My friend asked me if he could stay at our place for a few days next week.

B: Your friend? **Who** is he, and **why** does he need to stay here, and for **how long**?

A: Just for a night. He's my friend from college. He has an important interview, and he doesn't know anyone in Seoul.

B: Can't he stay at a hotel?

A: I guess he can, but it would be nice for us to catch up and stuff.

B: Then you do all the cooking and cleaning while he's here.

A: 내 친구가 다음 주에 우리 집에서 며칠 묵어도 되냐고 물어봤어.

B: 네 친구? 누군데? 왜 우리 집에 있어? 그리고 얼마나 있을 거야?

A: 딱 하룻밤. 대학교 친구야. 중요한 면접이 있는데 서울에 아는 사람이 없어.

B: 호텔에 묵으면 되잖아.

A: 그렇긴 한데, 만나서 얘기도 좀 하고 시간 보내면 좋을 것 같아서.

B: 그럼 그 친구가 집에 있는 동안 밥하고 청소는 네가 다 해.

where there is a will, there is a way

뜻이 있는 곳에 길이 있다

MP3 294

'뜻will이 있는 곳에 길way이 있다'라는 이 표현은 진지한 상황뿐만 아니라 가볍고 유머러스한 상황에도 쓴다.

A: Is your husband recovering well from this surgery?

B: Actually, yes. He can move around now, but he still has a hard time using his left arm.

A: So what does he do at home all day?

B: Mostly play computer games.

A: How is he able to play computer games when his arm hurts?

B: **Where there is a will, there is a way.**★

A: 너희 남편 수술하고 회복 잘하고 있어?

B: 생각보다 회복을 잘하고 있어. 이제 걸어 다닐 수는 있는데 아직 왼쪽 팔을 쓰는 걸 힘들어해.

A: 남편은 하루 종일 집에서 뭐 해?

B: 대부분은 컴퓨터 게임을 해.

A: 팔이 아픈데 어떻게 게임을 해?

B: 뜻이 있는 곳에 길이 있는 법이지.

★ where there is X, there is Y: X가 있으면 꼭 Y가 있다 → '추가 학습 노트' 참고

whitewash

(불쾌한 사실을) 눈가림하려 하다/감추려 하다

MP3 295

불쾌하고 더러운 일, 잘못, 과오 등을 '씻어서wash 하얗게white' 하려고 한다고 생각하면 이 단어의 의미를 이해하기 쉽다. 잘못을 많이 저지른 사람이나 조직, 나라가 대개 역사적 사실을 whitewash하는 경향이 있다.

A: I wonder when relations between Japan and Korea will get better.

B: Maybe when Japan stops **whitewashing** its history.

A: Wouldn't it be great if Japan were more like Germany?

B: In what way?

A: In Germany you see monuments and museums everywhere about the Holocaust.

B: Yeah, I don't see Japan doing that anytime soon. They even deny a lot of things they did during the war.

A: Come to think of it, I think Germany is the exception about not **whitewashing** their history. America does it too.

B: About what?

A: The genocide of the Native Americans, slavery, brutality against labor unions, etc.

B: That's true. It's not easy, but once Japan gets that figured out, things would get so much easier.

A: 한국과 일본의 관계는 언제쯤 좋아질까?

B: 일본이 자기 역사에 대해 눈가림하지 않을 때 나아지겠지.

A: 일본이 더 독일 같았다면 참 좋았겠다.

B: 어떤 면에서?

A: 독일은 어디를 가든 홀로코스트에 관련 기념비와 박물관이 보이잖아.

B: 그러게. 일본이 금방 그렇게 할 것 같진 않아. 심지어 전쟁 중에 자기들이 한 많은 짓도 부인하잖아.

A: 생각해 보니 자기 나라 역사를 감추지 않는다는 점에서 독일은 예외인 것 같아. 미국도 흐린 눈 하는데.

B: 뭐에 대해?

A: 북미 원주민에 행해진 종족 학살이나 노예 제도, 노조 탄압 등등.

B: 맞는 말이야. 쉽진 않겠지만, 일본이 그 점을 고친다면 많은 게 훨씬 더 쉬워질 텐데.

wise words

지혜로운 말

MP3 296

상대방이 한 조언 또는 '현명한wise 말word'에 진지하게 반응할 때 쓰는 말로, 미국의 유명 시트콤 〈프레이저〉의 시즌 5 에피소드 14 대사 중에 나온 표현이다. 참고로 이 시트콤은 〈프렌즈〉에 밀려 한국에서는 인기가 별로 없었지만, 미국에서는 굉장히 인기가 많았다.

A: If I had a lot of money, I would donate to the poor.

B: You can still do that now. You're not poor.

A: I'm not rich either.

B: There's that famous Gandhi quote: "Be the change you wish to see in the world."

A: **Wise words.** You've convinced me. I'm going to find an organization to donate to.

A: 돈이 많다면 난 가난한 사람들에게 기부할 텐데.

B: 지금도 할 수 있어. 넌 가난하지 않잖아.

A: 부자도 아니야.

B: 간디가 한 유명한 말 있잖아. "당신이 세상에서 보고 싶은 변화가 되어야 한다."

A: 현명한 말이네. 너한테 설득됐어. 기부할 단체를 찾을게.

✚ 참고 표현: word to the wise (p. 343)

word to the wise

MP3 297

word는 '말', the wise는 '현명한 사람들'이라는 뜻이다. a word to the wise is enough를 줄인 말로, 가벼운 충고나 조언을 건넬 때 쓴다.

A: I'm gonna take my kids to the zoo this weekend.
B: A **word to the wise**: stay away from the chimpanzee enclosure.
A: Why? My kids love monkeys.
B: I don't know if you've ever been, but the last time I was there with my kids, the monkeys did some stuff that I'd wished my kids didn't see.
A: I don't know what you're talking about.
B: They threw their feces at us. So bring a change of clothes.

A: 이번 주말에 아이들 데리고 동물원에 갈 거야.
B: 충고 하나 할게. 침팬지 사육장에는 가지 마.
A: 왜? 우리 애들이 원숭이 좋아하는데.
B: 네가 가 본 적이 있는지 모르겠지만, 내가 마지막으로 우리 애들을 데리고 갔을 때, 애들이 안 봤으면 한걸 침팬지들이 했어.
A: 지금 무슨 얘기를 하는 건지 이해가 안 돼.
B: 침팬지들이 우리한테 똥을 던졌어. 그러니까 갈아입을 옷을 가지고 가.

work wonders

기적 같은 효과를 내다, 굉장히 잘 듣다

MP3 298

어떤 행위나 물질, 사람 등이 '기적wonders' 같은 효과나 결과를 내는 쪽으로 '작용할work' 때 쓰는 표현으로, 맥락에 맞게 해석된다.

This medicine **works wonders**.

이 약 효과가 진짜 좋아.

My new English tutor is **working wonders** for me. He's the teacher I've been looking for my entire life.

새 영어 과외 선생님 덕에 영어가 많이 늘고 있어. 내가 평생 찾던 선생님이야.

Riding my bicycle every day **works wonders**. I've already lost five pounds.

매일 자전거를 타니까 기적이 일어났어. 벌써 2kg 넘게 빠졌어.

the Wild West

(미국 개척기 서부 지역과 같은) 무규칙 상태, 무정부 상태

MP3 299

미국은 유럽으로부터 넘어온 이민자들로부터 세워졌다. 이들은 초기에 미국 동부에 정착했고, 유럽에서 가지고 온 건축, 종교, 문화, 법 등을 토대로 미국이라는 국가의 뼈대를 설계했다. 시간이 흘러 동부 지역에는 새로 유입된 이민자들이 터전을 잡을 땅이 부족해졌고, 그들은 새로운 땅을 개척하기 위해 서부로 퍼지게 됐다.

동부와 비교하면 서부는 지금도 인적이 드문 지역인데, 200년 전에서는 더욱 더 그랬다. 제대로 개척되지 않아 황량했고, 도적과 카우보이가 들끓는 무법 천지나 다름없었다. 이렇게 '황량했기wild' 때문에 사람들은 '서부west'를 "the Wild West"라고 칭했다. 현재 이 표현은 '미국의 서부 지역'을 일컫는 용어이기도 하면서 '엄격한 규칙과 규정이 없는 상황'을 비유하는 표현으로도 쓰인다.

My favorite part of traveling to developing countries is that they are like **the Wild West**.

개발 도상국을 여행할 때 제일 좋은 점은 그런 곳들이 미국 개척기 시대의 서부 지역 같다는 거야.

The world of cryptocurrency is like **the Wild West**. Few regulations and a lot of con artists.

암호화폐 세상은 규칙이 없는 세상 같아. 규제란 것이 거의 없고 사기꾼이 판을 치지.